研究生教育管理探索与实践

（2019）

主　编／韩　芳　张　莹
副主编／王英梅　唐　棣
　　　　董柯平　张晓玲

四川大学出版社

项目策划：周　洁
责任编辑：周　洁
责任校对：孙滨蓉
封面设计：墨创文化
责任印制：王　炜

图书在版编目（CIP）数据

研究生教育管理探索与实践．2019 / 韩芳，张莹主编．— 成都 ：四川大学出版社，2019.8
ISBN 978-7-5690-3032-7

Ⅰ．①研… Ⅱ．①韩… ②张… Ⅲ．①研究生教育—教育管理—研究—中国— 2019 Ⅳ．① G643

中国版本图书馆 CIP 数据核字（2019）第 181081 号

书名　研究生教育管理探索与实践（2019）

主　　编	韩　芳　张　莹
出　　版	四川大学出版社
地　　址	成都市一环路南一段 24 号（610065）
发　　行	四川大学出版社
书　　号	ISBN 978-7-5690-3032-7
印前制作	四川胜翔数码印务设计有限公司
印　　刷	四川盛图彩色印刷有限公司
成品尺寸	148mm×210mm
印　　张	13.375
字　　数	360 千字
版　　次	2019 年 8 月第 1 版
印　　次	2019 年 8 月第 1 次印刷
定　　价	52.00 元

扫码加入读者圈

◆ 读者邮购本书，请与本社发行科联系。
电话：(028)85408408/(028)85401670/
(028)86408023　邮政编码：610065
◆ 本社图书如有印装质量问题，请寄回出版社调换。
◆ 网址：http://press.scu.edu.cn

四川大学出版社
微信公众号

前　言

高等教育是体现国家发展水平和发展潜力的重要标志。作为高等教育的重要组成部分，研究生教育既是国家培养高层次专门人才的主要途径，也是建设创新型国家的核心要素。青年是国家的未来和民族的希望。习近平总书记高度重视青年和青年工作。党的十八大以来，他多次强调全党要关心青年和青年工作，为青年建功立业创造更有利的条件。在 2019 年 4 月 30 日纪念五四运动 100 周年大会上，习近平总书记强调：把青年一代培养造就成德智体美劳全面发展的社会主义建设者和接班人，是事关党和国家前途命运的重大战略任务，是全党的共同政治责任。

改革开放以来，我国研究生教育稳步发展，取得了举世瞩目的重大成就，已经成为培养高层次人才的主要途径和各行各业骨干力量的主要来源，基本实现了立足国内、自主培养高层次人才的战略目标。目前，我国正处于实现中华民族伟大复兴的关键历史征程中，也正在从教育大国向教育强国迈进，党和国家事业发展对高等教育的需要、对科学知识和优秀人才的需要，比以往都更为迫切，“双一流”建设工程也应运而生。对标“双一流”建设目标要求，研究生教育的战略地位凸显。如何聚焦立德树人的核心使命，实现研究生教育的内涵式发展，加快提高创新人才培养水平，充分发挥研究生教育在知识创新、技术创新和繁荣哲学社会科学中的重要作用，为提高国家创新力和国际竞争力提供有力支撑，是我们高校研究生教育管理工作者需要深入思考与积极探索的问题。

四川大学作为国家布局在中国西部重点建设的高水平研究型综合大学，历来高度重视研究生教育培养工作，并取得了良好成效，每年为国家，特别是西部输送大量优秀人才，为国家和地方经济发展做出了重要贡献。同时，四川大学还致力于研究生教育培养模式和管理方式方法的探索与创新，以期为工作提供更有效的指导。本书重点从探索建设世界“一流大学、一流学科”、提高研究生人才培养质量、促进研究生教育改革与创新能力入手，围绕新形势下研究生教育管理规律、研究生课程体系改革经验、研究生导师队伍动态管理模式等多维度进行研究，希望能与国内从事研究生教育管理工作的同行交流探讨，为进一步提升研究生教育培养质量做出贡献。由于水平有限，书中难免出现不妥之处，敬请批评指正。

本书的编辑出版得到了四川大学出版社的大力支持，在此表示衷心感谢！

目　录

思政与党建

培养与管理

思政与党建

暖视频传播正能量

——依托“抖音”平台开展大学生思政工作的思考

韩　芳

（四川大学电气信息学院　四川成都　610203）

摘　要：随着互联网技术的发展，以“抖音”为代表的新一代自媒体平台被大学生群体广泛使用。“抖音”由于其短视频模式满足大学生群体碎片化场景式阅读体验需求，满足大学生群体“再部落化”需求，通过大数据和智能算法技术实现精准推送，有效增强用户黏性而在大学生群体中盛行。高校应顺应新形势要求，通过打造高质量的官方“抖音”品牌账号，加强策划制作高质量、正能量的短视频作品，多策划“抖音”主题活动，鼓励大学生正向自我展示等方式，依托“抖音”平台积极开展大学生思想政治教育工作。

关键词：抖音；大学生；思政工作

一、“抖音”平台为大学生群体广泛使用

2016年9月，一款目标对象定位为年轻人群体的短视频社群应用软件“抖音”由今日头条孵化上线。“抖音”平台结合UGC和PGC的视频特点，为平台内容制作提供内容信息点突出、理解成本低、易用户参与的短视频制作和发布服务。[1]截至2019年1月，抖音国内日活跃用户已突破2.5亿，月活跃用户突破5亿[2]，创造了新的流量蓝海，成为社交平台的新入口，国

内社交应用领域形成了“两微一抖”三足鼎立的格局。[3] 2017 年 8 月抖音短视频创建国际版——TikTok[4]，2017 年 11 月 TikTok 成为日本 App Store 免费榜第一名；2018 年 5 月 TikTok 在苹果 App Store 下载量达4 580万次，超越 Facebook、YouTube、Instagram 等，成为全球下载量最高的苹果手机应用[5]；2018 年 7 月 TikTok 全球月活跃用户数突破 5 亿；2018 年 10 月 TikTok 成为美国月度下载量和安装量最高的应用[6]。“抖音”在国内外受到青年们的热捧。

QuestMobile 发布的《2018 年中国移动互联网年度报告》显示，抖音在“90 后”移动网民最爱 APP TOP10 排行榜中排名第一，用户月总使用时长达约 170 亿小时（如图 1 所示）。[7] 据“抖音”产品负责人介绍，抖音的主要用户群体特征为：一二线城市中 24 岁以下且受过良好教育的年轻人。笔者对所在高校“抖音”平台使用情况的问卷调查结果显示，在参与调查的 63 位用户中，有 28 位为研究生，占比 44.4%；每天使用网络累计时长超过 3 小时的为 60 人，占比 95.2%。“抖音”平台已为包括研究生在内的大学生群体所广泛使用。

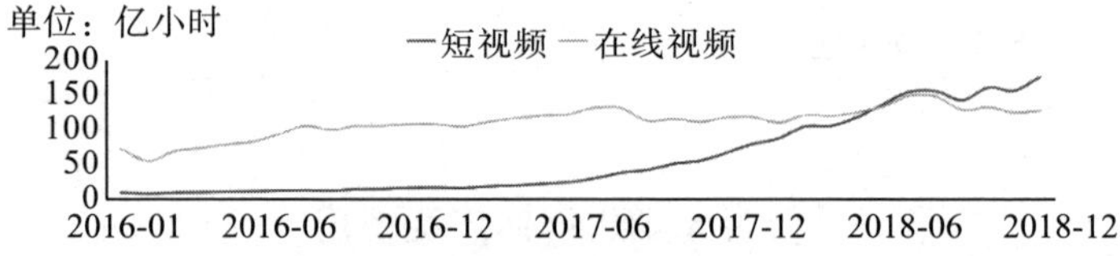

图 1　移动视频典型细分行业用户月总使用时长

二、“抖音”文化在大学生群体中盛行的原因分析

（一）短视频模式满足大学生群体碎片化场景式阅读体验需求

美国社会学家 E. 卡茨（Elihu Katz）研究指出，人们接触媒

体的目的是满足自己的社会和心理需求，并通过对不同类型媒体的期待和认识而决定自己的选择行为。在自媒体时代，传媒手段更加丰富，除文字和图片外，音频和视频也被广泛使用，并起到很好的传播效果，人们越来越习惯于现场化的场景式体验；同时，由于制作门槛降低，用户面对海量信息，阅读时间更加碎片化，更倾向于浏览信息量丰富而简短的内容。“抖音”短视频一般不超过 15 秒，达到一定粉丝量的中级用户可制作和发布不超过 60 秒的短视频。视频多配以节奏感较强的音乐，通过特效技术达到更加具象、更易于理解和接受的效果。“抖音”的这些特点非常满足大学生群体对媒体的期待和需求。一方面，他们可以通过观看短视频获得精神上的愉悦和放松，实现信息和观点的获取；同时，社交距离感被进一步压缩，参与话题和线上活动变得简单而有趣；此外，由于“抖音”零基础的制作要求，很多大学生可以自己制作发布作品，分享观点和创意，有效增强参与感。

（二）满足大学生群体“再部落化”需求

传播学者马歇尔·麦克卢汉（Marshall McLuhan）将社会形态发展的过程概括为“部落化—去部落化—再部落化”三个阶段。以“两微一抖”为代表的自媒体有效实现了信息和情感交流的及时性和互动性，时间和空间对交流的限制完全被打破。大学生群体在自媒体平台上形成了自己独特的话语体系和交流模式，他们在“抖音”中以自己特有的亚文化符码建构起成员共享的意义和文化系统，形成自己带有强烈身份认同感的“文化部落”。而“抖音”也通过信息定制获取、圈子化社交模式进一步满足大学生群体对“再部落化”的需求。

（三）大数据和智能算法技术增强用户黏性

依托“今日头条”成熟的大数据智能算法技术，“抖音”通过记录、分析用户每一次浏览、点赞、评论、关注的行为，精准刻画用户需求画像。平台通过精准的算法模型和智能分发推荐技术，针对每位用户的喜好进行视频的个性化分发和精准推荐，有效满足受众个性化需求，同类同主题视频不间断推送，受众可以尽可能多地看到感兴趣的内容，用户黏性得到有效增强，很多受众表示自己在观看“抖音”视频时经常停不下来，以至于在网络中出现“抖音有毒”的评论。[8]

三、高校依托“抖音”平台开展大学生思政工作的建议

（一）高校应着力打造高质量的官方“抖音”品牌账号

“抖音”聚集了数量众多的包括研究生在内的学生群体，已经成为一种重要的信息来源和社交平台。高校应充分了解学生群体的思想动态，紧密贴合学生群体的文化需求，努力做到受众在哪里，宣传思想工作的落脚点和着力点就在哪里。经过多年发展，各高校已基本开通运营微博和微信公众号，并取得良好的宣传效果。各高校应充分重视快速兴起的“抖音”平台这一新兴宣传领域，建构起完善的“两微一抖”的宣传矩阵格局。据考察，浙江大学是开通官方抖音账号较早的高校之一，其官方抖音@浙江大学于 2018 年 6 月 6 日开通运营，目前共有粉丝 87.9 万，累计推送各类短视频作品 416 件，共获 785 万点赞；之后，清华大学、武汉大学、复旦大学、北京大学、四川大学、厦门大学、中山大学等高校也相继开通了官方抖音账号，但各高校抖音号的内容推送频度和活跃程度存在很大差异，需要进一步强化品牌建设。

（二）高校应加强策划制作高质量、正能量的短视频作品

在这个“内容为王”的时代，高质量、有创意的作品是品牌运营中最重要的因素。浙江大学的官方抖音账号@浙江大学内容非常丰富，既有优秀教师推介，也有学霸风采展示，还有感人瞬间记录。2019 年 4 月 4 日，@浙江大学发布了一条“浙江大学研究生毕业典礼现场”的短视频，毕业生代表们为宿管阿姨、校

车司机、食堂阿姨等学校教职工代表献花，表达自己对母校的感恩之情，视频发布后获得广泛好评，短时间内获得 34.3 万点赞，达到了良好的宣传效果。清华大学官方抖音账号@清华大学于 2018 年 10 月 22 日开通运营，现共有粉丝 120 万，累计推送作品 44 件，首篇抖音推送“清华大学官方抖音号来啦！一起抖起来！＃为祖国健康工作 50 年”由清华大学新晋“网红”——“尬舞教授”邢高熙领舞，邢教授与学生们一起走出教室，与厨师、保安等学校工作人员一起，在清华大学多个标志性建筑前欢快地跳舞，并且辅以旁白“同学们下课了！走出教室，走出宿舍，参加体育锻炼，保持强健体魄，争取为祖国健康工作 50 年!”，共获得 107 万人点赞，累计评论 23 555 条，起到了很好的正向引导作用。此外，清华大学 2018 年 10 月 24 日推出“大国重器、超级工程港珠澳大桥通车，清华人在其中写下了浓墨重彩的一笔”，2018 年 10 月 30 日推出“首届亚洲大学联盟研究生学术论坛在清华大学举办，‘你好清华’来自不同语言的问候”，2018 年 11 月 16 日推出“清华学生获得国际大学生超算竞赛总冠军”等内容，也都获得了广泛关注，有效传播了正能量，这些做法非常值得其他高校学习借鉴。

（三）高校应多策划“抖音”主题活动，鼓励大学生正向自我展示

“抖音”等自媒体平台为大学生彰显个性、体现创意、展示自我提供了广阔空间。以共青团中央为代表的各级团组织依托“抖音”平台，开展了丰富多彩的主题活动，如“我要笑出国粹范”“让青春抖起来”“这是你的第几个劳动节”“抖出你奋斗的青春，抖出越来越自信的你”等系列抖音挑战赛，这些主题活动激励和引导大学生集体参与、自主体验、自我教育，有效传播了正能量。[9]习近平总书记在全国宣传思想工作会议上强调，我们的同志一定要增强阵地意识。宣传思想阵地，我们不去占领，人

家就会去占领。[10]因此，高校应依托“抖音”平台积极策划各类主题活动，并鼓励学生参与，实现对学生群体的有效正向引导。

参考文献：

［1］头条指数．抖音企业蓝V白皮书：让抖音蓝V运营从0到1［R/OL］．(2018－07－06)．http：//www．199it．com/archives/743033．html．

［2］QuestMobile．中国移动互联网2018年度大报告［R/OL］．（2019－10－22）．https：//www．jianshu．com/p/154c90d9ca66．

［3］吕尚彬，黄荣．中国传播技术创新研究——以技术进化机制为视角探究2017年－2018年创新特点［J］．当代传播，2018（6）．

［4］i黑马．获今日头条上亿美金“抖音”进军海外市场［EB/OL］．（2017－08－08）．https：//www．sohu．com/a/163108400＿350699．

［5］尹哲．一季度，抖音iOS下载量飙升全球第一［EB/OL］．（2018－05－08）．https：//www．guancha．cn/economy/2018＿05＿08＿456113．shtml．

［6］界面综合．抖音海外版TikTok成为美国下载量最高应用［EB/OL］．(2018－11－06)．http：//finance．sina．com．cn/world/gjcj/2018－11－06/doc－ihnknmqx6304992．shtml．

［7］QuestMobile．中国移动互联网2018年度大报告［R/OL］．（2019－10－22）．https：//www．jianshu．com/p/154c90d9ca66．

［8］张钧涵．弱联系的建构与强联系的削弱——抖音对青年群体社会交往的影响研究［J］．中国青年研究，2019（3）．

［9］骆郁廷，李勇图．抖出正能量：抖音在大学生思想政治教育中的运用［J］．思想理论教育，2019（3）．

［10］曹征海．一定要增强阵地意识——深入学习贯彻习近平同志在全国宣传思想工作会议上的重要讲话精神［EB/OL］．（2013－11－09）．http：//theory．people．com．cn/n/2013/1109/c40531－23485284．html．

兼职辅导员在学生党建工作中的应然角色及模式探究*

张 莹 贾瑞琪

（四川大学文学与新闻学院 四川成都 610065）

摘 要：学生党建工作是高校党建工作的重要组成部分。作为高校学生党建工作的结构主体，研究生兼职辅导员在学生党建工作中的基础性作用并未得到充分发挥。这在一定程度上削弱了兼职辅导员制度的内在优越性，影响了高校学生党建工作的顺利开展与落地。本文认为，研究生兼职辅导员应当作为学生党建工作的重要执行者，将学生党建工作纳入日常工作体系，充分发挥身份优势，扮演好自身与学生、学院等多重主体之间的协作与融合角色。这既是当前高校学生党建工作的现实需求，同时也是兼职辅导员制度的内在要求。

关键词：研究生兼职辅导员；学生党建；角色；模式

党的十八大以来，习近平总书记发表了一系列有关教育工作的重要讲话，对新时期我国高等教育的党建问题提出了新的任务和要求。强调高校要进一步加强党的领导，坚持正确的办学方向，要始终把政治建设工作摆在党的建设的首位，突出政治标准。要加强基层组织建设，加强党员队伍的教育管理，使每个党

* 项目名称：优秀研究生党员担任兼职辅导员工作机制实效性提升的路径研究，项目编号：XGJPYB201822，分类：四川大学中央高校基本科研业务费项目。

员做到在党爱党、在党言党、在党为党。党的十九大报告明确指出，党的基层组织是确保党的路线方针政策和决策部署贯彻落实的基础。高校党建工作被提升到新的高度。学生党建工作是高校党建工作的重要组成部分。高校党建工作内容广泛，包括政治、思想、组织、制度、作风、队伍等方方面面的建设工作。学生党支部由学生这一高校教育主体构成，因此，高校学生党建工作构成了高校党建工作的基础工程和重要内容（郭伟，2004）。做好学生党建工作关乎高校党建工作能否顺利、有效开展，是否能够真正落地等切实问题。

学生党建工作的开展离不开党建主体与对象之间联动效应的发挥。研究生兼职辅导员群体既是学生党建工作的对象，也是学生党建工作的从事者，理应在学生党建工作中扮演重要联动角色。然而现实状况却是，受种种因素影响，当前研究生兼职辅导员队伍在学生党建工作中的作用远未得到有效发挥，这不仅影响了高校党建工作的顺利开展，更在很大程度上削弱了兼职辅导员制度本身的科学性与合理性。实际上，作为兼具多重身份的高校思政工作群体，研究生兼职辅导员应当充分发挥角色优势，将学生党建事务融入日常工作，实现研究生兼职辅导员自身、学生、学院等多重主体在学生党建工作中的协同互动，推动学生党建工作的现实落地。

一、作为重要补充的高校兼职辅导员制度

1953 年，清华大学校长蒋南翔提出“高校兼职辅导员”工作模式（曹正罡，万宗帅，2018），选拔优秀的学生做好“双肩挑”工作，“一个肩膀挑业务学习，一个肩膀挑思想政治工作”，做到“双肩挑，两促进”。至今，兼职辅导员制度已经走过了近 70 年的发展历程，作为学校人才培养中极具特色、极其重要的一项制度在高校管理体系建构、学生培养、队伍建设等方面发挥

着重要的补充性作用。

“我国高校设立辅导员制度最初是以思想改造为目的，其角色是政治性的，负责‘思想政治工作，思想政治教育’。”（史仁民，2014）高校兼职辅导员制度施行的初衷便是“加强思想政治工作”，“‘半脱产’地做大学生的思想政治工作”（史仁民，2014）。这就意味着兼职辅导员制度的设置是专职辅导员的重要补充，以协助其开展思政工作为目的。党建工作与思政工作相辅相成，前者是后者开展的灵魂，后者是前者开展的保障。“学校的党建工作开展，最有效的出发点就是从学生的思想政治教育入手。”（于安国，2018）这实际上肯定并承认了兼职辅导员在党建工作中的重要位置。时至今日，兼职辅导员在高校党建与思政工作体系中的作用依然十分突显。近年来，一方面，党中央对高校党建工作质量与实效的要求不断提高，党建工作的重要性日益凸显；另一方面，“虽然辅导员整体配备数量有了较大增长，但总体数量仍然不足。这导致很多高校的辅导员在超负荷工作，既影响了学生管理工作的质量，同时又影响了辅导员队伍的建设和发展”（刘艳萍，2012）。种种现状要求研究生兼职辅导员队伍作为高校学生党建工作的重要力量补充发挥基础性作用。

此外，研究生兼职辅导员亦是其所在院（系）包括思想政治工作在内的所有学生工作有效展开的有力保障。学生工作内容庞杂、细致入微、影响重大、意义深远，除思想政治工作之外，高校辅导员还需兼顾繁杂的学生日常事务管理工作、心理健康与安全稳定等工作。兼职辅导员制度的引入在很大程度上为学生工作提供了坚强的人员保障，推动了学生工作的顺利开展。

兼职辅导员制度的补充性作用还体现为其在为高校思想政治工作培养优秀青年后备人才方面发挥的重要作用。从某种程度上讲，兼职辅导员制度充当了培养准专职辅导员后备人才的角色。在从事辅导员工作的过程中，研究生兼职辅导员群体对高校辅导员工作有了更深刻的认知，工作能力都得到了极大锻炼，专业性和职业性得到大幅提升，甚至有部分研究生兼职辅导员将成为一名专职辅导员作为自己的职业理想，全身心投入实践。这些都在很大程度上为辅导员队伍质量的提升、人员的壮大提供了良好的人才基础与后备保障。

因此，可以说，作为一种重要补充，兼职辅导员制度在当前的高校党建思政与学生管理工作中发挥着结构性作用，有着极强的制度优势和内在潜力。

二、研究生兼职辅导员在学生党建工作中的角色矛盾与现实困境

尽管研究生兼职辅导员的补充性地位与角色优势已经得到广泛认可，但实践中，尤其是学生党建工作中，兼职辅导员的制度优势并未得到充分发挥，内在潜力也未得到有效激发。这在很大程度上影响了当前高校学生党建工作的顺利开展，使得研究生兼职辅导员陷入一系列的矛盾与困境之中。

（一）制度规定与执行力度之间的矛盾

正如上文所言，兼职辅导员制度是对当前高校党建与学生管理工作系统的重要补充，理应在学生党建工作中发挥关键作用。然而，目前看来，研究生兼职辅导员在学生党建工作中发挥的能动作用远未被挖掘，表现出两个方面的特征。

一是重管理工作，轻党建工作。当前的研究生兼职辅导员工作主要聚焦于《普通高等学校辅导员队伍建设规定》中所要求的“学生日常事务管理”工作，而包括“党团建设”“思想理论教育和价值引领”等在内的学生党建相关工作却并未真正作为其日常工作的固定版块得到足够的关注，造成了研究生兼职辅导员工作重心的“跛腿”局面。

二是学生身份与辅导员身份的脱节。研究生兼职辅导员在制

度和执行方面的矛盾还表现为其对自身角色定位的模糊倾向。即，在办公室时履行兼职辅导员职责，一旦跨出办公室则又恢复学生思维，未能实现这两种身份的有效融合与统一。这就导致在日常生活中，研究生兼职辅导员依然以学生思维认识和对待党建活动与事务，未能时刻以辅导员身份“沉浸”在党建工作中。身份认知的错位在很大程度上影响了党建工作的连贯性。

（二）党建需求与实践落地之间的矛盾

党的十九大明确指出我国已经进入新时代。“中国特色社会主义进入新时代，标定了我国发展新的历史方位，标志着党和国家各项事业迈入了‘强起来’的新时代。”（黄蓉生，樊新华，2019）新时代不仅意味着我们要走出中国特色社会主义现代化建设的新道路，也意味着要走出中国特色马克思主义执政党建设新道路。在新时代背景下，高校学生党建工作也理应踏上新道路，迈上新征程。因此，如何充分借助既有平台与资源，有效推动学生党建工作的现实落地已经成为高校工作的重点。

作为重要的补充性师资资源，研究生兼职辅导员应当被纳入高校党建工作体系之中，成为学生党建工作的辅助性力量。然而当前研究生兼职辅导员在学生党建工作中存在角色定位不清、职责不明、执行不强、效果不佳等一系列问题。学生党建工作依然几乎都落在专职辅导员与院（系）党委（党总支）副书记等专职人员肩上，导致了因专职人员精力有限学生党建工作不细致、不够深入等问题。另一方面，这一现状也同时切断了研究生兼职辅导员这一群体作为连接学生党员与院（系）党建工作的纽带角色，影响了学生党建工作的落地。可以说，研究生兼职辅导员队伍在学生党建工作中能动性不足状态已经导致了学生党建工作的现实需求与具体实践落地之间的突出矛盾。

（三）个体发展需要与实际锻炼不足之间的矛盾

研究生兼职辅导员在学生党建工作中的现实困境还体现在这

一群体对自身发展的内在渴求与实际岗位锻炼不足的矛盾。就兼职辅导员个人而言，从事辅导员工作不仅是其个人理想与学生生涯规划的重要体现，同时也是锻炼和提升自身的有益渠道。在这一岗位上，除了收获相应的工作补贴之外，对于其自身综合素质的提升，未来的职业规划与发展，甚至整个人生的职业生涯走向都起着不容忽视的作用与影响。从事学生党建工作对于提升个人政治素养，培养高尚的人格，树立大局意识等方面都有着关键的助推作用。而这一工作内容的缺失无疑会对学生的能力提升与个人发展带来极大的影响，对于研究生兼职辅导员个人而言，不啻为一种损失。

总之，在当前的学生党建工作中，研究生兼职辅导员角色定位与职责划分的模糊与缺失所导致的矛盾与困境已经在一定程度上影响了高校党建工作的有效推进与落地，成为急需解决的问题。

三、研究生兼职辅导员参与学生党建工作的应然模式

在一系列的矛盾与困境之下，研究生兼职辅导员在学生党建工作中的定位与角色问题亟须得到关注与解决，而一个重要的路径便是通过厘清研究生兼职辅导员的工作职责，制定其参与学生党建工作的具体模式，从认知和制度层面激发和确保研究生兼职辅导员在学生党建工作中的创造力。具体而言，研究生兼职辅导员应当不断调整自身角色定位，发挥其自身作为学生党员的带头示范作用与作为学生与院（系）工作人员双重身份的优势性。在推动学生党建工作顺利推进的同时，促进党建工作与院（系）各项事务的融合协同发展。

（一）以身作则，发挥朋辈教育的带头示范作用

朋辈教育指的是“教育者充分发挥大学生伙伴的作用，有计划、有目的地组织大学生相互传授学习、生活、工作等方面的经

验，及时进行思想、心理的交流和沟通，引导伙伴尽自己所能给对方精神上的鼓励和学习上的帮助，让彼此充分体验身边伙伴的关爱，借以见贤思齐、激发上进，实现优势互补、互相促进、共同成长的教育方式”（姚斌，刘茹，2008）。

由于朋辈教育具有易执行性，当前，这一模式已经被广泛应用于包括党建工作在内的高校学生工作的方方面面。而就研究生兼职辅导员而言，其在学生党建工作中具有发挥朋辈教育的身份优势。作为学生党员，兼职辅导员是学生党支部的成员，甚至在学生党支部中兼任支部书记或委员等重要角色，加之在年龄、认知、人生阅历等方面同学生党员有着极大的相近性和共通性，因此，交流起来更为顺畅，也更加能够增强学生党建工作的感染力和接受度，从而起到表率和带头作用。具体而言，研究生兼职辅导员的党建工作主要集中在学生党员队伍中以及非学生党员队伍中两个层面。

在党员队伍中，研究生兼职辅导员应当始终保持积极的态度，保持较高的思想政治水平，站在党的思想动态的前沿，与党保持高度的一致。在此基础上，作为组织的一员在党组织生活会、党员发展会议、主题党会等党团活动以及日常学习等过程中发挥积极指导和带头引领作用。以兼职辅导员的身份监督、督促各项党建工作的有效开展，以学生党员的身份切实配合、热情参与，将学生党建工作落到实处。

此外，研究生兼职辅导员还应在非党员队伍中发挥积极引领和正向引导的作用。党建工作并不仅仅局限在学生党员这一群体，而是广泛地存在于整个学生队伍之中。对本科兼职辅导员而言，更是面临着对党员和党支部从无到有的一个建设和架构过程。其在由群众、团员到入党积极分子以及党员发展的过程中发挥着不容忽视的重要作用。研究生兼职辅导员应当以积极的姿态辅助专职辅导员做好优秀党员后备军的筛选、培养工作，做好党员发展工作，做好学生党支部的管理体系和工作体系建构与完善工作等，为学生党建工作的开展打下坚实的基础。

教育部2017年颁布的《普通高等学校辅导员队伍建设规定》[①] 明确对辅导员的角色定位进行了界定，即辅导员是开展大学生思想政治教育的骨干力量，是高等学校学生日常思想政治教育和管理工作的组织者、实施者、指导者。辅导员应当努力成为学生成长成才的人生导师和健康生活的知心朋友，这是对包括研究生兼职辅导员在内的高校辅导员队伍在党建工作中朋辈教育角色的最佳概括。

（二）双重兼顾，扮演院（系）与党团的桥梁纽带角色

正如上文所言，高校兼职辅导员具有学生党员与院（系）兼职行政人员的双重身份。这就要求其在以学生党员身份发挥主动性与积极性的同时，也要作为院（系）行政人员加强同院（系）党委（党总支）副书记、学工组长、团委（团总支）书记等专职工作人员的沟通配合，在党建工作中起到辅助与助推作用。

具体而言，研究生兼职辅导员应发挥好学生党建工作与院（系）学生管理工作之间的黏合作用，作为连接二者的纽带，做好学生党建工作中的上情下达、下情上达，沟通协调等各项事宜。一方面，及时关注和掌握学生党建工作中的最新动态，融入党员群体，了解党员心声，关注党员需求，并及时将这些信息汇报给院（系）负责党建工作的相关老师，确保有关党建工作的各项信息能够快速得到回应。另一方面，还要以所在院（系）行政人员的身份，把握院（系）党建工作的新指向、新目标、新要求，做到“三个及时”，即“及时学习院（系）党建层面工作布

① 中华人民共和国教育部. 普通高等学校辅导员队伍建设规定［EB/OL］.［2017－9－29］. http://www.moe.edu.cn/srcsite/A02/s5911/moe_621/201709/t20170929_315781.html

置会议精神”“及时向所在支部及管理年级传达最新工作内容”“及时向院（系）汇报学生党建工作最新进展”，与“三个纽带”，即学生党员之间的纽带、学生党员与非学生党员之间的纽带、学生与院（系）的纽带，从而形成一个有效闭环。在此过程中，研究生兼职辅导员需要在两个身份角色中不断转换，有意识地将这双重身份所具有的优势属性充分发挥出来。

（三）多担齐挑，推动党建与各项院务的融合发展

党建工作既是院（系）工作的基础组成部分，是引领和指导院（系）各项思想政治工作顺利推进的关键所在，同时也是院（系）其他各项事务得以有序开展的前提，是贯穿整个院务工作的一条主线。因此，做好党建工作不仅是保持院（系）思想政治先进性、维护学生党支部发展的纯洁性的内在要求，同时也是促进院（系）各项事务协同发展的必然路径。从这一逻辑出发，兼职辅导员不仅要做好学生管理工作，更要培养发展观念与大局意识，认识到学生党建工作的深层意义，从而将目光从单一转向融合，抛却就党建工作而开展党建工作、就管理工作而开展党建工作的思维局限，将学生党建工作同整个院务工作融合起来，将二者视为相辅相成、相互促进的两股动力，并且在此过程中发挥自身的主观能动性，促进各个环节的联动。

要实现这一点，研究生兼职辅导员必须拥有过硬的个人素质、开放的思维理念以及宏大的视野格局。这一过程不仅是对学生党建和各项院务工作的极大推进，同时也是对兼职辅导员个人能力的极大提升，并最终实现一个双赢甚至多赢的局面。由此，研究生兼职辅导员在学生党建工作中的角色模式可以用图 1 表示：

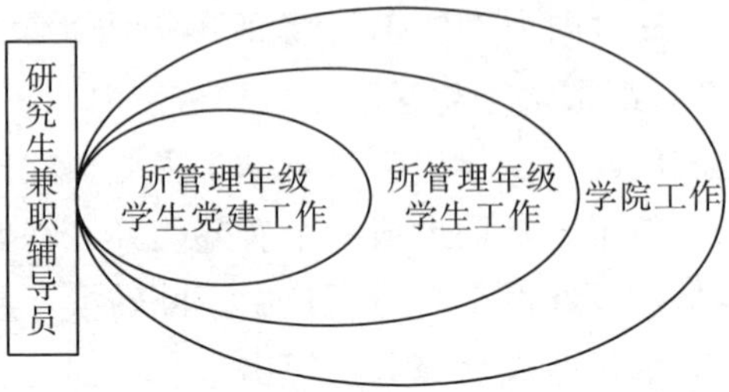

图 1　研究生兼职辅导员学生党建工作角色模式

在该模式中，研究生兼职辅导员作为中间环节，充分发挥学生与辅导员的双重身份优势，将“所在支部党建”工作与“所管理年级”党建工作同“学生日常管理”工作以及其他院务工作紧密联系起来。兼职辅导员既充当党建工作的辅助性执行者和推动者角色，也发挥着院（系）其他学生管理工作的分担者作用，并且将二者作为一个融合的整体，在加强其沟通、互动与协调的过程中推动各方面工作的齐头并进，实现兼职辅导员制度优势的完全发挥。

四、结语

作为高校学生思想政治工作的重要补充，研究生兼职辅导员除了日常事务管理、学生社团活动、辅助教学管理等工作之外，更应在思想政治教育和党团建设中发挥重要作用。尤其是在国家发展与党建工作进入新时期、“双一流”建设如火如荼展开的当下，兼职辅导员制度的有效发挥不仅是推动新时期高校党建工作切实落地的有力路径，同时也是为高校“双一流”建设提供支撑的一项重要举措。做好学生党建工作应当是新时期高校研究生兼职辅导员队伍培养和树立的新理念、新目标、新共识，是未来工作的新重点、新规划、新方向。

参考文献：

[1] 陈岩松. 新时代高校党建工作要有新作为 [EB/OL]. [2018－5－11]. http：//zs. njust. edu. cn/a0/ae/c3552a172206/page. htm.

[2] 多种途径激发高校党建工作新活力 [N]. 光明日报，2018－1－19.

[3] 郭伟. 论高校学生党建工作的地位和作用 [J]. 萍乡高等专科学校学报，2004 (1).

[4] 曹正罡，万宗帅. 博士研究生兼职辅导员工作模式思考 [J]. 教育教学论坛，2018 (11).

[5] 贾曦. 清华大学隆重纪念“双肩挑”政治辅导员制度建立 60 周年 [EB/OL]. [2013－11－19]. http：//www. tsinghua. edu. cn/publish/news/4204/2013/20131119184312308791343/20131119184312308791343 _ . html

[6] 史仁民. 高校辅导员专业发展研究 [D]. 辽宁师范大学博士学位论文，2014.

[7] 于安国. 基层党建和学生思政工作的开展思路及相关阐述 [J]. 大众投资指南，2018 (16).

[8] 刘艳萍. 高校学生工作的新探索——积极建立高校辅导员后备队伍 [J]. 价值工程，2012 (17).

[9] 黄蓉生，樊新华. 新时代高校辅导员创新学生党建工作的思考 [J]. 高校辅导员，2019 (1).

[10] 姚斌，刘茹. 高校朋辈心理咨询实践中的问题与对策 [J]. 教育探索，2008 (9).

[11] 中华人民共和国教育部. 普通高等学校辅导员队伍建设规定 [EB/OL]. [2017－9－29]. http：//www. moe. edu. cn/srcsite/A02/s5911/moe _ 621/201709/t20170929 _ 315781. html

高校研究生思想政治理论课创新教育模式研究*

薛一飞

（四川大学马克思主义学院　四川成都　610203）

摘　要： 研究生是高校当中特殊的受教育群体。研究生群体的特殊性决定了思想政治理论课教学将面临严峻的挑战。研究生思想政治理论课教学如何充分利用极为有限的教学课时，保证思想政治理论课教学的实效性，已成为当前高校思想政治理论课教育改革的重要内容之一。

关键词： 研究生；思想政治理论课；教育模式

自 1999 年全国高校扩招以来，高校的研究生培养质量面临着巨大压力，尤其是研究生的思想政治素质直接关系到高校研究生培养的社会效益，这已成为我国高等教育发展过程中必须高度重视的现实问题。为此，《教育部关于进一步加强和改进研究生思想政治教育的若干意见》（教思政［2010］11 号）文件提出："面对研究生规模扩大、培养模式和管理方式发生变化的新情况新要求，加强和改进研究生思想政治教育，是当前全面推进大学生思想政治教育工作中一项十分紧迫的任务。"（教思政［2010］

* 本文系四川大学研究生课程建设项目资助"高校研究生思想政治理论课创新教育模式研究"（2018KCJS044）阶段性成果。

11 号）然而，研究生群体的特殊性决定了思想政治理论课教学将面临严峻挑战，如何从研究生群体的特殊性入手，结合研究生思想政治理论课教学目标与要求，改进思想政治理论课教学方法和模式，提升研究生思想政治理论课教学效果已经成为高校教学改革的重要内容之一。

一、当前高校研究生思想政治理论课教学面临的新局面

（一）研究生群体受教育的阶段性特征给思想政治理论课教学带来的挑战

高校研究生群体具有鲜明的群体性特征。经过本科思想政治理论课教育，研究生已经对思想政治理论课教学内容很熟悉，甚至一些研究生的专业就是思想政治教育教学研究。这决定了研究生群体具有本科生所难以比拟的专业知识积累与学术思维训练，能够对很多教学内容进行深度的学术思考与追问。而且经过从中学到大学本科阶段的思想政治理论课教育，高校研究生对思想政治教育的相关教学方法与技巧已经非常熟悉，已经掌握了绝大部分思想政治理论课教学所要教授的理论内容。这极大地改变了思想政治理论课教学过程中师生的结构关系。可以说本科教学阶段“师—生”之间“传—受”关系已经被打破，教师的学术权威地位被无形消解，研究生阶段的思想政治理论课教学过程中师生之间基本已经转变为平等的教学相长。虽然，在基本理论知识的储备“量”上，研究生和教师的差距已经不大，很多研究生也的确开始有意无意地轻视思想政治理论课，但是当他们用已经掌握的理论知识去审视社会现实之时，又发现很多现实社会问题与理论相脱节，这又加重了其理论困惑。

然而，反观研究生思想政治理论课教师在失去了理论权威的主动性后，如何在师生平等的互动性当中调动研究生的理论兴趣，继续深化与提升研究生的学术思辨能力，尤其在帮助引导研

究生学习与掌握理论的基础上能够运用理论去发现与分析社会现实问题，提高研究生理论学习的致用之能，就成为当前研究生思想政治理论课教学必然要面临和应对的严峻挑战。

（二）网络新媒体技术的发展给思想政治理论课教学带来的挑战

当前，研究生群体已经习惯于网络化生存。《中国互联网络发展状况统计报告》（2017）统计结果显示：截至 2017 年 12 月，20～29 岁年龄段以学生为主体的网民依然是中国网民中最大的群体，占比达 29.7%，互联网普及率在该群体中已经连续三年处于绝对高位①，根据统计结果，当代高校研究生群体已经成为网民最重要组成部分之一。在一定程度上可以说研究生群体受教育的阶段性特征也是网络传媒技术作用下的客观结果。从网络技术的接受程度、运用能力、普及程度而言，研究生群体的平均水平都高于教师群体。那么，这也更加加速了教师在思想政治理论课教学中权威的消解。因为，网络最大的特点就是迅捷、互联、信息海量。在思想政治理论课教学过程中，即使研究生与教师之间存在理论储备“量”上的差距，有了网络之后，研究生弥补这一差距也变得十分容易。甚至在运用互联网能力上，研究生群体超过了教师群体，在理论储备“量”上还具有相对优势。这就决定了在研究生思想政治理论课教学过程中，教师不能再以“量”的优势换取研究生对课程以及教学内容的认同，而是需要在既定的知识储备“量”的基础上发挥“质”的优势，即运用既有的理论知识去发现现实问题、解释现实问题、探索对策，并尽可能理论创新。进入网络时代，研究生虽然获得了信息获取量上的相对优势，但是并不意味着这一群体所面对的现实困惑就减少或消失

① 第 41 次中国互联网络发展状况统计报告［EB/OL］. http：//www. cnnic. net. cn/hlwfzyj/hlwxzbg/hlwtjbg/201803/t20180305_70249. htm

了。网络为获取信息提供了便捷，但是却也存在信息过载的问题。当海量的矛盾甚至真伪难辨的信息充斥于网络之中，在检索信息过程中，研究生独立判断信息的能力，甚至验证信息真伪的能力还没有达成理论成熟，就会面临极大的困惑。这也对研究生思想政治理论教学提出了全新的问题。如何在网络条件下，提高研究生的信息辨别能力，以及在海量信息辨别过程中提升自身的理论思辨能力，以使其在政治上和理论上迅速成熟起来，这也成为研究生思想政治理论教学无法回避的现实课题。

二、改进当前高校研究生思想政治理论课教学的有效对策

（一）改变研究生思想政治理论课教学理念

研究生群体的阶段性特征以及网络新媒体技术的发展给思想政治理论课教学带来了巨大挑战，最直接的影响就是要求思想政治理论课教师要及时调整教学理念。在原来的研究生思想政治理论课教学过程中，教师具有绝对的信息和理论储备优势，教育过程中知识赋权决定了教师处于绝对的权威地位，而且教师对信息和理论知识的“垄断”决定了教师在教学过程中处于主导地位，甚至可以对教学内容信息进行一定的取舍，选择对教学目标有利的信息，却很少引起学生的质疑。这也决定了在“师—生”的“传—受”过程中，教师可以采取比较简单高效的灌输方式来实现教育目标。

然而，如前文所言，随着时代的变化，加之研究生群体自身的特点，教师在信息量的占有以及理论知识的储备上已经不再具有绝对优势。那么传统的以教师为中心的教育模式就难以适应新条件下高校研究生思想政治理论课的教学要求。

新条件下，教师和研究生在知识储备和理论积累上的平衡决定了思想政治理论课教学理念要做出适应性调整，从原来“师—生”的“传—受”之主客体关系的教育理念中走出来，充分尊重

研究生群体的独立性和自主性。体现在教学过程中，就应秉承主体间性的教育理念，在师生的平等互动中走向理论的共鸣，在尊重学生主体性的前提下，提高学生运用所掌握的理论知识去发现问题、解决问题的能力，通过理论的学以致用，引导学生在学习实践中实现自我价值认可，同时挖掘学生深入研究与探索的潜力和能力，以达到研究生思想政治理论课的教学目标。这种教学理念的转变以及由此决定的教育方法的选择对于提升研究生思想政治理论课教学质量将具有决定性意义。

（二）提升教师知识储备与理论修养，“质”“量”并重

提升教师知识储备与理论修养，“质”“量”并重，成为改进当前高校研究生思想政治理论课教学的必然举措。在网络条件下，研究生群体所掌握的信息量和理论储备与教师基本持平，而且通过网络获取信息的能力甚至高于教师。所以，这对思想政治理论课教师的理论知识和信息储备提出了更高要求。传统的照本宣科已经难以满足研究生对知识和信息的需求。教师在传统“师—生”的“传—受”之主客体关系下的选择性信息供给已经不能适应网络条件下思想政治理论课教学需要。教师为了实现教学目标以及自身观点而片面选择正面信息，则会更多地招致学生的理论质疑和情感逆反。所以，网络时代思想政治理论课教学不仅需要正面信息供给，还需要反面信息的辩证批判，以赢得学生根本的理论认同。这对教师的知识储备提出了前所未有的“量”的要求。

网络条件下的研究生思想政治理论课教学要求秉承主体间性的教育理念，在师生的平等互动中走向理论的共鸣。这并不否定教师在整个教学过程中的主导作用，只是对教师发挥自身在教学过程中的主导作用之要求变得更高了。教师在教学过程中的信息量储备相较于研究生而言已不具绝对优势，那么教师要主导教学方向，最终实现教学目标就取决于理论的深度理解与运用能力

了。如果教师在同样的既定理论上具有超出一般水平的深度理解，并且能够在理论假设的前提下，针对正反面信息做出理性的理论回应，以理服人，这对已经掌握了一定的理论知识，并且具备一定学术思辨能力的研究生而言将极具理论吸引力。教师能够以理论的魅力取得在研究生思想政治理论课教学过程中的主导权，那么理论支撑背后的价值认同将更加稳固，研究生思想政治理论课教学目标将在理论认同与价值信仰中实现。这是对研究生思想政治理论课教师理论修养的“质”的要求。高校研究生思想政治理论课也只有在教师知识储备与理论修养“质”“量”并重中提升实效。

（三）研究生思想政治理论课教学，从内容到形式的优化

如果说本科教育是对高等教育大众化要求的回应，那么研究生教育则是社会对专业化精英人才需求的反映。专业化精英人才应该具有过硬的政治素质、专业知识和实践操作能力。而过硬的政治素质、专业知识和实践操作能力的提升需要系统性训练，研究生思想政治理论课也要服从这一教育目标，这也将直接反映在研究生思想政治理论课教学的内容和形式上。

如前文所述，当知识量的积累已经不再是研究生思想政治理论课教学的主要内容时，其必然要从内容到形式进行全方位的优化。应当严格按照《教育部关于进一步加强和改进研究生思想政治教育的若干意见》（教思政［2010］11 号）的要求，不仅注重理论教学，引导研究生确立坚定的马克思主义理想信念，还要提高其运用马克思主义立场观点和方法分析和解决问题的能力。在课程内容和形式的设计上，增加社会实践和志愿服务的内容，锻炼其为经济社会发展服务的实践能力，并强化其作为社会精英人才的社会责任感。还要为研究生量身定做具有一定的理论和实践挑战性的研究项目。在科研攻关中，增强研究生群体的理论创新能力，使其能够迅速成长为创新型人才。

参考文献：

[1] 教育部关于进一步加强和改进研究生思想政治教育的若干意见（教思政［2010］11 号）

[2] 第 41 次中国互联网络发展状况统计报告［EB/OL］. http：//www. cnnic. net. cn/hlwfzyj/hlwxzbg/hlwtjbg/201803/t20180305_70249. htm

论新时代高校研究生党支部质量建设的思路

黄小虎

（四川大学外国语学院　四川成都　610064）

摘　要：开展高校研究生党支部质量建设是党在高校深入推进全面从严治党的工作要求，是党团结和教育广大研究生的重要途径，是高校管理的重大课题，必须高度重视，与时俱进。深入研究生基层党支部质量建设，实现高校研究生党建工作的新发展。

关键词：研究生；党支部；质量建设；思路

教育部将2019年定为教育系统“支部建设年”，凸显了中央高度重视教育系统基层党的建设，着力加强基层党支部的质量建设。研究生党支部作为高校基层党组织的重要组成部分，其质量建设是高校全面从严治党的必然要求，关系着研究生群体的思想政治工作质量，是实现立德树人这个根本任务的重要途径。本文从分析开展研究生党支部质量建设的重要性出发，提出新时代高校研究生党支部质量建设的新思路。

一、开展研究生党支部质量建设的重要性

（一）政治属性决定了研究生党支部必须加强质量建设

研究生党支部是我党在高校中设立的基层组织，其政治属性决定了研究生支部不是任何其他普通学生组织，而是党百万党支

部的一分子，必须严格遵守党章规定，履行全面从严治党要求，加强自身质量建设，不断保持党支部的先进性。

（二）研究生党支部质量建设是提升研究生思想政治工作水平的基础

研究生党支部是研究生党员组成的基层支部，其工作职责是教育、管理和监督研究生党员，组织、宣传、凝聚和服务广大研究生。研究生党员本身是研究生群体中的一员，他们是品学兼优的学生，是我党联系群众的重要力量。在革命年代，我党依靠设立在各个高校的地下工作站，团结和教育了无数青年知识分子。这说明做好研究生思想政治教育工作不仅要依靠广大教师，还必须充分发挥研究生党员的先锋模范作用。另外，研究生党支部作为执政党的基层单元，是高校基层学生工作的核心之一，必须不断提升建设质量，才能进一步夯实我党在青年学生中的群众基础，更好地发挥基层党支部的战斗堡垒作用。

（三）研究生党支部质量建设是高校立德树人的重要途径

习近平总书记在 2018 年全国教育大会上强调，我们办的是中国特色社会主义教育，必须坚持马克思主义指导地位，坚持办学正确政治方向。这是关乎教育事业举什么旗、走什么路的大问题，必须坚定不移，毫不动摇。研究生教育作为教育事业的一部分，必须坚持党的全面领导。落实党的全面领导不是一句空话，需要首先加强和稳固党在基层的基石，切实重视基层党支部建设，确保党的教育路线、方针、政策在研究生群体中得到贯彻和落实。

（四）研究生党支部质量建设是新时代高等教育事业发展的必然要求

习总书记在省部级主要领导干部培训班上强调全党要深刻认识和准确把握外部环境的变化和全国改革发展稳定面临的新情况、新问题、新挑战。教育系统是社会系统的重要一环，内部稳定的基础就在于广大基层学生支部。历史经验告诉我们，只有抓好学生党支部包括研究生党支部的建设，高等教育事业才能持续健康稳定地发展。所以，面临国内外新形势和新要求，高校开展研究生党支部的质量建设比任何时候都更加迫切。

二、高校研究生党支部质量建设的思路

在高校研究生院中，研究生党支部的群体特征明显不同于本科生党支部，党员已经完成了本科教育阶段的教育，认知水平较高且来自不同本科院校，家庭结构不同，经济来源宽泛，有专门导师队伍的教导，这些因素都决定了研究生党支部的建设必须以政治建设为首要内容，以纪律教育为主线，从严教育和管理党员，让研究生党员扎根于研究生群体中，认真履行为师生服务的宗旨，领导研究生群体在高校的学习和生活。

（一）坚持以政治学习引领业务学习，落实研究生党支部的政治建设要求

在高校中，研究生党员的学习生活与业务研究密不可分，“三会一课”往往被业务讨论取代，从而挤占研究生接受党性教育的时间。所以，高校研究生党支部的质量建设必须落实全面从严治党要求，突出政治建设功能。第一，高校党委要明确研究生党支部必须坚持政治学习引领业务学习，而不是业务学习取代政治学习。只有政治学习搞好了，广大研究生才有积极向上的精气神，才能更好地从事业务研究。第二，研究生党支部必须制定年度或学期“三会一课”和组织生活计划并上报上级党委备案，支部干部必须认真严肃地按照程序开展“三会一课”和组织生活，如实记录并向上级汇报“三会一课”和组织生活会的情况。第三，高校党委对基层支部包括研究生党支部的考核不能单纯以教学科研成果来论先进，必须坚持政治建设为根本。首要考核依据就是基层支部是否坚持“三会一课”，是否做好“两学一做”，是

否突出政治功能。

（二）从严治党和从严治学结合起来，营造研究生党支部质量建设的环境

高校是立德树人的地方，从严治党和从严治学从来不是割裂或对立的关系，而是相辅相成的有机统一关系。高校党委要加强宣传和教育工作，使广大导师们明白和支持全面推进从严治党就是为了同一切影响党的先进性、弱化党的纯洁性的问题做坚决斗争，在高校营造风清气正的良好政治生态和育人环境。同时高校必须坚持立德树人的根本要求，切实落实研究生培养质量的主体责任，进一步规范研究生培养环节，不断提高研究生培养质量和综合素质。研究生的综合素质提高了，研究生党支部质量建设才能如有源活水，才能持续充分地发挥战斗堡垒作用。

（三）将党支部建设与班集体建设相融合，充分发挥党支部的先锋模范和领导作用

研究生党支部为人民服务的宗旨必须具象为师生服务，这和班集体的服务对象一致。提高研究生党支部建设质量，应该和班集体建设结合起来，进一步坚持和巩固党支部的领导地位，反对党支部和班集体建设两张皮。另外，研究生党支部的质量建设必须以研究生群体问题和需要为导向，这就要求研究生党支部必须想研究生群众之所想，急研究生群众之所急，切实为研究生群众服务，这也是建设服务型党支部的基本要求。如果研究生党支部的组织生活仅仅满足于学习书本理论，工作浮于表面，研究生党支部就无法团结和教育广大研究生。因此，加强研究生党支部的质量建设必须积极主动地领导班团组织建设和校园文化建设，主动关心和帮扶广大研究生群众，在实际行动中践行为人民服务的宗旨。

（四）开展研究生党支部质量建设，关键在于落实监督和问责机制

高校开展研究生党支部质量建设本质上是全面从严治党向基层党支部的推进，是我党加强政治建设的根本要求，必须按照党中央要求，坚持高标准严要求，要求广大研究生党员牢固树立“四个意识”、自觉坚定“四个自信”、坚决做到“两个维护”。具体来讲，高校党委在指导基层研究生党支部建设的过程中，既要坚持底线思维，又要防止一刀切，要根据各地各校各支部的实际情况给予指导，推行一校一策或一院一策，甚至一个支部一策。另外，高校党委要统筹对基层支部的考核监督和问责，既要坚持年度考核，以结果为评议依据，同时加强过程化监督。对加强研究生党支部质量建设不力的支部和领导干部，应该严肃问责，防止新的形式主义和主观主义。

三、结束语

新时代中国特色社会主义建设成就举世瞩目，研究生教育事业蓬勃发展，各地高校党委必须高度重视和加强研究生党支部的质量建设，深刻认识研究生党支部的政治属性和新形势的迫切需要，深刻理解其在立德树人中的重要作用，坚持研究生党支部在研究生思想政治教育工作体系中的核心地位。作为高校教育工作者，我们要与时俱进，以立德树人为根本任务，积极探索新时代加强研究生党支部建设的策略，不断改进工作方法，为国家建设提供大量德才兼备的高层次人才。

新时代加强研究生党建工作思考

——以四川大学材料科学与工程学院党支部为例

王　娇

（四川大学材料科学与工程学院　四川成都　610064）

摘　要：随着研究生教育的不断发展，研究生党员人数不断增加，研究生党建工作在高校党建工作中的重要性也越来越凸显。加强研究生党建工作，对增强党组织的凝聚力、创造力、战斗力，提升高校人才培养质量、完善立德树人机制都有着重要意义。

关键词：新时代；研究生；党建

一、新时代背景下研究生党建工作的重要性

研究生党建工作是研究生思想政治教育工作的重要组成部分，加强研究生党建工作，对提高研究生思想政治素质、确保研究生科学研究方向、为党的伟大事业培养合格建设者有着重要的意义。党的十九大报告指出，如果青年一代有理想、有本领、有担当，国家就有前途，民族就有希望。高校作为青年人才培养场所，发挥着为党吸收新鲜血液、传承党的使命责任的重要作用。新时代研究生党建工作就是要落实新时代党的建设的总要求，对于高素质的研究型人才进行思想引领，将优秀的知识分子凝聚到党的队伍中来，让更多的优秀人才为党的事业做出贡献。党的十九大指出，党要政治过硬，也要本领高强，在党要管党、从严治党的新

时代背景下，我们高校的研究生党建工作重点要保证党支部、党员政治过硬，业务精进，为人才强国进一步实施起到重要保障作用。“双一流”建设是党中央为提高我国高等教育发展水平、增强国家核心竞争力做出的战略决策。在新时代加强研究生党建工作，有助于国家“双一流”建设筑牢意识形态防线，把握正确导向，提升“双一流”建设水平，为一流的研究生培养提供有力的思想政治保证。优秀研究生具有较高的政治素质和专业水平，具有强大的引领作用，能带动其他研究生甚至本科生追求进步。

二、新时代研究生党员及支部工作特点

1. 新时代研究生党员特点

研究生党员是党员群体中文化层次较高、年龄较轻的群体。研究生党员思维敏捷，接受能力强，对理论学习和专业研究都有着先进的方法。研究生党员人数在研究生群体中比例较大，研究生党支部数量也逐年增多，对研究生党支部和党员的考察和规范管理难度增加（李文娟，章咏芳，2018）。研究生党员发展数量也比本科生多，研究生入党积极分子教育活动的开展需要保证质量。党员在平时的学习和工作中较为分散，党员间平时当面交流机会较少，部分研究生党员专业能力强，理论水平较弱，在繁重的科研压力下，部分研究生党员在平时也不够重视提高理论水平。同时，在当前复杂的社会形势下，研究生党员价值取向更复杂多样，受各种思想冲击影响，看待问题的角度更加多样。以上这些特点对党建工作提出了更高的要求（季国平，2018）。

2. 研究生党支部工作特点

研究生党支部普遍按年级或班级设置，部分党支部设置在课题组。但是由于不同年级和不同专业的研究生承担的科研内容不尽相同，不同导师也会给研究生带来不同的要求，这都会造成党员难以集中、难以开展现场支部活动等问题，支部设置需要有较

强的针对性和灵活性，考虑学生学业进程的各个时间节点，为党支部的工作开展提供更好的时间保障。

研究生党员的组织生活内容一般在上级党组织的指导下制定，各支部可以根据支部实际情况对党组织生活形式进行调整。这样各支部的实际组织生活开展成效就有所差异。部分支部组织纪律性较强，组织生活成效显著，但也有部分支部组织生活缺乏严肃性，活动形式刻板，缺乏时代性。

研究生教育管理采用导师负责制，导师对研究生党员的思想政治、道德品质、学术道德等方面都应全面指导，但目前导师对研究生党支部工作开展普遍参与不够。

以四川大学材料科学与工程学院为例，学院共有研究生党员110余名，分为四个党支部，由于目前研究生的培养方式越来越多元化，研究生党员分散在各个课题组，学术科研活动都集中在实验室，教育活动非常分散。理工科研究生的学习进度相对一致，但是不同年级的研究生党员面对的主要问题不尽相同，低年级研究生主要考虑学业问题，高年级研究生还需要面对毕业任务和就业压力，因此各党支部工作的开展情况也存在差异。

三、新时代加强研究生党建工作路径探究

新时代，高校研究生党建工作重点在于全面加强党员思想政治教育，加强基层组织建设，增强基层党组织的凝聚力、战斗力。以党建引领为科学研究提供动力，以党建引领为研究生的成长成才保证正确的方向。以材料科学与工程学院研究生党支部为例，其主要采取以下措施加强研究生党建工作。

首先，加强党员教育管理。党支部坚决执行党的路线方针政策，坚持理论学习，以“三会一课”加强党性锻炼，支部书记认真推进“两学一做”学习教育常态化、制度化，通过多种形式把学习活动不断引向深入。同时加强党员管理，支部书记与导师共

同严格把关党员发展程序。按规定做好党员党组织关系转接、出国出境党员管理。党支部教育党员在日常教学科研生活中“亮身份”，树立先锋形象。在学习和生活中严格用党章党纪规范党员行为，引导党员践行学术道德，严守纪律底线。支部及时掌握党员思想动态，经常在组织生活中开展批评与自我批评，严格执行党员民主评议制度。支部经常性组织开展思想政治教育，教育党员在课堂教学、各类讲座、集体活动中坚持正确的政治立场，避免被错误思想侵蚀，积极树立先进党员典型。研究生党员出国出境交流较多，支部应充分利用网络新媒体规范管理和准确把握在外联培党员的思想动态，研究生党支部在海外交流的党员应保持与党支部的密切联系，定期向党支部汇报思想动态，做到对每一个党员的思想准确把握。支部充分引导研究生党员、带动全体研究生聚焦主业，树立科研报国的人生理想，将个人的发展与学校的建设以及国家的科技兴旺统一结合起来，以党建工作这个重要抓手为研究生人才培养把握正确的方向。

其次，加强研究生党支部书记、支委队伍建设。各研究生支部书记应该符合德才兼备、以德为先的原则。支部委员会成员在党支部的关键岗位上，要高度重视支部工作，认识到位。支部要以高度负责的态度担负起教育党员、管理党员、监督党员等职责，严肃工作作风，通过集中轮训、交流学习等方式不断提高政策理论水平和党务工作能力。材料科学与工程学院就举行了党支部书记轮训、支委培训会、支部书记集中学习等培训，让全体党支部提高工作实绩，进而获得组织的信赖和群众的拥护。

再次，创新党建载体。各支部充分利用“学习强国”平台，营造浓厚的学习氛围。材料科学与工程学院专人负责管理网站党建版块、党支部 QQ 群、微信公众号等支部网上学习、交流平台，让党员时时处处可以开展理论学习，实现理论学习能效的最大化。同时定期推送党课及支部风采展示，选树先进典型，通过优秀党员的示范作用，引领支部以及全体研究生奋发向上，增强支部育人功能。要求支部党员把思想引领有机融入学习生活，研究生党员应在理论学习、学术科技、校园文化建设等方面发挥好先锋模范作用，党员在班级、课题组积极搭建交流平台，与身边的团员、群众做好沟通和引导，同时要健全困难学生帮扶机制，及时了解、回应困难研究生诉求，发挥支部战斗堡垒作用。研究生党员还应该通过实践、志愿服务增强思想引领的实效性，党支部为党员拓展社会实践渠道，搭建第二课堂，让党员理论联系实际，在实干中升华思想。

最后，加强党员导师、优秀教师党员的力量参与。导师是研究生思想政治教育的首要责任人，加强党员导师参与研究生党建工作，可以更好地发挥党员导师的思想引领作用，构建党员导师参与研究生党建工作的长效机制，改善研究生党员党建工作和业务提高相分离的现象。同时，引入优秀党员教师力量加强党支部工作实效，也能很好地促进支部的思想政治教育水平提高，真正做到把思想政治工作贯穿教育教学全过程。

四、结束语

新时代，新的形势下，研究生党建工作需要结合研究生党员自身特点和高校及研究生培养单位党建工作实际，积极探索切实有效的方法，全面提升新时代研究生党建工作的质量，推进研究生党建工作高效开展。

参考文献：

[1] 李文娟，章咏芳．在建设“双一流”中创新高校党建工作——以苏州大学马克思主义学院为例［J］．现代管理，2018（8）：55－56.

[2] 季国平．新时代高校研究生党建工作路径研究［J］．高校党建，2018（11）：7－11.

“场景匹配、机制到位”的理科研究生党建组织工作探索

——以四川大学生命科学学院为例

张　舒[1]　吴近名[2]

（1 四川大学党委学生工作部　四川成都　610065；
2 四川大学生命科学学院　四川成都　610064）

摘　要：依照中共教育部党组《普通高等学校学生党建工作标准》（教党［2017］8号）（以下简称《标准》）的精神，高校研究生党建组织工作包括领导机制、工作机制、学生党支部设置、学生党建工作队伍建设四个方面的内容。本文以笔者所在的四川大学生命科学学院为例，对照《标准》查找问题、总结经验、创新思路、突出抓手，探讨了在理科研究生党建组织工作层面，尤其是党支部设置和党建工作队伍建设上的思考与对策，希望管中窥豹、以资参考。

关键词：理科研究生党建；党支部设置；党建工作队伍建设

近年来，全国高校一级学科硕士、博士学位授权点迅速新增，招生计划也持续扩容，研究生基数已呈飞速上涨的态势。以笔者所在的四川大学生命科学学院为例，研究生年均新生人数甚至已超过了同期入学的本科生人数。激增的研究生党员虽然从量上基本满足了青年人才与党的骨干“双向培养”的要求，但随之而来的年级党支部人数过多、党支部设置模式与学生日常科研生

活场景不匹配、党支部战斗堡垒作用和凝聚力向心力降低、党员党性意识弱化与理论素养退步等问题，也给研究生党建工作带来了新的严峻挑战。作为我国当前教育结构最高层次群体中的先进分子，研究生党员不仅要具备专业学科背景下优良的知识结构和科研能力，更应以高度敏锐的政治觉察力、深度自信的使命担当感，扮演好国家建设“旗手”与“排头兵”的角色。因此，如何加强顶层设计、规范引导、科学管理，尽可能贴近研究生党员校园生活的“最大实际”，探寻研究生党支部设置和党建工作队伍建设在“先进性”与“活力性”评价体系上的“最大公约数”，正是亟待解决的课题。

一、理科研究生党建组织工作调研情况与经验总结

为全面了解理科研究生党建组织工作的特点，推动党建工作向纵深发展，学院党委立足本院实际，由分管学生工作的副书记、协管学生党建工作的辅导员组成课题组，以学院研究生党员为样本，历时五年，通过多轮座谈磋商、个别访谈和实地走访，得到了第一手资料。同时，基于反馈的信息，先后开展了两轮研究生党支部小型化建设，在组织构架、工作配伍和机制保障方面取得了一些经验，也总结了相关做法。目前，已达成了系列共识。

（一）党支部设置方面：“场景匹配”是第一要义

“组织睦不睦，关键看支部。”作为党组织坚定不移的基层战斗单元，党支部必须保证“召之即来、来之能战、战之能胜”，关键时刻能在人民群众最需要的场合亮剑发声。然而，脱离实际场景、避开根本前提，想当然地设置党支部，造成组织松松垮垮、班子懒散成性、工作不合时宜的情形，过去并不少见。这不但无益于基层党建工作的开展，更是对我们党宝贵人才资源的极大浪费。

中共教育部党组颁行的《标准》明确指出，按照有利于发挥党支部战斗堡垒作用和党员先锋模范作用、有利于开展党员教育管理服务活动的原则，在按年级或院（系）设置学生党支部的基础上，根据实际需要，探索依托重大项目组、课题组等建立党组织，探索学生党建工作向最活跃、最具创新能力的组织拓展，扩大党的覆盖面，做到哪里有学生党员哪里就有学生党组织。自2014年起，通过调研和前期实践，在硕士研究生层面，摈弃了那种组织疏松、纪律散漫、稳定性差、死气沉沉的年级（班级）党支部设置，代之以结构相对稳固、专业相关度高、科研场所接近、党员积极性好的"专业学科点小型化研究生党支部"（以下简称"专业小支部"）模式。

2017年底至2018年上半年，历时三载的这批"专业小支部"，在完整履行其首届工作职责后，党员们普遍反映，应更进一步与理科研究生科研学业场景相结合，重新调整支部建制。于是，课题组在实地走访学院各楼层实验场所，综合考量团队与学科两方面因素后，启动了学院新一轮研究生党支部小型化工作，现已全部完成重置。重置后的小型化支部，包括11个硕士研究生党支部和1个省级重点实验室党支部（内含该实验室博士生党员），充分围绕实验室导师团队，适当兼顾了上一轮专业学科相近的原则，基本达到了"研究生党员们日常科研生活场景在哪里，党支部就设在哪里，党建工作的力度就深入到哪里"的要求。与此同时，在博士研究生方面，考虑到支部党员数量相对恒定，年度发展人数也十分有限，人数规模比较符合"一般在30人以内"的要求，故仍按照年级为单位划分为3个党支部。未来各项时机成熟，亦可考虑将博士研究生党支部予以类似的小型化调整。

事实表明，调整后以实验室导师团队为核心、兼顾专业学科相关性的"场景式小型化党支部"，无论在"三会一课"、组织生活会、民主评议考核等常规制度建设方面，还是运用新媒体、自媒体平台（“SCC 研究会”微信企业号、智慧党建云平台）创新理论学习或结合实验室科研组会开展的各类趣味素拓活动方面，较之于年级（班级）研究生党支部或纯专业型党支部，在执行力、运转度、价值体现等方面都有了长足的进步。

（二）党建工作队伍建设方面：“选优配强”“机制到位”是重要保障

顾名思义，“党建工作队伍”，就是关于党的建设方面的专门性工作队伍。高校的这支队伍，则应以“思政启迪”“提升站位”为主，突出育人功能，围绕中心来抓好思想、组织、作风、反腐倡廉与纯洁性等各方面的建设。这其中，既包括学生兼任的党支部支委干部、专职或“双肩挑”政工干部，也包括一部分专业教师队伍中的骨干力量，可谓“师生共建”。

事业要兴旺，队伍要配强。如果说党支部的科学设置是为了强健组织的体魄，那么党建工作队伍的择优选配，就是为了给机体注入新鲜洁净的血液，吐故纳新、焕发精神、保持状态。中共教育部党组颁行的《标准》进一步指出：统筹院（系）党组织书记、副书记、组织员、辅导员和班主任、学生党支部书记、共青团干部等队伍建设。选优配强学生党支部书记和支部委员、专兼职组织员。注重从优秀辅导员、骨干教师、优秀大学生党员中选拔学生党支部书记。学生党建工作队伍教育培训纳入学校人才队伍建设总体规划，定期开展专题培训，特别是根据支部换届情况加强党支部书记、支委的党务知识培训。

学院党委一贯高度重视党建工作队伍的人员遴选和发展维护。由学院党委“一把手”领导牵头挂帅，分管学生工作与纪委工作的副书记实际指挥，专职组织员、专兼职辅导员、班主任、分团委书记作为主力以及部分骨干专业教师热忱参与，严格按照 2015 年 1 月中办和国办联合印发的《关于进一步加强和改进新形势下高校宣传思想工作的意见》、2015 年 7 月中组部、中宣部和教育部联合下发的《关于领导干部上讲台开展思想政治教育的意见》以及 2016 年 12 月全国高校思想政治工作会议纪要等相关重要文件及会议精神，把握"围绕中心抓党建，抓好党建促发展"的原则方针，在学生党支部支委班子选任、党务知识培训、学以致用服务基层民生等方面，下大力气、做苦功夫、争创实绩，树立起了学院党建"口碑品牌"。这里着重谈三点。

1. 整合思政优势资源，组建学生党建指导团队，针对党支部工作难点集中辅导

学院党委专门成立了"院学生党建工作指导中心"，由院党委副书记、专职组织员、协管院学生党建工作的辅导员老师、院分团委书记组成核心指导团队。该中心虽不属于在编的党政实体部门，但人员齐整、新老结合、经验丰富。此举整合了学院现有的思政优势资源，将重心聚焦到各支部具体的工作开展，将以前更多浮于面上的"务虚事务"进行落地和拆解，使之转化为"一个唾沫一个钉"的重难点予以突破，较好地推动了学生党建工作科学有序地进行。

2. 以党建重要节点为契机，组织系统化党务知识培训，提升政策理论水准和业务素养

自 2012 年开始，每年的"七一"建党节，院学生党建工作指导中心都会组织开展"党的生日，我的使命"专题学生党建系列活动。活动环节一般包括学生党员重温入党誓词、学生党支部书记汇报支部半年工作情况、常规党务工作培训、优秀党员学年表彰等，通过以会代训、以培代学的形式，进一步增强学生党员以及入党积极分子党性理论修养，提升学生党支委班子实务工作能力。

这些年，学院党委不断探索，逐步形成了一套规范化、常态化的运行机制，而"七一"学生党建系列活动，也由最初单一的

学生党员参与，拓展至入党积极分子学生，打造为学院学生人群覆盖面较广的品牌项目。在引领学生党员增进对党认识、接受党课洗礼、加强党务能力、提升党性修养等方面成效斐然。

3. 紧抓导师团队风尚建设，营造良好文化育人氛围，以评比促发展、以“德建”促党建

研究生导师，尤其是广大党员导师，是研究生党建工作队伍的重要补充。他们的学术造诣、精神追求、人格魅力，无时无处不在潜移默化地感染、熏陶自己的学生。因此，导师参与研究生党建工作，能够充分发挥师德楷模对于研究生党员的示范作用，引导研究生坚定理想信念和奋斗目标，塑造正确积极的人生观和价值观。

长期以来，学院党委以课题组、实验室等基层微观载体为抓手，大力营造关爱、包容、团结、拼搏的团队文化和高尚的师德师风，开创了在团队文化育人氛围下研究生立志报国、勇攀高峰的生动局面。例如，我院党委书记、博士生导师林宏辉教授所领衔的“植物生理与分子生物学”团队（现第 4 研究生党支部为主体），现有教师党员 1 人，教师民主党派人士 1 人，硕士生党员 15 人，博士生党员 6 人，致力于植物逆境分子生物学及园林生物技术领域的研究工作，积极探索植物内部的分子机制，潜心科研数十载，斗志昂扬、成果卓著、人才济济。

在紧张的科研之余，以林书记为代表的有着几十年党龄和忠诚信仰的资深党员，统战着团队中张大伟老师这样的民主党派青年人才，引领着团队广大硕士、博士生党员，以广博的学识、宽厚的胸怀和深度的社会使命感，面向基层、服务地方，在组织爱心募捐、科技兴农“精准扶贫”、边远山区青少年公益科普和科创活动帮扶等方面重点发力，将“全心全意为人民服务”的宗旨以及党群众路线精神践行到实处。

2017 年 12 月，全校第三届“德渥群芳”组织文化建设先进

科研团队评选，"植物生理与分子生物学"团队斩获了全校"标兵团队"的荣誉佳绩。

二、理科研究生党建组织工作改进建议

（一）党支部设置的覆盖面有待进一步延伸，党支部内部建设亦有待进一步细化

综前所述，尽管当前不少理科院校都开始重视课题组、实验室等"场景式小型化研究生党支部"（以下简称"场景式小型化支部"）建设，但从中共教育部党组《标准》所提出的"场景匹配"顶层设计而言，还有一些与研究生科研和生涯拓展关联度高、创新性强的平台载体，其实也值得尝试"场景式"覆盖探索。例如研究生会下辖的志愿者协会或公益服务型组织、研究生学术性社团，甚至部分条件成熟、氛围优越的研究生寝室等。以作者所在学院为例，学院党委牵头建设的研究生"一支部一社团"项目，即：以"场景式实验室导师团队为核心"的硕士研究生小型化支部为阵地、以一级专业学科点为依托，党支部与学术性社团的共建共进。其中，研究生党支部是骨干力量，要充分发挥组织的战斗堡垒作用，以高度的政治觉悟和强烈的责任意识，宣传招募和成立学术性社团，并加强体系组建。

此外，在以实验室导师团队为核心的"场景式小型化支部"内部，如何全面整合好纵向三个年级研究生党员的凝聚力，也是接下来需要思考的问题。虽然同属一个实验室导师团队，但毕竟存在于不同年级，大家的科研进展、学术阶段也有较大区别，所以也可考虑在纵向党支部的框架内，设置年级横向党小组，在小范围内采纳"年级为单位"的积极面，做到纵横交织、相得益彰。

（二）导师尤其是党员导师对研究生的思政教育有待进一步加强

综上所述，作为研究生学业科研全程的“第一责任人”，导师尤其是党员导师参与研究生党建组织工作不但“天经地义”，更应“旗帜鲜明”。为贯彻落实全国高校思想政治工作会议精神，学校党委于 2017 年 7 月印发了《四川大学关于进一步加强和改进研究生思想政治教育的实施意见》（川大委〔2017〕52 号），其中明确指出，以“七导”职责细化导师指导过程，充分发挥导师在研究生思想政治教育中首要责任人的作用。毋庸置疑，中央加强全面从严治党以来，党员教师队伍的思想素质水平得以整体提升。以实验室导师团队为核心的“场景式小型化支部”探索，也推动了理科研究生导师们在“七导”之“导思想”“导人生”方面愈加重视，担负起全方位育人的职责。然而，我们也要看到，当前真正全情投入和参与“七导”的研究生导师尤其是党员导师，还是为数太少。关于怎样从考核机制或奖惩措施上进行改革，表彰先进、鞭策后进，尚需深入研究部署。

三、总结与展望

新时代，新征程，高校理科研究生党建组织工作也呈现出诸多新特点。这不但关乎着我们党“立德树人”教育方针的落实，更决定着培养中国特色社会主义伟大事业合格建设者与可靠接班人的“百年大计”的人才根基是否稳固。时代在发展，社会在变迁，高校科研活动内涵也在日益丰富。所以，研究生党建组织工作也应结合具体情势变化，因时因地制宜，牢牢把握“场景匹配、机制到位”的总原则，而不去追求“放之四海而皆准”的唯一性标准。这样，才能积极应对、扎实创新，以优质的研究生党建工作，促进“又红又专”复合型国家建设人才的培养。

参考文献：

[1] 王燕，刘续航．高校研究生党建工作的创新性研究［J］．教育教学论坛，2018（4）：55－56．

[2] 王中，吴成峡，肖丽霞．基于 PDCA 法的研究生党支部建设机制研究——师生共建模式［J］．高教学刊，2018（1）：177－179．

[3] 李晓庆．导师参与研究生党建工作的有效机制研究［J］．党政论坛，2017（12）：32－33．

[4] 宋晓东．新形势下加强高校研究生党支部建设的对策研究［J］．学位与研究生教育，2017（11）：39－42．

[5] 李德煌，于满．理工科高校研究生党支部设置的调查与分析［J］．学位与研究生教育，2014（4）：38－40．

[6] 王群．依托专业平台探索研究生党建工作新模式［J］．河北师范大学学报，2013（3），36（2）：155－157．

互联网新媒体技术对大学生思想政治教育的影响*

吴　宇

（四川大学研究生工作部　四川成都　610064）

摘　要：将新媒体技术运用于传统思想政治教育已成为大学生思想政治教育的新模式。互联网新媒体技术对大学生思想政治教育具有双面性的影响，一方面能够使大学生及时获取思政信息，了解思政知识、拓宽思政信息来源，丰富教学形式，促进思政教育者交流，为思政教育注入新思想；另一方面也会带来信息甄别难度加大、使用门槛更高，形式喧宾夺主等负面影响。大学生应做到主动学习，促进师生双向交流，提升判断力，培养正确价值观；思政教育工作者应合理结合新媒体思政教育与传统思政教育，同时不断提高教师相关技能和能力。

关键词：新媒体技术；大学生；思想政治教育

新媒体是与传统媒体在理念上、介质上、效应上大相径庭的新型媒体形态，其以数字化信息为载体，以网络信息技术为中介，不仅资源更为丰富，传播速度也更快，新媒体的本质是数字化媒体，包括网络媒体、手机媒体、数字电视等（谢秀英，2017）。随着现代化教育与新时代信息技术的发展，将新媒体技

* 本文系四川大学 2018 年共青团工作专题研究项目“互联网新媒体技术对大学生思想政治教育的影响”的研究成果，项目编号：2018TW05。

术应用于传统思想政治教育已成为大学生思想政治教育的新模式。研究互联网新媒体技术对大学生思想政治教育的影响，摸清现状、分析利弊、提出建设性意见与措施，对于促进新媒体技术与传统思政教育的结合、深化思政教育具有社会价值与实践意义。

一、大学生使用互联网新媒体技术的现状调研

我国网民结构中青少年占主体地位，互联网新媒体技术在大学生的生活中普及程度非常高。课题组采用问卷调查的方式，对大学生使用新媒体的现状进行了调查，调研结果如下。

（一）大学生使用新媒体的时间

对“大学生每天在互联网新媒体上花费时间”调查显示，超过半数的大学生每天上网时间超过 4 小时，占比为 50.67%，上网时长在 2～4 小时之间与 2 小时以内的人分别为 32.33%、17%。互联网占据了大学生大部分闲暇时间，成为大学生活中必不可少的部分，尤其是随着智能手机的普及，移动互联网完全覆盖了人们的衣食住行，使大学生以新媒体技术为依托进行娱乐、学习等活动具有良好的硬件基础。

（二）大学生使用新媒体的用途

大学生主要利用网络媒体进行社交，或者通过微博、博客等参与网络舆论活动。45.51%的被调查者主要利用互联网进行社交活动，其中 QQ、微信、邮件为主要工具；其次关注网络舆论的人数位居第二，占比 25.25%；关注新闻时事、游戏娱乐的人数不相上下，占比分别为 13.29%和 11.63%；利用互联网关注学术研究的人数最少，为 4.32%。根据活动特点，游戏与网络舆论活动相对耗时，高频从事此类活动也会相应增加个人上网时间。每天上网时间在 2 小时以内的被调查者在学术研究、了解新闻时事方面的比例要高于上网时间在 2 小时以上的被调查者，这

类大学生善于利用网络满足自己的学术需求。上网时长与关注内容没有统计学关系，无论上网时间多少，用于聊天交流的微信、QQ 都是大学生高频使用的软件，所以 QQ、微信平台具有开发思政教育的潜力。同时 QQ 的订阅号、QQ 看点以及微信公众号都是进行思政教育的窗口。

（三）大学生对使用新媒体的评价

大学生对新媒体有着不同的评价。调查结果显示，新媒体的趣味性、时效性、传播力等都要优越于传统媒体。但是也因为其参与门槛低、信息爆炸、鱼龙混杂，所以易产生在信息传播方面可信度低、网络暴力滋生、舆论难以控制等问题。任何事物都有两面性，新媒体是科技发展的产物，大学生在享受新媒体带来的便利的同时，也要看到新媒体传播信息过程中的劣势，进而扬长避短。

二、互联网新媒体技术对大学生思想政治教育的影响

调查结果显示，被访者普遍认为互联网新媒体技术对大学生思想政治教育具有双面性的影响。一方面，互联网新媒体可以打破时空局限，使大学生可以随时随地获取思政知识，这也有利于丰富思政内容，此外新媒体还有利于师生间的双向交流；另一方面，互联网新媒体技术也会在一定程度上对大学生思想政治教育产生一定的负面作用，主要表现在舆论误导、隐私侵犯、影响大学生价值观等方面。

（一）积极影响

1. 及时获取思政信息，了解思政知识

在传统媒体时代，大学生主要通过电视、广播、报纸等途径获取信息，传统媒体的信息传播速度远没有新媒体快，信息传播具有滞后性。而新媒体的“身份准入门槛”低，信息发布自由、即时交互，开拓了大学生思想政治教育的新场域（邢晓红，

2017)，打破了时间的限制，学生可以随时随地通过互联网新媒体平台及时获取思政信息，了解思政知识。

2. 拓宽思政信息来源，让思政教育走进生活

互联网新媒体技术出现之前，大学生获取思政信息的渠道十分有限，除了传统媒体，就是通过以老师讲授为主的传统课堂、家人朋友、思想政治教育书籍等途径了解思政信息。而新媒体出现后，大学生能够利用贴吧、微信、微博等生活中广泛接触的大众互联网产品快速获取思政信息，让思政教育走进生活。据调查，通过互联网新媒体了解思想政治知识的大学生占比最多，为74.42%，而从书本中了解思想政治知识的大学生只有33.22%，可见大学生获取思想政治信息不受限于传统渠道，新媒体的运用成为主流。

3. 丰富教学形式，提高教学效率

随着现代教学技术的不断发展，传统思政课堂已不能满足现代化教学需求。传统的思想政治教育主要以教师讲授为主，通过说教的方式来完成，偶尔会结合小组讨论等形式，形式比较单一，而且异地教学无法实现，对学生兴趣吸引力度不足，上课"抬头率"低，学生思政知识的掌握情况不容乐观。随着新媒体的出现，一些以新媒体为载体的教学形式逐渐进入课堂，能够在最短的时间内通过图片、文字等交流方式将思政知识展现在大学生面前（杨占良，2013)。特别是通过云计算、大数据等新一代高新技术创造出的智慧课堂逐渐进入到教学领域，教学模式走向多元化，授导型、研讨型、远程互动多种教学并存；课内互动增强，借助移动终端可方便地开展课堂活动，促进学生和老师的沟通交流，提高教学效率；而且利用移动应用一键式操控，可迅速地实现模式切换，达到教师"去讲台化"的目的，新颖的形式也提高了学生的学习兴趣。

（二）消极影响

1. 新媒体引入思政教学使大学生缺少思考领悟

当代大学生成长于数字环境中，对于新媒体有着天然的亲近感，加上智能手机的普及，大学生随时“触网”已成为一道校园风景线。思政教育中最重要的就是对学生理想信念和价值观的教学和培养，在新媒体进入课堂教学后，为课堂增加了活力的同时也提高了学生对思政课堂的兴趣。但是，在调查中发现的一个普遍现象是：在老师提出问题需要学生作答时，很多学生都会拿出手机上网直接搜索，照搬网上的答案，并没有进行思考，原有的教育效果也就无法达到。

2. 新媒体内容缺乏可信度，对大学生的思想产生负面影响

新媒体以网络为媒介进行信息传播，而网络空间是一种虚拟空间，人与人之间的交流并不是传统的面对面交流，而是一种间接的交流方式。这也就导致各种信息会不加筛选地出现在大学生面前，一些正确的思想或许能推动大学生的成长，但一些不正确的思想观念会对大学生的思想教育产生不利的影响。大部分大学生还不具备良好的辨别能力，无法有效地对外界信息进行甄别，所以易受不良思想的影响。

3. 新媒体形式喧宾夺主

从教育形式来说，传统的思想政治教育主要在特定的时间、特定的地点，采用相对比较单一的教学方式向受教育者进行统一授课，这种教学方式针对性强，教育目的比较明确，能够得到受教育者的及时反馈。而采用新媒体方式进行思政教育的形式比较丰富，但事实上可能会存在教育工作者为使用新媒体而使用新媒体的现象。同时，新媒体时代，信息传播的速度和沟通方式大大吸引了大学生的注意力，激发了他们的参与热情，但这也导致学生注意力分散，过分集中于新媒体形式上而忽略对于知识本身的学习。新媒体教学只能是作为传统教学的一种辅助手段，不能让

形式越过内容占主导地位。

4. 信息甄别难度加大

我国网络平台起步发展较晚，对网络监督管理机制体制建立不够完善，一些消极负面的言论及内容很容易传播扩散，继而影响着大学生的思想观念和心理健康（蒋勇，2018），所以思想政治教育的内容在选取上较之前就更具有难度。思想政治教育内容根据思想政治教育的目的和任务以及教育对象的思想实际所确定，传统意义上的思想政治教育内容极具理论性，但是知识体系完整，而新媒体时代信息的呈现方式具有碎片化的特征，符合社会快节奏发展的需求，但无法把信息有序、完整地呈现给受教育者，原本完整的思想政治教育内容变得零散，导致受教育者接受的思想政治教育缺少系统性和连贯性。此外新媒体时代使得信息来源广泛，质量良莠不齐，这就要求教育工作者提高信息甄别能力，判断哪些内容适合选取并传播给受教育者。

三、新媒体背景下大学生思想政治教育改革措施

（一）加强学生主动学习，促进师生双向交流

很多学生在高中阶段的学习是在老师和家长的“逼迫”下完成的，这属于被动学习。而在大学，大学生需要自主学习、考试，学习的内容与未来职业发展直接挂钩。被动学习的态度对大学生的素质教育产生了不利影响。对于大学生来说，应该摒弃对学习的消极态度，借助新媒体技术加强主动学习。新媒体作为借助互联网兴起的新型传播媒介，突破了时空界限、身份限制，实现了人与人之间交流的双向互动，极大地降低了交流成本，提高了交流效率（张丽霞，2017）。从事思政教育的老师也会通过一些聊天平台，促进与学生的沟通及学生之间思想的交流。如果学生能够加强自主学习精神的培养，那么思想政治教育的效果将会有很大的提升。

（二）提升大学生判断力，培养正确价值观

对大学生来说，大学阶段是培养正确世界观、人生观、价值观的关键时期。然而，新媒体中的不良信息和不良思想对大学生价值观的形成产生了显著的负面影响。为了避免负面影响的产生，必须提升大学生的判断力。首先，思政教育工作者应该教授学生如何正确运用新媒体，引导学生利用新媒体传播正能量，防止学生被不良信息误导，同时社会要创造一个健康的信息平台，提供一个绿色的环境（党瑛瑛，2018）；其次，大学生对于接收到的信息应该主动分析，面对不明确的思想问题，应该主动和老师同学沟通交流、理性判断，把持住心中的那杆秤，避免倒向不良思想。

（三）把握度量，优势互补

无论是传统的思想政治教育方式还是新媒体思想政治教育方式，二者在目的和原则上具有一致性，即教育大学生要有坚定正确的政治方向，爱祖国、爱社会主义，拥护共产党的领导，努力学习马克思主义；自觉地遵纪守法，有良好的道德品质；勤奋学习，努力掌握现代科学文化知识。传统思想政治教育方式授课理论体系完整，并且直接交流的方式更有助于教师了解学生的真实思想状态以及对知识的掌握情况。因此应该合理结合新媒体思政教育与传统思政教育，并且适当把握两者之间的关系，不可过分使用新媒体方式而导致传统教育方式式微。

（四）建设新媒体思政教育体系，提高教师相关技能和能力

有些新媒体平台获取信息的方式烦琐，增加了教师获取信息的时间成本，对此，首先要加快新媒体思政教育体系的建设，使思政教育工作者具有完备及时的思政教育信息获取渠道；其次，新媒体信息来源广、内容丰富，面对庞大的信息量，思政教育工作者应提高信息的甄别能力，判断哪些内容适合面向学生授课以及怎样将思政教育与新媒体技术有效结合。为此，思政教育工作

者应认识到新媒体技术进入思政教学的好处，积极参加校内外组织的新媒体技术培训，提高相关技能和甄别信息的能力。

参考文献：

[1] 谢秀英. 新媒体时代大学生思想政治教育和管理工作开展的思考 [J]. 中国高校科技，2017（S1）：24－25.

[2] 邢晓红. 新媒体对大学生思想政治教育影响的 SWOT 分析及战略研究 [J]. 教育理论与实践，2017（36）：29－31.

[3] 杨占良. 对新媒体时代大学生思想政治教育的思考 [J]. 教育探索，2013（6）：132－133.

[4] 蒋勇. 探析新媒体发展对高校思想政治教育的影响及对策 [J]. 才智，2018（15）：80.

[5] 张丽霞. 自媒体时代高校思想政治工作的挑战与对策 [J]. 河南中医药大学 [J]. 2017，（25）：120.

[5] 党瑛瑛. 校园网络文化视阈下大学生思想政治教育研究 [J]. 楚雄师范学院马克思主义学院，2018（436）：10.

贴近聆听与思想引导

——基于大学生网络流行语研究视角

董柯平　丁　莎

（四川大学计算机学院（软件学院）　四川成都　610064）

摘　要：在新媒体时代，网络流行语作为一种文化符号，影响和折射出青年大学生的心理特质和特殊需求，同时反映了大学生群体亚文化的一些隐忧。教育工作者应加强相关研究，构筑沟通渠道，因势利导，利用好网络流行语这一工具，提升思想政治工作的针对性、实效性、引领性，促进大学生更好成长、更早成才。

关键词：大学生；网络流行语；思想政治教育

随着我国网络的普及与发展，网络流行语作为独特的文化现象越来越引起人们的重视。大学生群体作为网络文化的重要参与者和推动者，深受网络流行语的影响。党的十九大报告中指出，“青年兴则国家兴，青年强则国家强”，“青年一代有理想、有本领、有担当，国家就有前途，民族就有希望”。大学生作为青年一代的主力军，其成长成才离不开高校思想政治教育，尤其是在当今网络时代，要想做好大学生思想政治工作，有必要就大学生网络流行语展开研究。

一、大学生网络流行语分析

流行语是指“在一定时期、一定社群内被人们普遍使用的话语形式。一般为口语，带有一定的方言性，是一定时期内社会政治、经济、文化、习俗及人们心理活动等因素的综合产物，并在传媒的推动下盛行的词、短语、句子或特定的句子模式”（杨文全，2002）。而当代大学生的网络流行语具有传播广、变更快、多元化、情感强烈、寓意鲜明等特点，研究表明，大学生网络流行语一定程度上体现了大学生的价值和行为倾向。

近年来，多家研究机构、企业通过大数据分析提炼“年度网络热词”。以国家语言资源监测与研究中心的报告为例，2015 年至 2018 年的“十大网络热词”如表 1 所示：

表 1　国家语言资源监测与研究中心公布 2015—2018 年“十大网络热词”

2015 年	2016 年	2017 年	2018 年
重要的事情说三遍	洪荒之力	打 call	锦鲤
世界这么大　我想去看看	友谊的小船	尬聊	杠精
你们城里人真会玩儿	定个小目标	你的良心不会痛吗	skr
为国护盘	吃瓜群众	惊喜不惊喜、意外不意外	佛系
明明可以靠脸吃饭，却偏偏要靠才华	葛优躺	怼	确认过眼神
我想静静	辣眼睛	油腻	官宣
吓死宝宝了	全是套路	皮皮虾，我们走	C 位
内心几乎是崩溃的	蓝瘦　香菇	扎心了，老铁	土味情话
我妈是我妈	老司机	还有这种操作	皮一下
主要看气质	厉害了我的哥	你有 freestyle 吗	燃烧我的卡路里

从使用网络的群体来看，青少年占了很大比重，而受过和正在接受高等教育的大学生群体具有很强的文化创造力和传播力。

尤其是在校大学生，有开阔的视野、旺盛的求知欲、宽广的资讯渠道，这使得他们成为网络流行语的重要缔造者和传播者。除了以上各年度“十大网络热词”外，我们在校园中还经常听到、看到丰富的网络流行语，其中大量具有积极意义、正向能量，比如，“厉害了，我的国”“中国梦”等表达出对祖国的热爱和对改革成就的赞叹；“打虎拍蝇”“不忘初心”等表现出对党的领导和执政的高度认同；“获得感”“共享”“点赞”“正能量”“打 call”等表明对全面建成小康社会美好生活的向往（高世杰，曹海洋，2018）。同时，一些带有负面色彩、惰怠情绪的网络流行语也不断在网络空间传播，侵占大学生的话语体系，影响了大学生的价值认同和行为倾向。

结合其他近年大学生常用网络流行语的发展变迁来看，流行的网络热词有三个特征。

一是流行语日益精练、高度缩略。比如 2015 年的“明明可以靠脸吃饭，却偏偏要靠才华”这类长句几乎不再出现。各年度“十大热词”总字数从 2015 年的 73 个字，几乎稳步逐年下降，到 2018 年仅有 30 字。即使当年较长的句式，也在传播中逐渐被进一步精炼，比如“你们城里人真会玩儿”，现在已被缩写为“城会玩”了。这既是青少年交流和资讯传播越发快捷、简练的必然趋势，也一定程度上映射了信息碎片化、快餐化和较为浮躁的网络文化特征。

二是流行语的内涵愈加丰富、深刻，甚至成为争议话题。如 2015 年“我想静静”“吓死宝宝了”，都是直接简单的情绪反应；2016 年的“葛优躺”、2017 年的“油腻”，则是对较为复杂背景下的生活状态、内心情感的高度概括；2018 年的“佛系”，则更接近描述一种亚文化现象了，“官宣”“C 位”“skr”“皮一下”等词语已简洁至极，如不了解“背景知识”几乎无法猜测其含义；而一旦掌握了词语的出处、含义以及用法的变迁，这些词语可以包含大量的信息、微妙的情绪情感，且其中还隐隐蕴含着不同思想文化、观点观念的交锋。例如“C位”，既可以是客观描述一个“核心位置”，又常常暗含“争锋”“争权”的“心机”意味。

三是网络流行语兼具娱乐性与严肃性。纵观近年网络流行语的发展，我们会发现，网络流行语愈发“不平淡”。2015年“重要的事情说三遍”等，相比2018年的“skr”“佛系”“燃烧我的卡路里”等，淡化了不少。而2017年、2018年的流行语，来源于娱乐节目、流量明星的语语大大增加（“skr”“freestyle”等），同时具有较深刻思辨、反省、讨论、批判意味和内涵的语汇也在增加（“佛系”“杠精”等）。

二、网络流行语体现大学生群体亚文化

大学生作为社会中一个特殊群体，未来将是中华民族的中流砥柱，是社会建设的中坚力量，是民族精神、民族文化的阐释者，是党和国家事业的继承者。受多元文化影响及群体的特殊性，他们不可避免地形成了独特的亚文化形态，既依附于主流文化，又一定程度上游离于主流文化。在移动网络蓬勃兴起的今天，“处处皆可联网”，大学生群体作为网络文化的重要参与者和推动者，一方面创造和传播了大量网络流行语，另一方面也深受网络流行语的影响；网络流行语深刻地折射出大学生群体亚文化的一些特征。

1. 大学生群体亚文化对网络传媒的高度适应与深度依赖

当前本科生、研究生已经由“95后”“00后”学生构成。这一代青年出生于互联网已经普及的中国，网络伴随其整个成长过程，“互联网原住民”对网络的深刻依赖，既成就了他们知识和资讯的丰富，又使得其大量知识结构琐碎、缺乏体系，不够精确、不够严谨。网络传播的高速度、便利性、碎片化、形象化，

使得短小精悍、内涵丰富的网络流行语更适合快速阅读、快速理解、快速传播。

2. 大学生群体亚文化折射了外部环境变化对其生活、成长产生的影响

当代社会运行节奏越来越快，对大学生的要求越来越高，学习压力、生活压力不断加大，使得身心紧张的大学生需要一定的宣泄。而大量来源于生活、凝练于网络的流行语，很好地描述了大学生的状态、引发了大学生的共鸣。在浮躁的快餐文化影响下，学生渴求早日成功，但对所需付出的努力心理准备不足，缺乏刻苦努力、厚积薄发的精神和意志。因此，当大学生需要放松疲惫的身心之时，“葛优躺”的夸张造型就提供了一种自我嘲讽式的宣泄；而“佛系”“皮一下”等流行语也投射出大学生们应对压力的不同方式。

3. 当代大学生亚文化体现出大学生群体心理特征的复杂性

孤独感与无助感交织。大部分大学生是“独生子女”，在家庭生活中非常缺乏同龄人的陪伴，较之“70 后”“80 后”，独处时间和与网络相伴时间大大增加。且遇到问题时，没有同龄人分担或帮助。这造成了他们明显的孤独感、无助感。“尬聊”“我想静静”等网络流行语恰能直击心灵，引起共鸣。

求异心理和从众心理交织。传统的主流宣传大都是“高大全”形象、说教式的宣讲，使得习惯于网络的自由、随性和丰富多彩的青年一代不易接受传统的宣教方式，当出现“反传统”、标新立异的事物和声音时，便会自然产生亲切感、认同感。而网络世界的互联互通和庞大的网民数量、相近的审美情趣，又使得一个个“爆款”网络流行语能够被迅速接受和广泛传播。

娱乐性与严肃性的交织。网络的飞速发展显然与其娱乐休闲功能有极大关系。青少年喜爱从娱乐中获取知识、培养能力，因此具有娱乐元素、娱乐性质、娱乐背景的网络流行语更容易被大

学生接纳。同时，大学生正在接受高等教育，对国家、民族、社会的责任感逐步增强。基于两种视角，大学生群体亚文化也存在一些矛盾。这在网络流行语中亦有相应体现，例如 2017 年、2018 年娱乐性质词语（“skr”“freestyle”等）和折射出思考反省的词语（“佛系”“杠精”等）同时增加。

4．大学生亚文化中的隐忧

如前所述，当前大学生中的网络流行语体现了正向、中性、负向并存的特征，但占比最大的还是对情绪情感的表达和对生活状态的描述。作为思想政治教育工作者，我们乐见并鼓励其中正向情绪、积极精神的发扬和传播，而对其中的悲观、颓废等负向情绪则要多加关注和研究。

例如，近两年逐渐发展出的“毒鸡汤”“负能量金句”，成为一股颓废的风潮、一种语言的风格和“套路”。“很多时候你不逼自己一把，你都知道自己还有把事情搞砸的本事”等类似的网络流行语风靡一时。观其套路，主要是对传统的“心灵鸡汤”、“励志金句”、正能量思维的逆向演绎，或故意曲解。精巧上口、标新立异的语言应和了部分大学生孤独、无助、求异、从众的心理，呼应了他们压力大、负担重、渴望价值实现又不易看到方向的现实困境。显然，这类流行语在心理学层面上具有一定的宣泄作用，但在价值层面上呈现负能量的消极意义，在行为层面上具有不良的引导性。大学生容易在这种“自我矮化”“降低标准”的“放纵”中自我麻痹。

三、加强研究、构建渠道提升思政工作效果

网络流行语在大学生中广泛传播，使得大学生体验到了共鸣，获得了新鲜感、得到了宣泄；在传播正能量、弘扬主流文化，帮助大学生建立健康的世界观、人生观、价值观的同时，一些负面文化可能引起大学生价值观的紊乱。对此，我们应构建线

上+线下的立体沟通渠道，真正做到“贴近聆听”，扎实做好“思想引导”，不断提升思想政治工作的实效。

第一，应强化对大学生流行语及亚文化的研究，提高工作的针对性。应认识到网络文化的多元性，接纳青年大学生的心理需求；以包容的心态接受网络文化，不断深刻认识网络文化，增强对网络文化的敏锐触觉。系统性地研究大学生群体亚文化的特征、形成过程、影响因素，寻找其内在规律；加强对网络流行语的研究，利用大数据工具做好统计、分析，把握大学生群体亚文化的脉搏。此外，还应从社会学角度、心理学角度、教育学角度、传播学角度加强相关研究。大学生的思想政治教育工作是全社会共建的浩大工程。如何让大学生接受正能量，如何用新时代青年的网络语言讲好中华民族优秀传统文化的故事，正是心理学者、传播学者、教育学者应予深度研究的内容。

第二，建构贴近大学生语言和思想实际的话语体系，提升工作的实效性。要善于聆听大学生的语言和心声，进而善于使用大学生的网络语言，尤其是网络流行语，用大学生们熟悉的语言与他们拉近距离，才能够因势利导，更好地打通心灵的壁垒。同时还要注重在学习、生活中多与学生接触，“贴近”大学生，让他们感受到网络之外的“真实”和“温情”，通过“多位一体”的“全员育人”体系，多与大学生交流，走进他们的心灵，接纳他们的文化，并以他们身边的正能量，用他们能够理解和认同的话语体系，潜移默化地予以引导。

第三，积极策划各类网络主题活动，强化工作的引领性。要在网络中构建能够与负面情绪相抗衡、进而取得压倒性优势的正能量阵地。一方面，社会媒体对亚文化的发声和传播尤为重要，其既给青年以自由发声的渠道，又加速了亚文化的聚合、传播和讨论，应该肩负起传播社会正能量的职责（程明，2018）。另一方面，高校应该发挥平台聚合优势、技术能力优势、新媒体建设优势，主动构筑符和大学生心理特质的正能量宣传网络，打好阵地战。要积极培育主流价值观，让阳光照在每个学生身上，让温暖流进每个学生心里。

第四，教育者、服务者都要更加关注和响应青年大学生的需求，促进社会公平公正、促进教育资源的平衡分配，提升职业生涯教育的水平，给青年发展创造更加有利的条件，促进大学生更好成长、更早成才。

参考文献：

[1] 杨文全. 流行语的界说与初步描写 [J]，新疆大学学报（社会科学版），2002（2）：125－130.

[2] 高世杰，曹海洋. 改革开放四十年大学生流行语的发展与价值呈现 [A]. 中国高等教育 [J]. 2018（11）：26.

[3] 魏彤儒，郭利民. 2007 年以来大学生群体流行语调研报告——以河北省高校为例 [J]. 中国青年研究，2008（7）：85.

[4] 程明. 以“上文化”消解“丧文化” [A]. 人民论坛，2018（7）：129.

大学生思想政治教育发展路径研究*

刘 峥[1] 李 侠[2]

（1 四川大学经济学院 四川成都 610065；
2 四川大学研工部 四川成都 610065）

摘 要：高校思想政治工作的核心是大学生，大学生必须充分认识到中国特色社会主义进入了新时代，思想政治教育也要随着时代的发展有所提高。党的十八大时，以习近平为核心的党中央，在面对国内外价值观较量的新态势下，针对国内改革开放和发展社会主义市场经济条件下思想意识多元、多变的新特点，提出了以“三个倡导”为主要内容的社会主义核心价值观，并把积极培育和践行社会主义核心价值观、提高群众政治觉悟作为当前的一项重要战略任务。本文通过分析大学生思想政治的影响因素，发现大学生主要受校园文化建设、本人及家庭因素和社会大众传媒的影响，最后提出提升大学生思想政治教育的发展对策。

关键词：大学生；思想政治教育；对策研究

当代大学生是社会主义事业的建设者和接班人，努力培育和践行社会主义核心价值观、提高其政治觉悟，既是大学生自身成长成才的需要，也是国家建设不容推卸的一项重要任务（魏鹏程，2006）。大学生作为时代接班人，其思想政治教育关系民族团结、社会稳定和高校建设，正确的价值取向更有利于培养社会

* 本文系四川大学学工精品项目，项目编号：XGJPYB201802。

发展建设所需的人才。因此，研究大学生思想政治教育影响因素及践行机制，具有重要的理论价值和现实意义。

一、大学生思想政治教育建设的重要性

当代大学生作为一个拥有科学知识、专业素养的人才群体，是党和国家的希望，强化大学生的思想政治教育，提高学生的道德素养，树立学生的社会责任意识，对实现两个百年目标具有重要意义（朱志明等，2010）。但是随着社会经济的快速发展，人们的思想也发生了相应改变，特别是大学生这个特殊群体，由于他们的世界观、人生观和价值观还在形成过程中，极易受到不利思想的影响，只有不断加强大学生的思想政治教育，提高大学生的道德素养，才能保证他们的全面发展（陶倩，2008）。

二、大学生思想政治教育影响因素的分析

（一）大学校园文化建设因素分析

1. 大学生思想政治理论课对大学生思想政治教育的影响

大学生思想政治教育的认识首先体现为政治理论学习的程度，有关政治理论学习四川大部分高校主要设计了“大学生思想道德修养课”“马列主义理论课”“形势与政策教育课”等理论基础课程和文件的学习，通过这些理论的学习，进一步提高大学生思想道德素养. 但是调查发现，部分大学生对理论知识的学习还不够重视，认识也不够深刻，这也反映了大学中理论教育课程的教学效果不太明显，所以高校应进一步加强大学生对理论知识的学习与认知（吴细玲等，2009）。

2. 校园文化氛围对大学生思想政治教育的影响

校园文化氛围主要指学校开展的思想政治教育活动对大学生思想政治教育的影响，如学校、学院举行的有关思想政治教育活动、开展思想教育系列活动、党的先进性教育活动对学生思想政

治的影响。校园文化的氛围往往比单纯的思想政治教育课对学生的影响更为深远，影响更大。校园文化氛围的影响也是潜移默化的，学生在生活中逐渐加深对政治认识、政治情感和政治倾向的认识。所以高校应加强关于思想政治方面的校园文化建设，进一步开阔大学生的视野和思想。

3. 高校实践活动对学生思想政治教育的影响

高校思想政治教育活动不仅仅以书本理论知识为主，同时也注重理论与实践相结合，如果过分注重理论知识的传授，忽视学生的行为实践，会导致太过形式主义。笔者通过走访发现，更多学生反映，走进社会参加社会实践收获的知识更具体、更丰富。如组织学生去红色基地学习红色精神、观看红色影视等，真正使学生走出教室、走出校门去参加社会实践活动，从而提高自己的思想政治觉悟。

（二）学生本人及家庭因素分析

主要采用线上问卷与上门调查相结合的方式开展问卷调查，主要面向四川大学、电子科技大学两所“985”高校，西南交通大学、西南财经大学两所“211”高校，成都理工大学、四川大学锦江学院、四川大学锦城学院、西南财经大学天府学院等一些二本、三本、专科高校的学生。

学生的基本信息主要从受教育程度、政治面貌、是否担任过学生干部、父母受教育程度、父母对子女的思想教育这 5 个方面来体现（见表 1）。

表 1　学生本人及家庭信息因素分析表

指标	特征属性	指标	特征属性
受教育程度	专科及高职	父母的受教育程度	小学及以下
	本科		中学
	硕士		大专及高职
	博士		本科及以上

续表1

指标	特征属性	指标	特征属性
政治面貌	团员	父母对子女的思想教育重视程度	非常重视
	党员		比较重视
	民主党派		一般
担任过学生干部	是		不太重视
	否		完全忽略

通过对因变量、自变量建立多分类有序 Logistics 模型，在 5% 的显著性水平下，剔除不显著变量，最终得到模型拟合结果和参数估计结果（见表 2）。

表 2　Logistics 模型显著结果

模型	−2 对数似然值	卡方	df	显著性
仅截距	712.318			
最终	653.564	58.754	18	.000

拟合多分类有序 Logistics 模型的显著性检验结果，该检验解释了所有解释变量对被解释变量的偏回归系数是否显著。本文研究不同解释变量对四川高校大学生思想政治教育的影响，因此，原假设为：所有解释变量对思想政治教育的认同程度等级的回归系数同时为 0。在 5%的显著性水平下，回归模型通过该检验，说明至少有一个解释变量的偏回归系数不为 0，所建模型可以较好地解释不同解释变量对高校大学生思想政治教育的影响程度。

表3　大学生思想政治影响因素结果分析

		估计	标准误	Wald	df	显著性	下限	上限
阈值	[认同感=0]	−9.007	1.202	56.182	1	.000	−11.363	−6.652
	[认同感=1]	−2.258	.657	11.809	1	.001	−3.547	−.970
	[认同感=2]	.529	.649	.664	1	.415	−.743	1.800
	[认同感=3]	1.791	.701	6.524	1	.011	.417	3.166
	[认同感=4]	2.392	.762	9.843	1	.002	.898	3.886
位置	[专业类别=1]	−.934	.287	10.624	1	.001	−1.496	−.373
	[专业类别=2]	−1.044	.302	11.939	1	.001	−1.636	−.452
	[专业类别=3]	−1.640	.847	3.751	1	.053	−3.300	.020
	[专业类别=4]	0a	.	.	0	.	.	.
	[政治面貌=1]	−.421	.203	4.325	1	.038	−.819	−.024
	[政治面貌=2]	.179	.634	.080	1	.777	−1.064	1.422
	[政治面貌=3]	0a	.	.	0	.	.	.
	[家庭经济状况=1]	−.877	.428	4.196	1	.041	−1.716	−.038
	[家庭经济状况=2]	−.005	.325	.000	1	.987	−.642	.631
	[家庭经济状况=3]	0a	.	.	0	.	.	.

续表

		估计	标准误	Wald	df	显著性	下限	上限
位置	[父母受教育程度=1]	.240	.512	.219	1	.640	−.764	1.244
	[父母受教育程度=2]	−.862	.440	3.842	1	.050	−1.725	−8.909 E−5
	[父母受教育程度=3]	−.612	.307	3.980	1	.046	−1.213	−.011
	[父母受教育程度=4]	−.572	.294	3.779	1	.052	−1.149	.005
	[父母受教育程度=5]	−.264	.292	.815	1	.367	−.837	.309
	[父母受教育程度=6]	0a	.	.	0	.	.	.
	[学校培养学生核心价值观方式=1]	.490	.204	5.746	1	.017	.089	.891
	[学校培养学生核心价值观方式=2]	.588	.305	3.710	1	.054	−.010	1.187
	[学校培养学生核心价值观方式=3]	0a	.	.	0	.	.	.
	[课程在核心价值观中作用=1]	−1.630	.540	9.107	1	.003	−2.689	−.571
	[课程在核心价值观中作用=2]	−1.386	.442	9.815	1	.002	−2.253	−.519
	[课程在核心价值观中作用=3]	−1.475	.481	9.428	1	.002	−2.417	−.534
	[课程在核心价值观中作用=4]	−1.321	.474	7.763	1	.005	−2.250	−.392
	[课程在核心价值观中作用=5]	0a	.	.	0	.	.	.

从政治面貌层面看，政治面貌的偏回归系数为－0.4120.179（分别表示政治面貌为1.2时的系数，政治面貌为3的系数已被模型设定为0），政治面貌为1时的偏回归系数小于0，OR值小于1，政治面貌为2时的偏回归系数大于0，OR值大于1。也就是说，学生党员作为现代化建设的主力军和广大青年学生中的带头者，对社会主义核心价值观的认同感普遍较高，起到了一定的模范带头作用。

从家庭经济状况层面上看，该变量的偏回归系数为－0.877和－0.005（分别表示家庭经济状况为1.2时的系数，家庭经济状况为3的系数已被模型设定为0），所有家庭经济状况的偏回归系数均小于0，OR值小于0。说明随着家庭经济状况的变化，家庭经济状况较差的高校大学生的思想政治教育认同程度低于家庭经济状况较好和一般的青年大学生，可见良好的家庭经济基础会提升高校大学生的思政价值观认同。因此，我们需要同心协力，实现社会主义市场经济又好又快的发展，全面提升人们的生活质量。

从父母受教育程度层面看，变量的偏回归系数为0.24、－0.862、－0.612、－0.572和－0.264（分别表示父母受教育程度为1、2、3、4、5时的系数，父母受教育程度为6时的系数已被模型设定为0），除父母受教育程度为1时偏回归系数大于0，即OR值大于1外，其余偏回归系数均小于0，即OR值小于1。也就是说，以父母受教育程度为本科及以上为参照组，父母为小学以下受教育程度的大学生对思想政治教育认同程度低于参照组。但父母受教育程度为本科及以上的大学生对社会主义核心价值观的认同感低于父母受教育程度为小学、初中、高中和大专及高职的高校学生。父母是子女成长的第一位领路人，受教育程度高的父母更重视对子女的培养，这会增强大学生对社会主义核心价值观认同感。因此，我们需要加强家庭建设，使家庭教育和学校教育相互结合和促进。

（三）社会大众传媒的影响因素分析

四川青年大学生思想政治教育现状的数据显示，从“思想政治教育现状评价”和“宣传思想政治教育现状评价”2个维度来说明。其中“思想政治教育现状评价”从“对思政观了解程度、对思政观的践行程度、对思政观的认同、对思想政治教育培育和践行情况评价、对思想政治教育意义的认同”5个方面体现；“宣传思想政治教育现状评价”维度从“大众传媒宣传思政价值观的方式、学生更倾向的价值观教育方式、当前宣传方式的不足、思政教育的作用、培育践行思政的长效机制”5个方面来体现。

表4　大学生思想政治教育影响因素分析

<table>
<tr><th>指标</th><th>特征</th><th colspan="5">强度百分
（1>2>3>4>5）</th></tr>
<tr><td rowspan="5">思想政治教育现状评价</td><td>对思政观了解程度</td><td rowspan="10">1</td><td rowspan="10"></td><td rowspan="10">3
3
3</td><td rowspan="10">4</td><td rowspan="10">5</td></tr>
<tr><td>对思政观的践行程度</td></tr>
<tr><td>对思政观的认同</td></tr>
<tr><td>对思想政治教育培育认同和践行情况评价</td></tr>
<tr><td>对思想政治教育意义的认同</td></tr>
<tr><td rowspan="5">宣传思想政治教育现状评价</td><td>大众传媒宣传思政价值观的方式</td></tr>
<tr><td>学生更倾向的价值观教育方式</td></tr>
<tr><td>当前宣传方式的不足</td></tr>
<tr><td>思政教育的作用</td></tr>
<tr><td>培育践行思政的长效机制</td></tr>
</table>

上文已经分析了学校采用理论灌输和实践教育相结合的方式培养学生思政价值观能够提高大学生思想政治教育。从大众传媒

对大学生思想觉悟影响上看，该变量的偏回归系数分别为0.49和0.588，两个偏回归系数均大于0，即OR值大于1。可见大众传媒对高校学生的思想态度的冲击很大，尤其是各种各样的海报、广告及电影，深深地影响大学生的思想，并且网络信息的快速发展和互动以及和多媒体的交叉，使大众传媒对大学生思想政治教育的影响大于高校理论知识的宣讲，所以充分发挥好大众传媒的思想教育作用至关重要。

三、提高大学生思想政治教育的对策

（一）建立有效的大学生思想政治教育管理体系

1. 加强理论知识的学习

加强大学生的思想政治教育，必须建立与时代发展相适应的思想政治教育课程，只有这样，大学生的思想教育才能持续、有效、有序地进行（陈伟宏等，2011）。高校必须重视对大学生进行系统的马克思主义理论教育，必要的理论灌输不可缺失，我们要让学生对马列主义、邓小平理论和“三个代表”重要思想、习总书记讲话精神等理论有一个完整的、系统的认识，并能运用马克思主义立场、观点、方法去对待问题、分析问题和解决问题（贾英健，2006）。当然在学习理论知识时，也要注意方法的创新，切忌死记硬背，因为理论知识是实际行动的指南，而非教条，不能脱离实际。

2. 用积极向上的校园文化氛围熏陶学生

大学阶段是思想价值观形成的重要时期，所以高校的文化氛围对学生的熏陶非常重要。大学应充分利用学生的业余时间开展形式多样、吸引力强的思想政治教育主题活动，如结合重大节庆日、重要纪念日、重大事件等进行座谈、学习、讨论等，唱响爱国主义、集体主义、社会主义主旋律，使科技、文化、艺术、体育和娱乐等富有知识性和思想性的活动更加丰富多彩、健康高雅，积极引导学生开展生动活泼的集体活动，使学生在活动中得到充实、升华（庄和美，2005）。大学时间非常宝贵，如果积极向上的思想不去占领，消极颓废的思想可能就会乘虚而入。所以在正面引导学生开展活动时，也要注意坚决抵制各种有害文化和腐朽生活方式对大学生的侵蚀和影响。

（二）重视家庭对大学生思想政治教育认识的影响力

当代社会是信息化时代，大学生在入校前已经形成初步的思想认识，所以家庭对大学生的思想政治认识的影响非常大，抓好家庭对学生思想形成的引导，把家庭和学校、社会有机相连，让家庭在其间发挥正面引导作用，增强学生适应社会的能力，全面提升学生思想政治教育的认识（魏雪玲，1998）。同时高校也应与学生家长保持密切联系，这一方面能够更详细地了解学生的思想状况，另一方面也有助于学校及时了解学生的思想苗头，掌握有关信息，把握思想动态，从而也可以更好地帮助困难学生。这对高校做好学生思想政治工作也非常有益。

（三）充分发挥大众传媒的作用，正确引导学生的思想政治认识

社会环境是人类赖以生存和发展的条件，舆论媒介、公共设施、社会文化、社会风气等因素对大学生的思想政治认识具有较大的风向引导作用。我国的思想政治教育在理论上对教育环境已经比较重视，但在实践中对大众传媒的影响力度却非常有限，如受西方文化的影响，大众传媒仍有许多内容与我国的主导意识形态相冲突。随着舆论自由媒体的大力发展，许多不良的社会风气仍大量存在，思想政治教育环境与教育内容不一致也时有发生。因此，政府应加大综合治理环境的力度，完善法制建设，努力消除各种腐败现象，纠正行业的不正之风，加大法律的严惩力度和舆论的导向作用，鼓励、支持和引导大学生为营造良好的社会环境做斗争。

参考文献：

［1］魏鹏程．大学生的思想政治态度现状及影响因素分析［D］．武汉：华中科技大学，2006（5）．

［2］魏雪玲．对新时期如何做好大学生思想政治教育工作的思考［J］．陕西师范大学学报（哲学社会科学版），1998（12）．

［3］陈伟宏，黄岩．大学生社会主义核心价值体系认同现状分析［J］．教育学术月刊，2011（3）．

［4］贾英健．认同的哲学意蕴与价值认同的本质［J］．山东师范大学学报（人文社会科学版），2006（1）．

［5］陶倩．社会主义核心价值体系认同现状调查［J］．党建，2008（3）．

［6］朱志明，陈虹，朱百里，等．大学生对社会主义核心价值体系认同度调查及对策［J］．中国青年研究，2010（4）．

［7］吴细玲，谢松明．大学生社会主义核心价值体系认同的缺失与建构［J］．淮北煤炭师范学院学报（哲学社会科学版），2009（3）．

［8］庄和美．当代大学生爱国主义与弘扬民族精神教育［J］．湖南社会科学，2005（6）．

医教协同背景下培训基地对临床医学专业学位硕士思想政治教育的思考

程春燕　黄丹丹

（四川大学华西临床医学院　四川成都　610041）

摘　要：临床医学专业学位硕士以培养高层次的临床医生为目标，是我国医学高层次人才教育的重要组成部分，其综合素质的高低关乎人民群众的健康与生命安全。在医教协同背景下，加强培训基地对临床医学专业学位硕士的思想政治教育尤为重要。本文在此基础上，分析临床医学专硕思想政治教育现状和必要性，并提出培训基地加强思想政治教育的实现举措。

关键词：医教协同；培训基地；临床医学专业学位硕士；思想政治教育

十九大报告中提出，全民健康是全面建成小康社会的重要目标和保证，这是习近平总书记治国理政思想的重要体现。健康是一切之本。临床医学专业学位硕士（以下简称临床医学专硕）以培养高层次的临床医生为目标，是我国医学高层次人才教育的重要组成部分，其综合素质的高低关乎人民群众的健康与生命安全。在国务院学位委员会、教育部开展的 2018 年学位授权点专项评估工作中，“坚持立德树人作为中心环节，思想政治工作贯穿教育教学全过程”成为重要的评估指标。全面提升人才培养质量，注重医德医风建设，在现代医学模式指导下，构建人文素养培养模式，加强德育在临床医学专硕培养中的渗透，对培养合格的医学人才有着举足轻重的作用。培训基地作为临床医学专硕由医学生到合格医生的角色转化的重要阵地，是其思想意识能力培养的关键环节。本文以此为背景，分析专硕思想政治教育的现状和必要性，并提出培训基地加强思想政治教育的实现举措。

一、培训基地对临床医学专硕思想政治教育培养的现状

思想政治教育是指社会或社会群体用一定的思想观念、政治观点、道德规范，对其成员施加有目的、有计划、有组织的影响，使他们形成符合一定社会所要求的思想品德的社会实践活动。国务院办公厅关于深化医教协同进一步推进医学教育改革与发展的意见（国办发〔2017〕63 号）提出，在临床医学专硕的培养中，把思想政治教育和医德培养贯穿教育教学全过程，推动人文教育和专业教育有机结合，引导医学生将预防疾病、解除病痛和维护群众健康权益作为自己的职业责任。目前培训基地对专硕的培养呈现三个特点。

（一）重临床技能培养，轻思想政治教育

原卫生部规定，2015 年后入学的医学专业硕士研究生获得执业医师证、住院医师第一阶段规范化培训合格证、临床医学专业学位硕士毕业证、学位证后方可毕业（胡伟力，2016）。较之前的研究生毕业要求增加了住院医师第一阶段规范化培训合格证一项，该项主要考查学生临床操作技能，大大提高了研究生及培养单位对规范化培训的重视程度（祁敏，2013）。但是，这一举措也使得学生将更多精力放在临床技能学习上，培训基地将临床技能作为培养重点，而将思想政治教育放在了附属位置。

（二）重院校，轻培训基地

关于临床医学专硕的培养，院校负责课程方面的培养，同时将思政党建纳入院校教育职责范围，各高校都配有专职辅导员对其进行意识形态和思想政治教育。而培训基地负责这部分学员的

临床轮转，对培训标准和细则多有侧重，同时在人员配备上，未配备专职辅导员对学员进行精准管理和思想政治教育培养。随着住院医师规范化培训制度的深入推进，培训群体不断扩大，培训质量要求不断提高，而各培训基地的专职管理人员相对配备不足，管理人员疲于对各种身份类型的住院医师日常管理和考核，而无更多精力用于对临床医学专硕的思想政治教育。

（三）重导师，轻带教医师

在目前对临床医学专硕的思想政治教育中，有些培训基地已经提出要强化导师第一责任人的作用，配合辅导员、班主任以及学校其他部门，构建全员育人格局。但是这仅仅重视了导师的作用，在实际临床轮转中，临床医学专硕更多地接触的是带教医师，这部分师资对学员的影响更直接、更长久。带教医师素质的高低以及对思想政治教育的重视与否才是学员思政素质和综合素质是否合格的关键。

二、培训基地加强对临床医学专业学位硕士思想政治教育的必要性

医疗人才是健康中国战略实现的核心因素，临床医学专硕作为医疗人才的优秀储备力量。国家对其不仅要求临床技能水平过关，还要求思想政治综合素养过硬，这样才能使他们成为合格的医疗人才。培训基地加强对临床医学专硕思想政治教育是十分必要的。

（一）实现医教协同的重要保证

临床医学专硕作为未来临床医疗实践的主力军，既要完成医学院校的课程，还要在培训医院完成临床轮转，在整个培训过程中应对他们加强思想政治教育，引导他们提高医学综合素养，这是所有医学教育工作者必须肩负的责任，也是开展规范化培训的重要内容。这是一项系统工程，不可能一蹴而就，需要社会、医

学院—医院以及住院医师持之以恒地努力；医学生的医德培养在某种程度上比医学专业技能更为重要，在医学教育过程中，把以人为本、促进人的全面发展作为教育目标的同时，要突出医德教育，把医德教育作为医学教育发展的根本出发点和落脚点；在临床医学研究生思想政治教育方面，首先必须紧密围绕提高研究生培养质量，坚持德育为先、能力为重、全面发展的原则，加强研究生理想信念教育，培养研究生的科学精神和学术道德，做到思想政治教育与业务培养紧密结合（谭曦，2017）。只有院校和培训基地共同加强对临床医学专硕的思想政治教育，才能为医教协同的推进和实现提供重要保证。

（二）实现培养核心胜任力的住院医师的必要途径

临床医学专硕有 33 个月在培训基地临床上进行轮转，培训基地对培训质量的把控发挥着至关重要的作用。要培养优秀的医学人才，不仅要培训他们的技能，同样要从培训基地这个层面加强对他们的思想政治教育，将综合素质的培养融入学员的日常轮转，引导其在医患沟通、病人照顾、人文关怀等方面全面发展，使最终培养出来的临床医学专硕具有职业素养、知识技能、病人照护、沟通合作、教学能力、终生学习六大核心胜任力。培训基地加强对专硕的思想政治教育是实现培养核心胜任力的住院医师的必要途径。

三、培训基地对专硕思想政治教育的实现路径

培训基地临床医学专硕思想政治教育的状况表明，加强培训基地对学员的思想政治教育培养迫在眉睫，培训基地不仅要培养临床医学专硕的临床技能，同时应优化并完善对其进行思想政治教育的路径。

（一）完善机制保障，培养机制、管理机制、考核评价机制三者要有机结合、环环相扣

在目标的设定中，既要有在临床轮转 33 个月的培养计划，又要有思想政治教育与职业素养培养方面的目标，设置相应的课程或以非课程的形式来实现培养目标。在过程管理中，不仅要实时监控临床轮转情况，还要看思想政治与职业素养方面是否在持续加强。同时设置科学合理的考核评价体制，对一个学员的评价体系要涵盖临床技能、职业道德、医患沟通等核心胜任力的方方面面。

（二）创新培养模式，加强学校—培训基地的思想政治教育培养衔接工作

一直以来，我国学生的思想政治教育都是由学校来进行的，但在医教协同背景下，临床医学专硕的培养课程教学由学校来完成，临床轮转则由培训基地管理。在三年研究生生涯中，临床医学专硕有长达 33 个月的时间都在培训基地进行临床轮转，培训基地加强对既往培养培训的探索与创新刻不容缓，加强学校—培训基地的思想政治教育衔接工作势在必行。首先，在培训基地层面，增强学员对培训基地的认同感和归属感，对临床医学专硕与其他身份类型的住院医师一视同仁，从培训目标的设定、培训过程的管理等方面实现同质化管理。其次，组建培训基地的“辅导员队伍”，对临床医学专硕进行思政专门管理，及时对这部分学员的思想动态进行疏导。同时增加对带教师资的教育，带教师资和导师是专硕思想政治教育的主要责任人，应将他们的工作作为教学考核指标的一部分纳入考核。探索多种途径，为其开设相关思政教育专题讲座和提高职业素养的人文课程，并且纳入培训任务。同时开展丰富多样的社会实践活动，借实践熏陶职业素养，提高思想水平。通过线下与线上学习相结合的方式，利用学员的碎片化时间来进行学习和深化。

总之，在新的形势下，临床医学专硕的思想政治教育需要学校和培训基地共同努力。一直以来被弱化的培训基地的作用需要

被重新定义：从国家医教协同顶层设计的完善，到培训基地职能的充分发挥，再到专业基地和轮转科室的潜移默化。学校和培训基地应共同努力，加强临床医学专硕的思想政治教育，为健康中国战略目标的实现保驾护航。

参考文献：

[1] 李滔，王秀峰. 健康中国的内涵与实现路径［J］. 卫生经济研究，2016（1）：4—9.

[2] 刘慧敏，刘跃，王静. “健康中国”战略背景下以职业素养为核心的高校卫生事业管理本科教育研究［J］. 医学教育研究与实践，2017（4）：493—496.

[3] 汪玲. 论健康中国建设对医学人才培养的新要求［J］. 中国大学教学，2017（2）：25—31.

[4] 谭曦，陈静漪，朗爽，李琬玢，周嫱，何瑞杰，韩振蕴. 医教协同背景下临床医学研究生思想政治教育模式的构建［J］. 中医教育 ECM，2017，36（3）：60—62.

[5] 孙美兰. 医教协同背景下临床医学硕士专业学位研究生党建工作探索——以南华大学为例［J］. 高教学刊，2017（18）：169—171.

[6] 蒙世佼，许蓉，王磊. 医教协同改革下临床医学生医德修养的培养［J］. 中国医药导报，2016，13（7）：161—164.

[7] 龙丽，顾兴智. 医教协同医药研究生医德和职业素养培养的思考［J］. 中国医药导报，2015，12（19）：64—67.

[8] 陈玮，项彦聪，费健. 住院医师职业素养测评量表的信效度研究［J］. 中国医院管理，2014（5）：48—50.

[9] 刘鹏，刘玉秀，苏义，史兆荣. 我国住院医规范化培训阶段进行职业素养教学的探讨［J］. 东南国防医药，2018，20（2）：204—207.

[10] 荣虎只，孙莹璞. 医教协同中对专业学位研究生职业道德培育思考［J］. 现代医院管理，2017，15（3）：87—89.

[11] 胡伟力，陈地龙，陈怡婷，等. 临床医学专业学位研究生教育与住院医师规范化培训“双轨合一”的难点及对策研究［J］. 学位与研究生

教育，2013 (2)：41－45.

[12] 祁敏，陈华江，魏显招，等. 我国住院医师规范化培训现状分析与展望 [J]. 中国高等医学教育，2013 (4)：7－8.

研究生导师立德树人职责考评指标体系探讨*

李栓久　吴永超

（四川大学研究生工作部　四川成都　610065）

摘　要：当下高校以导师立德树人职责为核心的考核评价体系仍未普遍建立，缺乏一套科学合理、切实可行的评价指标体系是关键性问题之一。鉴于“立德”与“树人”是研究生教育和培养过程中不可分割的有机整体，本文根据新时代研究生导师立德树人的职责定位，从“立德”和“树人”两个方面构建起导师立德树人职责考评指标体系，具体包括 7 个一级指标和 31 个二级指标。

关键词：研究生导师；立德树人；评价指标体系

立德树人是研究生思想政治教育的中心环节，是培养德才兼备、全面发展的高层次专门人才的必要前提和保障。研究生导师是我国研究生培养的关键力量，是学生成长成才的指导者和引路人，在研究生立德树人工作中负有首要责任。在实践中，如何落实研究生导师立德树人职责却成为一个难点问题。对黑龙江省 8 所高校 156 名导师的调查发现，尽管大部分导师能够认识到立德树人的重要性，能够认识到自己是研究生立德树人的首要责任

* 本文系中国学位与研究生教育学会 2017 年度面上课题“研究生导师立德树人职责与考核评价机制研究”研究成果，项目编号：B-2017Y0802-142。

人，但是有近70%的导师不赞同将立德树人职责纳入导师评价考核体系（刘林，2018）。换句话说，如何建立一套科学合理、切实可行的评价指标体系，用以考核研究生导师在指导工作中是否履行好“立德树人”这一研究生教育根本职责，考核导师是否全方位将“思想政治工作”贯穿研究生教育教学工作，是一个值得深入思考和研究的重要课题。

一、新时代研究生导师立德树人职责定位

导师对研究生的培养应该是全面的培养，不仅包含培养研究生扎实的专业知识和较强的科研能力，更应包含引导研究生形成较高的道德品质、政治素质、科学精神等，在新的国际、国内形势下，导师还肩负着更为重要的对研究生的意识形态引导和思想政治素质培养的重任。2016年12月全国高校思想政治工作会议召开，进一步为导师履行好立德树人职责、发挥好研究生思想政治教育“首要责任人”作用提出了更为明确的政治要求。《教育部关于全面落实研究生导师立德树人职责的意见》（教研［2018］1号）指出：努力造就一支有理想信念、道德情操、扎实学识、仁爱之心的研究生导师队伍，全面落实研究生导师立德树人职责。同时，明确提出七个方面二十条研究生导师立德树人的职责要求：第一，思想政治素质提升方面，要引导研究生形成“四个正确认识”，树立正确的世界观、人生观、价值观，坚定理想信念，争做有为青年；第二，学术创新能力培养方面，要强化学术指导，深入开展学术研究，激发研究生创新潜力，开展创新性工作，勇攀学术高峰；第三，实践创新能力培养方面，要鼓励参加国内外学术和专业实践活动，支持和指导研究生将科研成果转化应用，提升创新创业能力；第四，社会责任感培养方面，要鼓励研究生把个人发展进步与国家、民族和人类的发展需要相结合，积极参加社会实践和志愿服务活动，贡献自己的智慧与力量；第

五，学术道德规范恪守方面，要培养研究生严谨认真的治学态度和求真务实的科学精神，杜绝学术不端行为，加强职业伦理教育，提升学术道德涵养；第六，培养条件方面，要积极为研究生参与课题研究、社会实践和学术交流等搭建平台和保障；第七，人文关怀方面，要加强与研究生的交流沟通，关注他们的学业、就业、生活、情感、心理等状况，并做好教育和引导工作。这为新时代研究生导师履行好立德树人职责提出了具体标准，指明了方向。

二、研究生导师立德树人履职考核的困境

为落实研究生导师立德树人职责，各高校纷纷制定实施细则或具体办法，强化导师在研究生思想政治教育中的首要责任人地位和作用。但目前为止，以导师立德树人职责为核心的考核评价体系仍未完全建立，直接影响着研究生教育和培养质量。综合来看，导师在落实立德树人职责考核评价过程中所面临的困境主要表现在考核内容整体性被割裂、考核指标难以量化、考核主体相对复杂等。

（一）立德树人履职考核的整体性被割裂

“立德”与“树人”二者相辅相成、联系紧密，“立德”是前提和基础，“树人”是目标和方向，欲“树人”必先“立德”。研究生教育是培养高层次专门人才的主要途径，立德树人在研究生培养过程中的重要地位更为突出，导师不仅要培养研究生的学术能力、研究能力和专业能力，同时还应在培养过程中注重德育、智育、体育、美育、劳育的有机融合，培养德智体美劳全面发展的社会主义建设者和接班人，培养担当民族复兴大任的时代新人。基于导师负有对研究生全面性培养的职责要求，对研究生导师的考核也应该是全方位、全过程的评价。目前，尽管对研究生导师的考核已经包含了学术水平、教学能力、职业道德等多方面

内容，但在实际工作中往往存在着“重培养的科研责任考核、轻培养的政治责任考核”的现象，割裂了导师立德树人职责的整体性。2018年，科技部、教育部等多部门联合印发了《关于开展清理“唯论文、唯帽子、唯职称、唯学历、唯奖项”专项行动的通知》（国科发政［2018］210号），要坚决克服“五唯”的顽瘴痼疾，扭转不科学的教育评价导向，将立德树人作为教育工作的根本任务。但是破除“五唯”需要一个时间过程，不可能一蹴而就。其主要原因在于，导师履行立德树人职责的劳动价值往往在短期内不易见成效，大多数高校对导师的考核评价过于重视导师科研成果的产出，忽略了导师对研究生培养各个环节指导的评估，使导师将大量时间、精力用于科研项目申请和论文发表，不够重视对研究生思想政治素质的提升和人文关怀。在这样的考核导向下，导师可能更多地关注学术成果优异的学生，忽略了对其他学生的全面照顾和关心。更有甚者，在高压的科研考核下，极少部分导师急功近利，不遵守学术道德与学术规范，篡改实验数据、剽窃他人成果、一稿多投等现象屡见不鲜，这些行为严重亵渎了求真务实的科学精神，完全不能指导研究生恪守学术道德规范，对研究生的培养带来严重的不良影响。

（二）立德树人履职考核的指标难以量化

在导师立德树人履职考核时，设定考核指标是一个很关键的问题，而对这些指标进行量化又是关键问题中的难点。导师立德树人职责考核是多方面、综合性的，既包括培育研究生专业知识过程中的科研学术和教学成果，也包括指导研究生德智体美劳全面发展过程中的责任心、工作态度和投入热情等，这些指标有的可以被量化，有的则不宜被量化。就导师评价考核的实践工作而言，导师科研教学责任的考核往往可以定量化，并落脚到具体的载体上，而对立德树人职责中许多任务的考核往往很难定量化、显性化，似乎找不到具体的载体把导师应负有的立德树人责任进行合理定量化考核。目前常用的是列举一些其指导的研究生在思想政治表现上的负面清单，由此对导师的政治责任给予否定性评价。然而，这种否定性评价手段并不能很好地在考核中全面、客观、公正地评价导师是否在日常指导中切实担负起了立德树人职责。

（三）立德树人履职考核的主体相对复杂

《教育部关于全面落实研究生导师立德树人职责的意见》（教研［2018］1号）明确提出，教育行政部门要加强对研究生导师立德树人职责落实情况的评价；研究生培养单位要制订研究生导师立德树人职责考核办法，把学术委员会评价、教学督导评价、研究生评价和导师自我评价结合起来，建立科学、公平、公正、公开的考核体系。由此可见，教育主管部门、研究生培养单位、同行专家、研究生、研究生导师本人都是导师履行立德树人职责的考核评价主体。由于完善的、规范的考核体系还未建立，各考核评价主体如何正当行使权力尚不清晰。在实际考评工作中，高校导师立德树人履职考评工作容易被大多数研究生培养单位轻视，导致导师在思想上不重视立德树人工作。原因主要有三点。第一，研究生教育培养有其自身的特点，与本科生的培养教育相比，导师是研究生培养第一责任人，不同导师育人理念和方法有所差异，研究生的培养教育相对更加灵活，进而导致研究生培养单位对导师履行立德树人职责的考核评价也相对松散。第二，导师立德树人履职考评结果运用不充分，缺乏公信力。部分研究生培养单位对导师履行立德树人职责的考核评价流于形式，考核评价结果不能与职称评定、职务晋升、绩效分配、评优评先等形成有效对接，不能充分发挥考评的鉴定、引导、激励和教育功能。第三，不同考评主体所得出的结果可能存在极大差异，如何科学合理地对不同主体的考评结论进行综合评价，做到统筹兼顾，仍面临不少挑战。

三、研究生导师立德树人职责考评指标体系的构建

（一）考评指标体系构建原则

研究生导师立德树人职责考评是一项复杂的系统工程，考核指标所涵盖的内容多、范围广，指标体系的构建至少要遵循整体性、定性与定量相结合、多主体共同参与等基本原则。第一，整体性原则。在选择和确立指标时，指标内容应尽量对导师履行立德树人职责所包含的要素和工作进行全面考量，既包括“立德”的考评指标，也包括“树人”的考评指标，避免“重培养的科研责任考核、轻培养的政治责任考核”现象。第二，定性与定量相结合的原则。由于导师履行立德树人职责考评指标有的可以量化，有的则难以量化，应综合运用定性评价与定量评价。总体来讲，可以对导师学术成果、教学工作、指导学生数量等容易量化的指标进行精准考评，而由于对导师指导研究生过程中的师德师风、人文关怀、授课质量等的考核往往都是“性质”的概念，可以通过观察、分析和评价等方式进行定性评价。第三，多主体共同参与原则。除教育主管部门的考评，就高校内部而言，对导师履行立德树人职责考评主体有研究生培养单位、同行专家、研究生和导师本人，应分别组织开展导师履行立德树人职责工作评价，多维度、多层面综合考察导师履职情况，尽量使考评结果更加客观、可信。

（二）考评指标体系具体内容

新形势下，研究生导师的考核既包括对导师政治素质、师德师风、业务素质等自身基本素质的考核，也包括对导师履行立德树人职责的考核。从立德树人职责方面看，研究生教育作为高层次专门人才培养的主要途径，“立德”与“树人”是研究生教育培养过程中不可分割的有机整体。把“立德”与“树人”统一起来，构建一套科学合理的指标体系是考评导师履行立德树人职责

的关键和核心。根据上文所述的新时代研究生导师立德树人的职责定位，本文基于研究生培养单位的视角，从“立德”和“树人”两个方面构建导师立德树人职责考评指标体系。其中，“立德”方面包括提升思想政治素质、增强社会责任感、恪守学术道德规范 3 个一级指标和 10 个二级指标，“树人”方面包括培养学术创新能力、培养实践创新能力、优化培养条件、注重人文关怀 4 个一级指标和 21 个二级指标，具体内容如表 1 所示。在形成指标体系之后，采用二次量化的方法来克服导师立德树人职责考核的模糊性，具体做法是将评价等级分为优、良、中、差四个等级，分别赋予 100～90、89～80、79～60、＜60 的分值，使每项指标的考核结果都是一个量化的数值，以便于考核工作的实施。

表 1　研究生导师立德树人职责考核评价指标体系

评价指标		评价等级			
一级指标	二级指标	优 100～90	良 89～80	中 79～60	差 ＜60
提升思想政治素质	坚持德智体美劳全面发展的教育方针				
	引导学生树立“四个正确认识”				
	进行正确人生观、世界观、价值观、荣辱观教育				
	树立坚定的共产主义理想、中国特色社会主义理想奋斗信念				
增强社会责任感	鼓励学生把个人发展进步与国家、民族的发展需要相结合				
	鼓励学生积极参加社会实践和志愿服务活动				
	培养学生的国际视野与家国情怀，致力于构建人类命运共同体				

续表1

评价指标		评价等级			
恪守学术道德规范	培养学生严谨治学、求真务实的科学精神				
	强化学术规范训练，加强职业伦理教育，提升学术道德涵养				
	培养学生尊重他人劳动成果、提高知识产权保护意识				
培养学术创新能力	指导学生制订和执行研究生培养计划				
	指导学生确定研究方向				
	营造和谐的学术环境				
	培养学术创新意识和创新能力				
	引导学生跟踪学科前沿，开阔学术视野				
	定期召开课题组研讨会和导师参加频率				
培养实践创新能力	鼓励学生积极参加国内外学术活动				
	鼓励学生积极参加专业实践活动				
	指导学生发表各类研究成果				
	支持和指导学生将科研成果转化应用				
	培养学生创新创业能力				
优化培养条件	积极创设良好的学术交流平台和机会				
	鼓励学生参与各种社会实践和学术会议				
	申报课题并鼓励学生参与				
	提供相应的课题经费支持				

续表1

评价指标		评价等级			
注重人文关怀	建立良好的师生互动机制，积极与学生进行交流与沟通				
	加强人文关怀、心理疏导和校规校纪教育				
	了解学生成长环境和过程，公平、公正对待每一个学生				
	关注学生学业压力，提供相应的支持和鼓励				
	关注学生就业压力，引导学生做好职业规划				
	关心学生生活和身心健康				

关于各级指标权重的确定，可以在专家咨询法基础上采用层次分析法，把导师履行立德树人职责中的相关因素划分为相互联系的有序层次，把定性与定量分析结合起来，对定性问题进行定量化分析。同时，这一套指标体系也适用于研究生培养单位、同行专家、研究生和导师本人等不同考评主体，可通过赋予不同考评主体相应的评价权重，统筹兼顾不同考评主体的观点，对导师履行立德树人职责进行综合评价。

除此之外，为深入推进立德树人根本任务，研究生培养单位还要高度重视导师立德树人职责考评工作，重视考核结果的运用，将其作为导师年度考核、职务聘任、岗位聘用、进修深造、评优评奖等方面的重要依据，对履行立德树人职责表现突出的导师予以表彰，对违反立德树人职责的导师予以惩戒。

参考文献：

［1］刘林．研究生导师立德树人职责与实现途径探究［J］．思想教育研究，2018（5）：115－118．

[2] 高平发，张欣媛，袁永红. 研究生导师践行立德树人的困境及对策 [J]. 中国石油大学学报（社会科学版），2017，33（6）：108－112.

[3] 郑爱平，张栋梁. 立德树人根本任务指引下研究生导师师德建设研究——基于 12 所高校 1496 名师生的调查分析 [J]. 研究生教育研究，2017（4）：30－35.

[4] 曹洪军，王娜. 促进研究生导师“立德树人”考评工作的四重维度 [J]. 思想政治教育研究，2017，33（1）：139－143.

[5] 李红丽，曹南燕. 新时期研究生导师立德树人的功用及实现途径 [J]. 学校党建与思想教育，2015（1）：79－80.

[6] 徐国斌，马君雅，单珏慧. “立德树人”视野下研究生导师育人作用发挥机制的探索——以浙江大学为例 [J]. 学位与研究生教育，2014（9）：12－15.

研究生教育中师生和谐关系构建的探索

邱惠林　陈聪聪

（四川大学外国语学院　四川成都　610065）

摘　要：师生关系作为研究生教育中的一种基本关系，与教育成果的产出有直接的关系。师生作为教育事业的主要参与者，二者并不是单纯的二元对立，而是紧紧联系在一起，共同完成知识的传承，二者缺一不可。本文旨在分析影响研究生与导师之间关系的主要因素，探索师生关系的和谐构建，提出相应的对策。

关键词：师生关系；研究生教育；和谐

教育事业是关乎我国前途命运的一项事业。国家一直高度重视教育事业的发展和改革创新。师生关系作为社会中最基本的关系之一，经常被关注、被提及。良好的师生关系是教育成果产出的重要前提，尤其在研究生阶段实行导师制的条件下，研究生与导师的和谐相处，一方面有利于导师及时了解学生情况，另一方面也有利于学生学术进步和心理健康发展。可见，研究生教育中和谐师生关系的构建非常重要。

本文主要梳理了当今师生关系的一些现状。通过解读师生关系以及教育的内涵可知，研究生与导师是完成知识传授与再加工的重要参与者，两者身份互为前提。当今中国师生关系既存在“机遇”，也面临着一定的“挑战”。本文认为，在研究生阶段，师生关系逐渐变得复杂化，导师对学生的管理模式有权威型、松散型、和谐型等。和谐型是主旋律，前两种模式也少量存在。有的导师与研究生之间交流甚少，极少数导师甚至把学生当作科研项目的廉价劳动力，使得师生关系在利益的驱动下走向市场化。学生与老师互有对对方的角色期望，这种角色期望失衡，会影响师生关系的和谐构建。因此，师生关系的和谐构建既要回归传统文化中的尊师传统，将这一传统作为师生相处的首要原则，树立正确的师生观，还要建立健全导师与研究生考核制度，这也是燃眉之急。

一、研究生教育中师生关系的现状

研究生教育作为中国教育的高级阶段，一直备受社会关注。2017 年 9 月，国务院发布了《关于深化教育体制改革的意见》，指出党中央高度重视教育工作，教育的重心在于提高教育质量，创新教师管理制度，健全教育投入机制。2018 年 2 月，教育部颁布了《关于全面落实研究生导师立德树人职责的意见》，对研究生导师的基本素质要求做了规范，明确了导师立德树人的责任，要求健全研究生导师的评价激励机制。从近两年教育部所颁布的相关文件来看，教育质量和教学成果是评价教学的重要手段，而在教育成果的实现过程中，师生关系是重要的影响因素。

（一）关于师生关系的基本内涵

何谓教育？德国著名哲学家、教育学家雅斯贝尔斯（1991）指出：所谓教育，不过是人对人的主体间的灵肉交流活动，包括知识内容的传递，生命内涵的领悟，意志行为的规范，并通过文化传递功能将文化遗产交给青年一代，使它们自由地生成，并启迪自由的天性。可见，导师对学生要有一定的启迪作用，以完成知识的传递和素质的培养为主要目的；学生要对老师传授的知识进行加工组装，提高活用知识的能力。在研究生教育中，导师不再仅仅扮演教师角色，也要进行自己的科研工作，有时还要担任行政职务。研究生从导师那里学习的知识，又会应用在导师负责的科研工作上，在实践中运用自己学到的知识，进行知识的再加工。由此可见，知识并不是单向的传递关系，师生关系也不单纯是二元对立的。

师生关系不是一种普通的教学关系，也不是一种传授知识与知识的再加工过程中的附加产出关系（殷忠勇，2018）。师生是教育事业参与的主体，如果单独将其界定为一种产出关系，就忽略了主体意识，造成主客分离、师生关系二元对立。这种关系在两个主体之间身份确立之后形成，研究生和导师是两个相对的概念。没有导师，研究生与大学本科生身份无异；没有研究生，导师这个称呼就是无源之水、无本之木。研究生与导师的关系既是传统意义上的师生关系，也是一种科研伙伴关系；既是指导与被指导的关系，也是共同研究的平行关系。

（二）师生关系存在“机遇”，也面临“挑战”

中国几千年的历史文化，逐渐形成了“一日为师，终身为父”，“明师之恩，诚为过于天地，重于父母多矣”的尊师传统。学生对老师的尊敬、仰慕，在学生时代开始时便存在了，这种学生对老师的尊重，是发自肺腑的爱戴之情。

研究生的文化素养普遍较高，导师作为研究生的指导老师，是中国高端教育的工作人员。这两代在社会中知识素养较高的人，完全可以达到一种和谐的饱和点，为知识成果的进一步产出做好准备。可喜的是，中国研究生教育中的师生关系也正在朝着这样的方向发展。

今天，研究生与导师之间的关系也面临着一定的挑战。在现阶段，道德教育的地位呈现出边缘化的倾向。清华大学教育研究院的谢维和教授指出：“师生关系的某些变化直接内在地伤害了教育的精髓和本质，就教师层面的原因而言，就在于师与道、师与真、师与育的三重分离。”（谢维和，2016）这属于道德层面教师责任的缺失，再加上媒体报道的放大作用，导师与研究生之间的负面新闻也就引起了很大的社会关注。不可否认的是，导师与研究生之间的关系，在一定程度上，确实有失衡的一面。例如，导师与个别研究生之间异化为一种雇佣关系或从属关系，颠覆了传统的师生关系模式；师生关系向市场化转变，导师对研究生的要求或者安排，从一种单纯的文化传授与接收，在一定程度上转变成为市场驱动下的利益关系等。

二、影响师生和谐关系的主要因素

师生关系是社会人际交往中的一种基本关系。在研究生阶段，良好的师生关系有利于科研事业的进步，也有利于研究生的心理健康发展；不好的师生关系可能导致研究生产生抱怨甚至厌学等情绪，甚至极个别学生对学术不抱有希望，只是为了拿到学位而浑浑噩噩度日。在研究生教育中，影响师生关系和谐的因素主要有两种。

（一）师生关系的异化

在研究生阶段，导学关系逐渐复杂化。这与导师的职务、教学方式、性格以及所带研究生数量等有很大的关系，导师与学生之间的关系有如下两种不良模式。

第一种是，导师与学生之间的关系是权威型的。在教育体制不断改革创新的条件下，学生更多地被要求成为教学活动的主体，老师要起引导作用，而不再仅仅是“真理的揭示者”。但是，如果导师过于强势，只是一味地向学生讲授知识，学生的主体性就很难发挥出来，而学生的主体性在科研工作中必不可少。学生主体性的作用如果被边缘化，就会丧失一部分话语权，被压制在导师的权威之下。

第二种是，导师与学生之间的关系是松散型的。有研究显示，有的导师在一定程度上会把更多的精力放在科研事业上，忽略对研究生的管理。研究生也乐于这种“放养式管理”，不受导师管制。但是，到撰写毕业论文阶段，学生就会开始抱怨导师的漠不关心与不理不睬。

研究生导师肩负着人才输出与科研创新的双重任务。有的导师要带本科生和研究生，有的导师还要指导博士生。对于一些不设置统一实验室的文科专业，导师与学生的交流相对来说要少一些，这就要求学生积极主动跟导师交流，及时反映情况。

（二）导学关系的市场化

上述两种导学关系是基于导师对研究生讲授知识模式以及交流频率的层面上来谈的。随着导师自身科研任务的加重，导学之间不再是一种单纯的师生关系。这一点在理工科专业尤为突出。一些研究生不再称呼导师为“老师”，而是“老板”。少数导师会把学生当作廉价的劳动力，让他们为自己的课题做实验。

近几年研究生不断扩招，导师与研究生之间要完全进行双向选择也不现实，这导致部分学生整个研究生阶段可能都在从事自己并不喜欢的研究工作，唯一的目标就是毕业。虽然对导师的任务心有不满，却只能接受，因为毕业的任务还必须有导师的助力才能完成。有的导师为了项目的进展，不断给自己的研究生分派任务；而研究生为了顺利毕业，一直不情不愿地接受各种任务。导师与研究生的关系逐渐异化成了类似企业中的雇主与雇员之间的关系，这是影响导学关系和谐的一个重要因素。

三、构建师生和谐关系的主要途径

（一）思想上：立足传统文化，回归师生关系原点

如上所述，在几千年的发展历程中，中国形成了尊师重教的传统。虽然时代在变，教育体制在创新，但是尊师应当是我们与老师相处的第一原则，教师应当是受人尊敬的职业。

研究生导师作为高端教育行业的工作人员，一直在为文化的传承做贡献。他们受过高等教育，是中国知识产业的中坚力量，

他们希望自己的学生可以“青出于蓝而胜于蓝”。导师的荣誉和学生的荣誉紧紧联系在一起，良好和谐的师生关系则是基础。因此，树立正确的师生观，既要做到“吾爱吾师，吾更爱真理”，也要从基础做起，将尊敬师长作为研究生与导师相处的基本原则和构建师生和谐关系的基础。

（二）心理上：创造积极心理环境，把握沟通技巧

师生应互相理解对方，站在对方的角度，多为对方着想。例如，学生要理解导师身上的教学与科研的双重重担，看到导师对自己的要求与期望；导师也要发现学生身上的闪光点，减少个人偏见，客观地评价学生。“人非圣贤，孰能无过。”如果学生犯了错，只把眼光聚焦在学生的错误上，不但不利于问题的解决，还会加深双方之间的矛盾。因此，要抱着积极的心态，换位思考。

另一方面，学生在研究生阶段面临着毕业和择业等问题，会产生一定的心理焦虑。导师作为学生亲密的长辈，要加强对学生的心理疏导，主动了解学生学习、就业方面的情况，在学生需要帮助时伸出援助之手。

（三）责任上：师生双方把握正确定位，强调共同责任

导师作为指导学生学术研究的第一责任人，要培养学生的学术道德规范。同时，导师不单单是“传道授业解惑”者，还是学生人格养成的引导者。导师要时时刻刻注意用自己的言谈举止去感染学生，发扬师者风范。导师要先做好人，平衡好作为人最基本的斯芬克斯因子①，将人性因子放在主导地位，发挥其理性意志，在做好人的基础上做好学术研究工作。导师还要引导研究生主动地参与科研活动，充分调动其学习的积极性，让学生主动联系导师，汇报学习和生活情况，以便及时地了解学生的生活

---

① 斯芬克斯来源于希腊神话，是人面兽身的怪兽。斯芬克斯因子是文学伦理学批评常用术语，包含人性因子和兽性因子两部分。

动态。

研究生有独立思考的能力，要加强自我教育和管理。一方面要端正做学术的态度。在读研期间，加强自我约束，向导师学习严谨的治学态度与高尚的学术品格。另一方面，要不畏失败与挫折，在学术研究中积累经验，将挫折化为前进的力量。主动联系导师汇报学习情况，并主动帮导师做一些力所能及的事，促进师生关系和谐发展。

（四）制度上：健全考核机制，做好监督工作

制度是保障，也是前提，建立健全研究生与导师的考察制度必不可少。第一，可以在每个学期结束时，考察导师对研究生关怀程度和给研究生布置任务内容，该考察由研究生和导师共同完成，保障结果的真实性；考察研究生对导师满意程度、任务完成进度、专业目标完成进度以及学习生活现状。对不合格的导师，学院应及时调查，一经查实，要做出相应的处分；对不合格的研究生，学院也要找学生谈话，了解学生情况，做出相应处理。这种双向的考察制度，有利于学生找回话语权，也有利于导师及时了解学生情况。第二，建立研究生维权制度。培养学生的维权意识，建立学生监督举报机制，加强对导师的监管力度。被举报的导师，不论其学术成就高低，一经查实，都要接受一定的处罚；如果触犯法律，还要交由司法机关追究其法律责任。有了制度保障，构建和谐的师生关系才能真正落到实处，而不是流于空谈。

四、结语

导师和研究生之间和谐的师生关系，不仅可以促进我国教育事业和科研事业的发展，也是构建和谐社会的重要组成部分。在当今社会中，影响师生和谐关系的因素很多，如前文提到的研究生阶段的特殊性等，这些矛盾并非不可调和，需要双方以及全社会的共同努力。

参考文献：

[1] 范志慧，马洁. 对当今研究生师生关系异化的再思考 [J]. 教育与职业，2010 (7)：170—171.

[2] 刘应春. 构建研究生教育和谐师生关系的思考 [J]. 教育理论研究，2018 (3)：141—142.

[3] 马喜亭，冯蓉. 基于积极心理学视角的和谐“导学关系”模式构建研究 [J]. 研究生教育研究，2018 (1)：67—70.

[4] 孙利军. 构建当代研究生和谐师生关系 [J]. 中国成人教育，2011 (6)：9—12.

[5] 时腾飞. 研究生教育中和谐师生关系及其建构路径分析 [J]. 继续教育研究，2017 (7)：116—118.

[6] 王燕华. 从工具理性走向交往理性——研究生“导学关系”探析 [J]. 研究生教育研究，2018 (1)：60—66.

[7] 王玥. 论导师在研究生思想政治教育中的责任与作用 [J]. 北京青年研究，2017 (1)：101—104.

[8] 谢维和. 师生关系面临前所未有的危机和挑战? [J]. 人民教育，2016 (2)：16—18.

[9] 雅斯贝尔斯. 什么是教育 [M]. 上海：三联书店，1991.

[10] 殷忠勇. 研究生教育中师生一元关系的理解与构建 [J]. 研究生教育研究，2018 (5)：65—69.

[11] 袁静，杨剑萍，郭成. 大众化教育时代研究生导师与学生和谐关系的构建 [J]. 中国石油大学学报，2018 (6)：103—108.

[12] 张静. 导师与研究生之间的和谐关系研究 [J]. 中国高教研究，2017 (9)：19—22.

对加强理工科研究生人文精神培养的思考

张晓满

（四川大学材料科学与工程学院　四川成都　610064）

摘　要：一流大学教育的核心是人文精神的培养，只有科学精神与人文精神有机结合，科学技术才能更好地为社会服务。本文就人文精神的内涵，对当代中国理科研究生人文精神缺失的现状进行了较为细致的分析，并对如何更好地培养理工科研究生的人文精神提出了建议。

关键词：人文精神；中华传统文化；文化自信；社会主义核心价值观

人文，即优秀的价值观及其道德规范，是人类文化发展过程中所积淀下来的核心部分。人文一词，中国自古有之。古人有云：文明以止，人文也。所谓“文明以止”，其本意为天下的民众被圣人或统治者的光明之德所感悟，从而遵从礼义，行其所行、止其所止，而这里的人文是指人类社会文化现象。而“观乎人文以化成天下”就是对人进行人文精神的培养，实质上就是儒家的教化天下的思想。

一、什么是人文精神

人文精神至今没有一个十分准确的定义，但经过中华五千年文化的传承，再加之对西方人文精神的吸收与提炼，现在我们常说的人文精神是人类对自身前途命运的一种自我关怀，是对人的尊严、价值的追求和关切，是对人类遗留下来的各种精神文化现象的高度珍视，是从不同维度实现人类最终自由的精神。

从18世纪60年代到现在，人类经历了三次工业革命，人们越来越认识到科技发展给人类生活所带来的巨大影响力，但这是一把双刃剑，既可以造福人类，也可能给人类带来伤害。例如，核能的发展既能带来用之不竭的能源，但它也可能是毁灭地球的武器；基因技术的突破一方面可以提高生命的质量，另一方面也会带来伦理的冲突。因此，人们越来越重视科技发展与应用背后的人文社会意义，意识到只有加强人文精神的培养，用人文精神去指导科学技术的发展方向与实践研究，才能更好地让科学技术为人类社会服务，更有效地避免人文精神的缺失所带来的科学精神的脱轨，从而造成技术异化给人类带来的伦理问题甚至灭亡的风险。美国工程师专业发展委员会明确提出，工程师的社会责任第一条就是必须把公众的安全、健康和福利放在至高无上的地位。在中国，理工科研究生作为国家培养的高层次科技人才，已经成为中国特色社会主义建设的中坚力量，对促进国家科学技术进步有重大作用，是国家与社会经济发展的重要人力资源。中国高校作为研究生培养的重要阵地，目前更多强调专业知识的探索与创新，强调专业知识的社会实用性，而忽视了对理工科研究生人文精神的培养，造成当前许多理工科研究生人文精神的缺失。

二、当前中国高校理工科研究生人文精神缺失的表现及其原因

首先是考研功利化。考研究生是为了什么？这是每个研究生都无法回避的问题。随着中国市场经济体制的建立，社会竞争日趋激烈，就业压力也越来越大。面对这样的形势，“考研热”流行。中国教育在线关于考研动机的调查显示，超过70%的学生

考研为了提高就业竞争力。再追问在读的理工科研究生，怎样体现出更强的就业竞争力，大多数人认为现在好的用人单位对学历的要求都很高，只有拿到硕士甚至博士文凭，才能找到好的单位，才能有高薪和更好的福利，才能让自己今后的生活更富足，从而体现自身的价值。由此可以看出，当前部分研究生的价值观中充满了功利主义色彩。

其次是道德失范。研究生的学术道德失范问题是现在社会讨论较多的热点问题。研究生中存在的实用主义和功利主义的倾向使得一些理工科研究生在学业上急功近利，不愿意沉下心来认真做学问，只想在最短时间内获得文凭。甚至有个别研究生为了达到毕业的目的，论文抄袭剽窃他人的研究成果，对实验数据进行伪造与篡改，同时为了达到更快地发表文章的目的，一稿多投的现象也比较普遍。更有甚者，自己不愿意动笔，花钱请“枪手”来为自己写论文，也有极个别研究生为了钱甘愿充当“枪手”，这些行为都严重影响了我国高校研究生的学术声誉。当然，除了学术道德上的失范，现在有一部分研究生，包括理工科的研究生，在为人处事方面也存在着道德失范的现象，只关心个人的实际利益与情感发泄，在与他人的交往中缺乏理解，很少考虑他人的感受。

其三是文化自信的缺失。中国作为世界上唯一一个文明没有中断的文明古国，在几千年的历史风雨中，经过中原地区的民族大融合及北方民族的持续输入，最终形成了多元一体的中华传统文化。作为社会精英的研究生，本应对中华传统文化有深刻的认同与自豪，但随着信息互联网的高速发展，西方国家利用自己制订的网络规则优势，向中国学生强势输出西方文化，说到底就是把西方文化包装成“普世价值”的价值观，对中国年轻一代进行意识形态的渗透。正是在这样的背景下，当前有少量研究生成为西方文化的拥趸，也包括理工科研究生，以历史虚无主义的方式来矮化中国的传统文化，盲目崇尚西方意识。要知道，中华传统文化是中华民族的血脉，是建设中华民族精神家园的灵魂所在，是中华民族屹立于世界民族之林的基石，如果在文化上丢失了自信，则信仰就会丢失，民族就会异化，中华民族的伟大复兴又从何谈起呢？

其四是脆弱的心理承受能力。人文精神强调的是健全的人格，研究生的心理健康也是人文精神的一种体现。但现在的理工科研究生群体中有心理问题与心理疾病的人数越来越多。究其原因，一方面是理工科研究生的人文素养不足，对一些社会问题的理解能力较弱，加之现在理工科研究生的培养也更多地强调论文的发表、科研能力的突出，而一些理工科研究生性格浮躁，很难沉下心来做学问，于是就会面临学业上的压力，再加之其他因素，如情感压力、就业压力、经济压力等，会使他们产生强烈的挫折感。另一方面，现在各高校对导师的考核也在加强，使得部分导师为了完成自己的工作，对研究生“过度使用”，导师与研究生之间的关系越来越像老板与员工，甚至个别导师只关心研究生的科研进展而忽视了他们的心理健康状况。面对这些情况，如果研究生不能有效地调适心理状态，就容易产生各种心理疾病，甚至出现极端事件。

三、加强理工科研究生人文精神培养的途径

大学教育归根到底是人文的教育，研究生的教育也应如此。人文精神的培养不是一成不变的，而是根据时代的发展因时而进、因势而新的。在当前复杂的国际形势与中国进入新时代的环境下，为了更好地践行社会主义核心价值观，重塑与构建理工科研究生的人文精神，高校应从四个方面着手。

（一）唤醒对中华传统文化的珍视

许多历史事实让我们明白一个道理，一个国家要想走上民族

振兴之路，必须继承传统文化，弘扬民族精神。中华文明历经五千年沧桑，形成了究天人之际、明修身之道、述治国方略、求天下为公的中华传统文化，其中包含了“以人为本”的人文精神、“和而不同”的和谐思想，也包含了“苟利国家生死已”的爱国主义精神和“为万世开太平”的理想信念，还包含了“礼义仁智信”的道德规范与“天行健，君子以自强不息”的创新精神等（张晓满，2015），这些都是中华传统文化的优秀积淀。而当前中国社会所积极倡导的社会主义核心价值观就是对中华传统文化的最好提炼。因此，面对西方文化的冲击，我们要有文化自觉与文化自信，保持平和的心态与定力，冷静分析，取其精华为我所用。中国传统文化中的“忠恕”之道有利于消除地区冲突，实现各民族的和平共处；“天人合一”强调人与自然和谐相处，能够实现自然资源的持续利用。这些正好可以弥补西方文化的缺失，所以受到西方社会的欢迎。所以高校要加强对理工科研究生的传统文化教育，通过相应的课程设置与文化讲座，对研究生深入开展社会主义核心价值观教育，激发他们的爱国主义热情，培养他们的社会责任感和历史使命感。

（二）充分发挥研究生导师的作用

理工科研究生有很大一部分时间都是在导师指导下进行专业研究和学术探索，在日常生活中，研究生也与导师接触最为密切。在理工科研究生眼里，理想的导师应该具有扎实的专业知识、深厚的学术造诣、严谨的治学精神、高尚的道德品质与丰富的人生阅历，是他们前进方向的引路人。但现实却是，由于研究生的扩招，导师指导的研究生数量增加，再加之现在各个高校也加强了对导师的评聘与考核，让导师承担了繁重的教学与科研任务，这使得导师不可能有足够的时间和精力与自己所指导的每个学生进行细致的沟通与交流。有些导师对研究生只注重学业，把研究生作为自己科研工作上的“打工者”，而对其他方面不闻不问，甚至出现“过度使用”的现象，使得不少导师在研究生心目中的地位大打折扣，而研究生自己也会感到迷茫、冷漠与脆弱。因此，加强理工科研究生的人文精神培养就必须发挥研究生导师的立德树人作用。2018 年教育部印发《关于全面落实研究生导师立德树人职责的意见》，明确导师是研究生培养第一责任人，不仅要对研究生的学业负责，更要对研究生的思想政治教育负责，加强对研究生的人文关怀和心理疏导。研究生导师应把政治教育与研究生学业有机结合起来，实时关注自己所带研究生的心理健康。同时导师也要加强自身修养，按照习近平总书记的要求，坚持教书和育人相统一，坚持言传和身教相统一，坚持潜心问道和关注社会相统一，坚持学术自由和学术规范相统一，以自身的优秀品格来感染学生。此外，学校也要加强师德师风建设，对导师中的先进典型予以表彰，对师德缺位的导师进行相应处罚。这样，才能有效提高理工科研究生的人文素养，使他们具有完整的知识结构。

（三）加强研究生辅导员队伍建设

研究生辅导员既是研究生思想政治教育的引领者，也是研究生事务的主要执行者，研究生辅导员队伍素质对研究生人文精神有着直接的影响。但目前不少高校相对本科生辅导员队伍而言，研究生辅导员队伍配备严重不足。在不少人眼中，研究生比本科生年龄大，思想更加成熟，而且学历层次也相对较高，自我管理能力更强，所以对研究生辅导员队伍的建设重视程度不够。同时，研究生辅导员对自身作用的认识也不到位，由于忙于事务性工作而出现定位偏差，忽略了对研究生的思想政治教育，缺乏与研究生的交流与沟通。再加之研究生培养更多地强调导师制，所以研究生辅导员的角色定位没有得到广大导师与研究生的认可，处境比较尴尬。事实上，研究生辅导员是研究生思想政治工作的中坚力量。如果有一批政治素养高、综合能力强的专职研究生辅导员，通过加强对研究生思想动态的掌握，实施个性化的思政教育，充分体现“以人为本”的精神，帮助他们正确处理好科研、生活、情感、择业等方面的具体问题，不仅有助于研究生人文精神的培养，也有利于提高思政工作的有效性。所以要加强研究生辅导员队伍建设，配齐配强专职辅导员，还可以选拔一批优秀的青年教师担任兼职辅导员。还要加强对研究生辅导员的培训工作，因为当前的复杂形势要求研究生辅导员具备较为广泛的知识储备，如心理学、管理学、行为科学等，这样才能更有效地处理研究生思政工作中遇到的各种问题，体现人文关怀。同时，培训还能让研究生辅导员更新教育理念，创新思政工作的方法与手段，通过卓有成效的研究生党建、学术活动以及网络思政等方式来帮助研究生提高道德修养，培养人文精神。此外，研究生辅导员还要主动加强与导师的联系，建立常规化的沟通与交流机制，注意信息的双向反馈，形成育人合力。

（四）人文精神的培养应贯穿高校人才培养的全过程

人文精神的培养不仅是提高研究生综合素质的重要手段，也是中华民族伟大复兴的内在要求。高校要牢固树立科学教育与人文教育内在有机结合的思想，并将其贯彻到学校教学与行政管理的各个方面，营造人文精神培养的良好人文环境。在理工科研究生的课程设置上，要根据培养目标与专业实际，适当调整研究生课程，将人文教育课程作为必修课程，同时在选修课程中更多地增加人文课程的比重。同时，充分利用大学的人文学科资源，在理工科研究生中广泛开展关于人文精神的学术讲座。积极开展既适合理工科研究生的特点，同时又富有强烈时代感的课外文体活动，让研究生在活动中受到潜移默化的影响，提高审美情趣，陶冶性情，培养创新与探索精神。积极组织理工科研究生开展社会实践活动，让他们走进企业，走进农村，走进红色教育基地，激发他们的爱国主义情怀和社会责任感，使他们树立远大目标，坚定理想信念。最后，还要加强校园网络管理，对网络舆情搜集研判，整合网络资源，指导研究生从辩证地分析社会热点问题，自觉抵制社会上不良风气的影响，树立正确的人生观、价值观与世界观，增强心理承受与调节能力，塑造与培养健全的人格，把自己的命运与国家的前途紧密联系在一起，为了祖国的繁荣富强而刻苦钻研。

参考文献：

［1］习近平在全国高校思想政治工作会议上的重要讲话［EB/OL］.（2016－12－08）［2019－03－31］. http：//news. cctv. com/2016/12/08/ARTIihpHZs56dGPSnK5b5x5y161208. shtml

［2］教育部《关于全面落实研究生导师立德树人职责的意见》［EB/OL］.（2018－02－09）［2019－03－31］. http：//www. moe. edu. cn/jyb_xwfb/gzdt_gzdt/s5987/201802/t20180209_327165. html

［3］张晓满．积淀与传承——当代大学生的中华传统文化教育研究［M］. 北京：同心出版社，2015.

新时代研究生家国情怀教育的探索

韩纪梅

（四川大学材料科学与工程学院　四川成都　610064）

摘　要：历史和现实告诉我们，家庭的前途命运同国家和民族的前途命运紧密相连。对新时代研究生进行家国情怀教育也是大学生思想政治教育中不可或缺的重要部分。本文从习近平的家国情怀出发，对研究生家国情怀教育的现状进行分析，探索对新时代研究生进行家国情怀教育的途径。

关键词：新时代；研究生；家国情怀

习近平总书记在十九大报告中提道：青年兴则国家兴，青年强则国家强。青年一代有理想、有本领、有担当，国家就有前途，民族就有希望。2018 年下半年，中央组织部、中央宣传部印发通知，决定在广大知识分子中深入开展“弘扬爱国奋斗精神，建功立业新时代”活动。研究生作为青年知识分子中的精英和骨干，是实现中华民族伟大复兴的强大主力和生力军，对新时代研究生进行家国情怀教育，就是要激励他们勇于担当民族复兴大任，不辱时代使命，做新时代的奋斗者，不畏任重、不惧时艰，紧跟时代、肩负使命，锐意进取、建功立业。

一、习近平总书记的家国情怀

家是最小的国，国是千万家。家庭的前途命运同国家和民族的前途命运紧密相连。中华民族自古以来就重视家庭、重视亲情，中华儿女也将“爱国”作为做人最重要的事情。爱国主义是中华民族精神的核心，爱国主义精神激励着一代又一代中华儿女为祖国繁荣发展而不懈奋斗。中华民族从站起来、富起来到强起来的伟大飞跃过程中，始终贯穿着伟大的爱国奋斗精神。

2016 年 12 月 12 日，习近平在会见第一届全国文明家庭代表时的讲话中提道：中华民族历来重视家庭。正所谓“天下之本在家”。尊老爱幼、妻贤夫安，母慈子孝、兄友弟恭，耕读传家、勤俭持家，知书达礼、遵纪守法，家和万事兴等中华民族传统家庭美德，融入中国人的血脉，是支撑中华民族生生不息、薪火相传的重要精神力量，是家庭文明建设的宝贵精神财富。广大家庭都要把爱家和爱国统一起来，把实现家庭梦融入民族梦，心往一处想，劲往一处使，用我们 4 亿多家庭、13 亿多人民的智慧和热情汇聚起实现“两个一百年”的奋斗目标、实现中华民族伟大复兴中国梦的磅礴力量（习近平，2016）。

二、当前研究生家国情怀教育中存在的主要问题

（一）个别研究生受网络、自媒体等影响易形成畸形的价值观

研究生的心智已经发展成熟，开始独立，具有较为稳定的世界观、人生观，但是由于大多数研究生生活阅历尚浅，容易受到不良信息的影响，其价值取向易被消极因素影响。因此，有必要对研究生进行个人、家和国家利益等价值观的教育，切实增强对新时代爱国奋斗精神、党和国家奋斗目标的理解和认同。

（二）个别研究生对中华民族历史和发展大势不够关心

一些培养单位存在单纯地强调研究生的科研能力而忽视政治思想教育的现象。传统的研究生教育往往认为研究生阶段应该侧重科研，导致政治思想教育没有提升到应有的地位。过去很多人认为研究生应该把主要精力投入到学习和科学研究，研究生期间

的评奖与评优也与学习成绩和发表的科研论文数量和档次挂钩，导致很多研究生对读研期间的政治思想教育、家国情怀教育等漠不关心，从而也影响了研究生综合素质的提高。习近平在北京大学师生座谈会上的讲话中指出：我们是中华儿女，要了解中华民族历史，秉承中华文化基因，有民族自豪感和文化自信心。要时时想到国家，处处想到人民，做到“利于国者爱之，害于国者恶之”（习近平，2018）。爱国，不能停留在口号上，而是要把自己的理想同祖国的前途、把自己的人生同民族的命运紧密联系在一起，扎根人民，奉献国家。

（三）研究生家国情怀教育方法缺乏创新

当前，研究生家国情怀教育普遍存在教学方法单一的问题，以辅导员、导师等口头说教为主的方式，不利于调动和发挥研究生学习的主动性和积极性，教育效果不理想。针对研究生这一高层次人才的家国情怀教育也应该积极探索，加强创新，不断突破。

三、加强新时代研究生家国情怀教育的途径探索

（一）要引导研究生正确认识中国和世界的发展大势

中华民族是一个具有五千多年文明历史的伟大民族。从秦代到清朝乾隆末年几千年的历史进程中，中国的经济总量和对外贸易始终居于世界前列。古代中国的科学技术也比较先进，特别是著名的“四大发明”为世界的科技发展做出了巨大贡献，至今仍然让中国人感到自豪。但是，乾隆末年，西方发生了工业革命，科学技术和生产力快速发展，成为世界上领先的国家。而当时的清朝统治者却看不到这一世界科技发展的大势，夜郎自大、闭关自守，拒绝学习先进的科学技术，导致中国在短短 100 多年的时间里远远落后于西方。在 1840 年的鸦片战争中，帝国主义列强用坚船利炮打开了中国的国门，疯狂地分割和掠夺中国。中国从

此进入了半封建半殖民地社会。中国陷入内忧外患的黑暗境地，中国人民经历了战乱频仍、山河破碎、民不聊生的深重苦难。为了民族复兴，无数仁人志士不屈不挠、前仆后继进行了各式各样的尝试，但终究未能改变旧中国的社会性质和中国人民的悲惨命运（《十谈》编写组，2017）。

中国共产党深刻认识到，实现中华民族伟大复兴，必须推翻压在中国人民头上的帝国主义、封建主义、官僚资本主义三座大山，实现民族独立、人民解放、国家统一、社会稳定。中国共产党一经成立，就把实现共产主义作为党的最高理想和最终目标，义无反顾肩负起实现中华民族伟大复兴的历史使命，团结带领人民进行了艰苦卓绝的斗争，谱写了气吞山河的壮丽史诗。中国共产党带领中国人民经过 28 年浴血奋战，完成了新民主主义革命，1949 年建立了中华人民共和国，实现了中国从几千年封建专制政治向人民民主的伟大飞跃（曲风，2014）。

改革开放 40 年中国取得了令世界瞩目的成就，中国现在稳居世界第二大经济体，连续多年对世界经济增长贡献率超过 30％。现在的世界是开放的世界，中国的发展离不开世界，世界的发展也离不开中国。当今的世界正如十九大报告中指出的那样处于大发展大变革大调整时期，和平与发展仍然是时代主题。世界多极化、经济全球化、社会信息化、文化多样化深入发展，全球治理体系和国际秩序变革加速推进，各国相互联系和依存日益加深，国际力量对比更趋平衡，和平发展大势不可逆转。同时，世界所面临的不稳定性与不确定性突出，世界经济增长动能不足，贫富分化日益严重，地区热点问题此起彼伏，恐怖主义、网络安全、重大传染性疾病、气候变化等非传统安全威胁持续蔓延，人类面临许多共同挑战。

（二）引导研究生正确认识家与国以及个人利益与国家利益的密切关系

2018 年 5 月 2 日，习近平在北京大学师生座谈会上提道：爱国，是人世间最深层、最持久的情感，是一个人立德之源、立功之本。孙中山先生说，做人最大的事情，“就是要知道怎么样爱国”。我们常讲，做人要有气节、要有人格。气节也好，人格也好，爱国是第一位的（习近平，2018）。家是最小国，国是千万家，家国两相依。一门家风影响社会风气，这就是中国社会治理结构中的密码，家国同构，千古一脉。有了家风，记忆可以留存，时空可以跨越，亲情可以守望。千千万万家庭的好家风，才能支撑起全社会的好风气。这样可使千千万万家庭成为国家发展、民族进步、社会和谐的重要基点。

在奴隶社会、封建社会和资本主义社会中，“国家利益”只和少数统治阶级相联系。国家既然是统治阶级的统治工具，那么国家利益就代表着统治阶级的利益。在我们社会主义国家里，人民当家做主，国家利益就代表着、体现着人民的利益。国家利益是个人利益与集体利益的终极统一。没有国家利益就谈不上个人的利益，千千万万个人的公共利益就汇集成国家的利益。社会主义国家与国民的关系是新型的国家与国民的关系，因为社会主义国家的利益就是最广大人民群众的根本利益，社会主义国家为维护广大人民群众的利益而存在，因而在这个前提之下，个人的利益就不可能脱离国家的利益而存在，个人的利益就应当服从国家和社会的利益。因此，个人按照自己的社会分工爱岗敬业，在自己的岗位上尽职尽责就足以满足个人与国家利益。

（三）采取多种有效形式对研究生进行家国情怀教育

通过前文对世界、中国的历史和发展趋势的分析，正确认识到个人利益和国家利益的关系等理论后，就要采取多种有效形式来对研究生进行入脑、入心的爱国情怀教育。例如，通过组织假期社会实践、参观革命先烈纪念馆、观看与时俱进的爱国主义电影，如《厉害了，我的国》《战狼》《芳华》《无问西东》等，组织观看宣讲团关于教育、科研、生产等各条战线上的优秀党员的事迹，用榜样的力量激励研究生。榜样是“看得见的哲理”，是鲜活的价值观。知识分子是社会的精英、国家的栋梁、人民的骄傲，也是国家的宝贵财富。在中华民族从站起来、富起来到强起来的伟大进程中，一代代科学家接续奋斗，以爱国奉献的坚定信仰、开拓创新的不懈追求、唯实求真的精神品质，铸成中国科学家独特的精神血脉和鲜明的文化气质，铸就了中国科学家精神。我国著名的桥梁建筑专家茅以升，23 岁在美国获得工科博士学位，为投入国家建设毅然决然放弃国外的优越条件。中华人民共和国成立之初，一大批青年人在党的号召下到苏联学习，带着所学知识投入百废待兴的祖国建设。我国的航天科研团队也是以青年为主体，“嫦娥团队”“神州团队”平均年龄才 33 岁（《十谈》编写组，2017）。近年来，习近平总书记对弘扬爱国奋斗精神做出了一系列重要指示，深刻阐明了爱国奋斗精神对当代中国的重大意义。习近平总书记高度赞扬以钱学森、邓稼先、郭永怀等“两弹一星”元勋和西安交通大学“西迁人”为代表的老一辈知识分子“党让我们去哪里，我们背上行囊就去哪里”的家国情怀和奉献精神，充分肯定以黄大年、李保国、南仁东、钟扬等为代表的新时代优秀知识分子“心有大我、至诚报国”的感人事迹和爱国情怀（人民日报评论员，2018）。这些榜样曾经激励过无数年轻人投入祖国的现代化建设大潮，也必将进一步激发新时代研究生胸中熊熊燃烧的爱国热情。

（四）要引导研究生正确认识远大理想和脚踏实地

党的十九大报告指出：行百里者半九十（习近平，2017）。中华民族伟大复兴，绝不是轻轻松松、敲锣打鼓就能实现的。全党必须准备付出更为艰巨、更为艰苦的努力。现实是此岸，理想是彼岸。中间隔着湍急的河流，行动则是架在川上的桥梁。远大抱负和脚踏实地密不可分，都是成功不可缺少的要素。远大抱负强调的是理想目标，脚踏实地突出的是务实作风。空有理想而拒绝孜孜不倦以求就是好高骛远，而忙于赶路却没有方向则是浑浑噩噩。真正有作为的人无不是将高远的理想植根于坚实的大地。习近平总书记寄语青年：现在，青春是用来奋斗的；将来，青春是用来回忆的。无数成功的事实表明，青年时代选择吃苦也就选择了收获，选择奉献也就选择了高尚。青年时期多经历一点摔打、挫折、考验，有利于走好一生的路。新时代大学生，特别是研究生肩负着民族复兴的历史使命，是实现中国梦的创造者，一定要坚定马克思主义信仰，坚定对中国共产党的领导，脚踏实地，无论是在求学、工作还是生活当中都要把个人的崇高理想和祖国、民族的命运紧紧联系在一起，把理想付诸实际行动，在实践中以科学严谨的态度努力探索客观事物发展的本质和规律，凡事不“想当然”，不轻率浮躁，不能纸上谈兵，坐而论道。同时要持之以恒，不能浅尝辄止，要锲而不舍，精益求精，扎扎实实，一丝不苟，不断提高与时代发展和事业要求相适应的素质能力，练就本领，报效祖国和人民（曲风，2014）。

新时代研究生比历史上任何时期都更接近中华民族伟大复兴的目标，比历史上任何时期都更有信心、有能力实现这个目标，更应当立足本职、埋头苦干，从自身做起，从点滴做起，用勤劳的双手、一流的业绩成就属于自己的人生精彩。要不怕困难、攻坚克难，勇于到条件艰苦的基层、国家建设的一线、项目攻关的前沿，经受锻炼，增长才干。要勇于创业、敢闯敢干，努力在改革开放中闯新路、创新业，不断开辟事业发展新天地（习近平，2013）。

参考文献：

[1] 习近平. 决胜全面建成小康社会 夺取新时代中国特色社会主义伟大胜利——在中国共产党第十九次全国代表大会上的报告［EB/OL］. (2017—10—27)［2019—03—31］. http://politics.gmw.cn/2017—10/27/content_26628091.htm

[2] 人民日报评论员. 砥砺家国情怀 激发使命担当——论在广大知识分子中深入开展"弘扬爱国奋斗精神、建功立业新时代"活动［EB/OL］. (2018—08—01)［2019—03—31］. http://opinion.people.com.cn/n1/2018/0801/c1003—30181890.html

[3] 习近平. 在北京大学师生座谈会上的讲话［EB/OL］. (2018—05—03)［2019—03—31］. http://politics.people.com.cn/n1/2018/0503/c1024—29961468.html

[4] 习近平同各界优秀青年代表座谈时的讲话［EB/OL］. (2013—05—04)［2019—03—31］. http://cpc.people.com.cn/n/2013/0505/c64094—21367227.html

[5] 习近平. 在会见第一届全国文明家庭代表时的讲话［EB/OL］. (2016—12—15)［2019—03—31］. http://www.xinhuanet.com//politics/2016—12/15/c_1120127183.htm

[6] 曲风. 社会主义核心价值观学习读本［M］. 北京：国家行政学院出版社，2014.

[7]《十谈》编写组. 加强和改进新形势下高校思想政治工作十谈［M］. 北京：人民出版社，2017.

浅析国际化视野下当代研究生创新创业能力塑造*

姜利寒　庞国伟　周　欣　黄　康

（四川大学化学工程学院　四川成都　610064）

摘　要： 国际化背景下，深化研究生创新创业教育具有重要意义。研究生在创新创业方面有优势，但能力培养教育的系统性、科学性和可操作性还不够完善。本文对研究生创新创业能力塑造进行分析，并提出了研究生创新创业能力塑造路径。

关键词： 国际化；研究生；创新创业能力

一、我国研究生创新创业的必要性

我国的创新创业教育起步较晚。1998 年清华大学举办的“创业计划大赛”是我国大学生创业教育的开端。有关调查显示，在我国的创业者群体中，具有大学学历的创业者在全部创业群体中仅占 3.7%，而发达国家一般占 20%～30%（杨继瑞，2011）。这说明我国高校的创新创业教育尚处于起步阶段，其系统性、科学性和可操作性还不够完善。教育部在《关于做好 2019 届全国普通高等学校毕业生就业创业工作的通知》中明确指出：高校要

* 本文为四川大学新世纪高等教育教学改革工程（第八期）研究项目、四川大学 2018 年度“大学生创新创业训练计划”项目。

全面深化创新创业教育改革，要将创新创业教育贯穿人才培养全过程，把创新创业教育和实践课程纳入高校必修课体系，促进创新创业教育与专业教育有机结合、与思想政治教育深度融合。

1989 年，联合国教科文组织在面向 21 世纪教育国际研讨会上提出了创新创业教育这一说法。经过 30 年的发展，创新创业教育的内涵也越来越丰富。总体来说，创新创业教育是个系统工程，以培养创新能力和创业精神为核心（于占水，李莲英，2011）。通过创新创业教育，不仅要全面提升研究生的专业水平，还要提高他们的创新能力和创业意识。

进入 21 世纪后，国家明确建设创新型国家的目标，依靠科技创新提高整体综合国力和核心竞争力。科技强国目标的实现，需要大批具备创新创业能力与意识的高素质专门人才（孙继伟，窦鹏鹃，2007）。研究生群体已经成为我国科技进步的主力军，高校作为培养研究生的主力场所，在研究生创新创业教育培养方面起着至关重要的作用（刘巧芝，2012）。

研究生群体是新时代创新主体和生力军，也是未来社会经济创新发展的领军人物，对落实“大众创业、万众创新”和实施国家创新驱动发展战略，有着举足轻重的作用。我国在校研究生已超过 200 万，为了学习贯彻习近平新时代中国特色社会主义思想和党的十九大精神，坚持“立德树人”的价值导向，深化高等教育综合改革，激发研究生的创造力，培养造就“大众创业、万众创新”生力军，应鼓励广大研究生扎根中国大地了解国情民情，在创新创业中增长智慧才干，在艰苦奋斗中锤炼意志品质，把激昂的青春梦融入伟大的中国梦，立于创新潮头，引领时代风尚。

二、研究生创新创业能力塑造路径

结合国内外经济发展形势，针对当前高校开展创新创业教育的突出问题，我们要对国际化视野下研究生创新创业能力塑造的方法路径进行探究，实施系统化的创业教育，构建和谐的校园创业教育环境，培养研究生的创业意识和创业精神，提升研究生创业的综合素质。构建多方位的创业教育服务平台，加强师资队伍建设，提供政策咨询和创业指导，发布创业项目，建立社团创业基地，实施创业助力计划。

（一）大学生自主创业优惠政策的宣传普及

党中央、国务院和各地党委、政府高度重视大学生就业创业工作，相继出台了一系列政策措施。财政部、国家税务总局发出《关于支持和促进就业有关税收政策的通知》，明确自主创业的毕业生从毕业年度起可享受三年税收减免的优惠政策。其中，在校期间创业的高校毕业生可向所在高校申领“高校毕业生自主创业证”；离校后创业的，可凭毕业证书直接向创业地县以上人社部门申请核发《就业失业登记证》，作为享受政策的凭证。其中，今年初，四川省人社厅会同省级相关部门，根据2018年度国家和四川省出台的有关大学生就业创业的最新文件，修订、编辑了《四川省大学生就业创业扶持政策清单（2018年版）》（以下称《政策清单》）。《政策清单》分为就业扶持政策、创业扶持政策和综合扶持政策3类，共42条。其中，就业扶持政策按时间先后分为离校前、离校后2个部分、23条，主要包括求职补贴、职业培训补贴、到基层就业、应征入伍等政策。创业扶持政策按补助对象分为扶持创业大学生、扶持创业服务平台和创业指导专家、扶持创业活动3个部分、15条，主要包括创业补贴、园区补助、创业指导补贴和创业活动补贴等政策。综合扶持政策主要包括取消户籍限制、享受公共就业创业服务、加强就业创业指导教师队伍建设等4条政策。与此同时，四川省人社厅还专门将《政策清单》中针对大学生个人享受的29条政策单独编辑成《政策清单·学生版》，更加方便他们了解政策和享受政策。

（二）以赛促学，依托各项活动提升研究生双创能力

为深入贯彻党的十九大精神，深入实施创新驱动发展战略，主动服务学位与研究生教育改革和发展大局，推动研究生培养模式改革，经教育部同意，自 2013 年起，教育部学位与研究生教育发展中心联合中国科协青少年科技中心面向全国在校研究生开展“全国研究生创新实践系列活动”。该活动旨在以研究生培养机制改革为契机，以行业需求为导向，以提升研究生创新实践能力为核心，以提高研究生培养质量为目标，打造校企合作创新平台，营造研究生创新良好氛围，促进我国研究生教育发展水平与服务支撑能力的全面提升。

该活动采用系列主题赛事的方式，根据学科、专业或行业的发展趋势和经济社会对人才培养的需求，设置相互独立的主题赛事，并依据一定赛制举办。参赛队员以中国大陆在校研究生或已取得研究生推免资格的大四本科学生为主，部分赛事也吸纳港澳台地区和国外研究生参赛。

该活动不仅吸引了行业机构、企业直接合作，还得到了地方政府的大力支持，在政产学研用相结合方面迈出了重要一步。在提高研究生培养质量、营造研究生创新氛围和启发研究生创业意识等方面发挥了积极的作用，在学位与研究生教育战线和研究生群体中产生了广泛的影响，在社会上也引起了一定的关注，得到了中央电视台、人民网等主流媒体的报道。

目前，参加“全国研究生创新实践系列活动”的获奖情况，已被个别省（市）列为落户加分条件，被一些企业列为招聘直通条件，被一部分研究生培养单位纳入奖学金评价指标体系。

“全国研究生创新实践系列活动”是推动研究生教育培养模式改革、落实创新创业工作的有力抓手，与校园创新创业教育互相融合，激发了创新创业活力，提高了研究生创新实践能力，提升了研究生教育质量。

各类比赛和活动是载体，要把大赛作为深化高校研究生创新创业教育改革的重要抓手，搭建培养平台，引导研究生主动服务国家战略和区域发展，积极开展创新创业实践探索，切实提高研究生的创新精神、创业意识和创新创业能力。同时要推动创新创业教育与思想政治教育紧密结合、与专业教育深度融合，促进学生全面发展，助力其成为德才兼备的有为人才。推动赛事成果转化和产学研用紧密结合，以创新引领创业、以创业带动就业，为建设科技创新中心和高校建设高水平大学贡献力量。

（三）建立健全有中国特色的研究生创业指导服务体系

高校亟待建立健全有中国特色的研究生创业指导服务体系，从而全面推进创新创业教育和自主创业工作，强化研究生就业指导服务，加强思想教育和政策宣传，推动高等教育更好地适应经济社会发展需要。

应坚持以真实创业为导向；建立创业孵化培养课程体系，开设培养创业意识、避开创业法律雷区、商业模式探析、创业能力解读、如何面对投资人等课程，通过实用性和技术性“双轮驱动”，助力学生将高校科研成果转化实践；创业主力导师一对一辅导，聘请高校专家、教师作为研究生创业计划导师，为研究生创业计划出谋划策，提供资源支持。

当前，要抓住“大众创业、万众创新”的国家发展新引擎，站在“为谁培养人、培养什么人、怎样培养人”的战略高度，推动创新创业教育改革，提升科技创新核心竞争力，促进研究生全面发展，为国家发展、社会需要培养具有创新思维和优秀创业素质的高层次人才。第一，定位新目标，培养创新创业型人才。聚焦优势学科专业，以行业重大需求为导向，通过全方位的学科交叉融合，面向全体学生，培养融入社会、适应社会、引领社会的创新创业人才。第二，制定新政策，构建全链条保障体系。制定研究生创新创业教育的实施细则、创业型研究生教育管理暂行办法等文件，建立具有创新创业潜质人才的选拔与招生制度、弹性培养制度、质量评价与学位评定制度，形成完善的创新创业研究生教育管理制度体系，并对全体研究生进行创业意识和创业精神培养。打造专兼结合、校内外共建的研究生指导教师队伍，聘请既有创业能力和丰富实践，又有创业理论和政策水平的教师、技术专家、公司高管等担任指导教师。放宽修业年限，允许学生休学创业，建立创新创业学分积累与转换制度等，为研究生创业教育提供全链条的保障体系。第三，采取新举措，进一步推进创新创业实践。

三、结语

我国正处在全面建设小康社会的关键时期，处在深化改革开放、加快转变经济发展方式的攻坚时期，我国要在 2020 年进入创新型国家行列，成为人力资源强国。成为科技大国，需要一大批创新创业型人才，从这个意义上说，开展研究生创新创业教育和研究生自主创业工作不仅仅是深化高等教育改革、提升高等教育服务社会能力的教育问题，更是转变经济生产方式、促进产业结构升级和科技成果转化的经济问题，更是保障和改善民生，发挥以创业带动就业倍增效应和建设创新型国家、提升民族创新力的战略问题。科学推进、加快实施《教育部关于大力推进高等学校创新创业教育和大学生自主创业工作的意见》，进一步研究探索有中国特色的大学生创业指导服务体系，对全社会创业环境的形成、大学创新创业人才培养、建设创新型国家均具有十分重要的现实意义。

参考文献：

[1] 教育部关于做好 2019 届全国普通高等学校毕业生就业创业工作的通知，http：//www. gov. cn/xinwen/2018－12/05/content _ 5346066.

htm，2018.12.5

［2］杨继瑞．大学创业教育的国际借鉴［N］．光明日报，2011－2－23.

［3］于占水，李莲英．对我国高校大学生创业教育的思考［J］．高教研究与实践，2011（1）26－28.

［4］孙继伟，窦鹃鹃．大学生创业服务体系调查报告［J］．中国大学生就业，2007年（14）：82－83.

［5］刘巧芝．浅谈大学生的创业实践教学［J］．教育探索，2012（4）：65.

以学科竞赛为载体的高校研究生创新人才培养模式探析*

黎红友

（四川大学网络空间安全学院　四川成都　610064）

摘　要：研究生教育是高等教育的最高层次，研究生教育的培养质量关系到我国自主创新能力的提升和人才强国战略的实施。本文以“大众创业、万众创新”为背景，梳理了国内高校研究生创新人才培养学术研究现状。以学科竞赛为载体、以研究生导师课题组为纽带，整合多方面资源，构建高校研究生创新人才培养新模式。该模式解决了高校研究生创新人才培养的系统性、继承性以及个性化等问题。

关键字：学科竞赛；研究生；创新人才；载体

一、引言

创新创业驱动的实质是人才驱动，人才是创新创业发展第一资源。人才是科技人力资源中最具创新性和革命性的，世界各国也都意识到培养创新创业人才的重要性。研究生教育是高等教育的最高层次，研究生教育的培养质量关系到我国自主创新能力的提升和人才强国战略的实施。特别是随着我国对创新创业工作的

---

* 本文系四川大学研究生教育人才培养质量和教学改革项目“基于学科竞赛的研究生创新能力培养体系构建研究”、四川大学新世纪高等教育教学改革工程（第八期）资助项目“国内外高校大学生科研训练比较研究”（项目编号：SCU8220）阶段性成果。

重视，在“大众创业、万众创新”的时代背景下，如何更加有效地培养在校研究生的创新能力值得探究。

当前，学科竞赛已经成为高校培养研究生创新能力的重要载体和有效手段。研究生学科竞赛为研究生实现学以致用、学用相长提供了舞台，可以有效地激发研究生的创新能力。但是，高校研究生学科竞赛的开展仍然存在一些问题，包括相关资源配置未得到充分利用、考核评价机制欠缺、激励制度不够等，还没有形成基于学科竞赛的研究生创新培养体系。因此，有必要对目前高校研究生学科竞赛实践情况进行回顾和系统梳理，深入分析目前高校研究生学科竞赛开展存在的问题，在已有实践工作的基础上构建基于学科竞赛的研究生创新能力培养体系。

二、高校研究生创新人才培养学术研究现状

在 CNKI 数据库中，截至 2019 年 3 月 10 日，以“研究生”“创新人才培养”为关键词，搜索到相关研究文献 744 篇，其中核心期刊文献 217 篇，这说明研究生创新人才培养问题受到学界的重视，是学界研究的热点问题。采用文献计量学方法进行分析发现，高校研究生创新人才培养相关学术研究文献自 2013 年起，每年的发文量都保持在 60 篇以上，且主要集中在《学位与研究生教育》《教育教学论坛》《中国高等教育》等刊物上；研究机构主要集中在清华大学、华中科技大学以及上海交通大学等知名高校。

采用共词矩阵及社会网络分析法对现有的研究文献进行分析发现，研究生创新人才培养的研究热点包括：（1）面向创新人才培养的研究生课程体系研究；（2）国外高校研究生创新人才培养模式对我国高校研究生创新人才培养的启迪；（3）具体学科背景下研究生创新人才培养问题探析；（4）基于产学研、学科交叉下的研究生创新人才培养问题研究；（5）研究生科研创新能力提升

研究；(6) 基于其他视角下的研究生创新人才培养问题。通过对文献的分析可知，学者在研究生创新教育及研究生创新能力培养方面的研究取得了丰硕成果，学术界围绕“高校研究生创新人才培养”进行了广泛研究，取得了一定的研究成果，特别是在高校研究生创新人才培养目标、创新人才评价体系等问题上取得了比较一致的看法，对进一步推进研究生创新人才培养有重要作用。然而，解释性的、重复性的、定性化的低层次理论研究较多，另外，鲜有文献以研究生学科竞赛为载体来系统讨论研究生创新能力培养问题。

三、以学科竞赛为载体的高校研究生创新人才培养模式设计

创新是一个民族的灵魂，培养一批高素质、勇于创新的人才是建设创新型国家的需要（赵蕾，2013）。通过多年摸索和实践，以学科竞赛为载体，以研究生导师课题组为纽带，构建了研究生创新人才培养新模式。以学科竞赛为载体的高校研究生创新人才培养模式构建的框架图如图 1 所示：

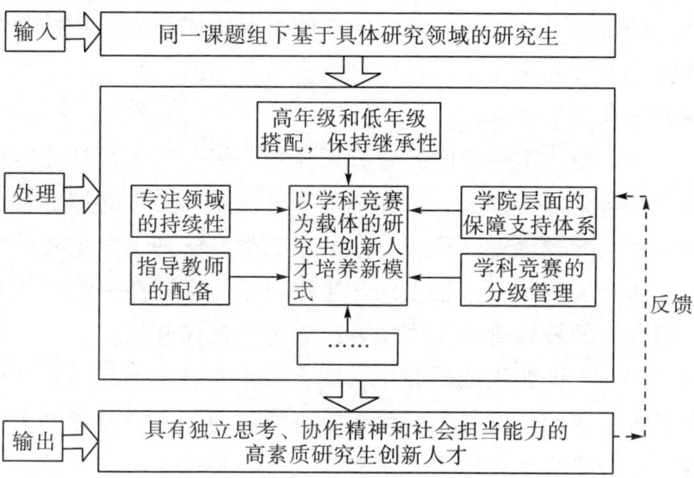

图 1　以学科竞赛为载体的高校研究生创新人才培养模式

以学科竞赛为载体的高校研究生创新人才培养模式采取“输入—处理—输出”的思路，且具有反馈机制，“输出”的结果能够有效地对“处理”过程进行反馈，有利于研究生创新人才培养模式更好地构建。模式的“输入”是同一课题组下基于具体研究领域的研究生；模式的“输出”是具有独立思考、协作精神和社会担当能力的高素质研究生创新人才；模式的核心部分是“处理”，“处理”部分以学科竞赛为载体、以研究生导师课题组为纽带整合多方面资源，是研究生创新人才培养模式的核心部分。

研究生创新人才培养是一个系统性的工作，需要各个方面资源有力配合。以学科竞赛为载体的创新人才培养模式构建是近年来在不断地探索和实践中总结出来的。之所以以学科竞赛为载体，是因为学科竞赛可以将相关研究生创新人才培养的要素有机地整合起来，形成一个整体，共同提升创新人才培养的质量。

对研究生教育来说，学科竞赛是对第一课堂教学、对研究生科研的重要补充，是培养研究生兴趣爱好的重要举措，能够给研究生提供更加充分的创新实践机会，是培养研究生专业拔尖的新载体，是高校研究生教育整体工作的重要组成部分。学科竞赛能够将研究生教育深入化。以学科竞赛为载体的研究生创新人才培养模式具有三个特点。

第一，相比本科生的教育管理体系，研究生教育管理体系更加适合学科竞赛的开展。图 2 和图 3 分别是本科生的教育管理模式和研究生的教育管理模式。本科生的教育管理工作主要是以班级为载体开展的，一个班上的学生平时学习生活在一起，相对熟悉；研究生的教育管理工作主要以导师为载体开展，一个导师所带的或者一个课题组的研究生长期在一个实验室一起学习，相互非常了解。因此，研究生的教育管理模式更加适合构建基于学科竞赛的高校研究生创新人才培养模式，这种体系决定了学科竞赛指导老师引导、师兄师姐指导具有继承性的模式。以学科竞赛为载体的研究生创新人才培养新模式解决了研究生创新人才培养的系统性、继承性以及个性化培养问题。

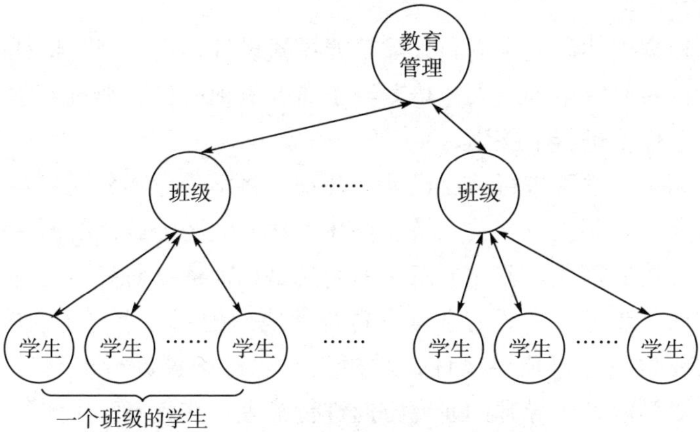

图 2　本科生的教育管理模式结构图

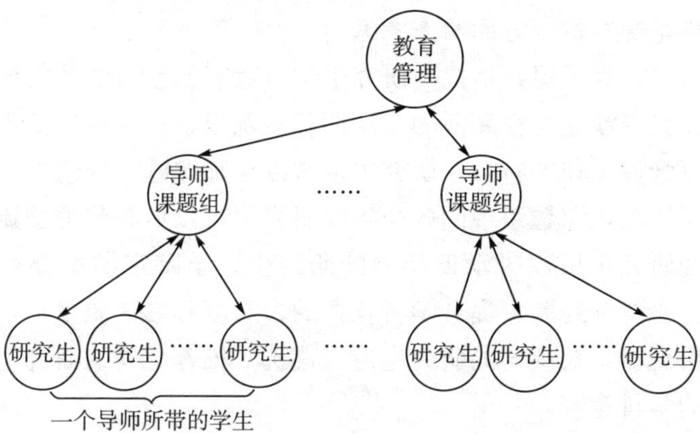

图 3　研究生的教育管理模式结构图

第二，传统的课堂教学将任课教师、课程、研究生等聚集在一起，以学科竞赛为载体的研究生创新人才培养模式聚集的资源更多，包括指导老师、同一实验室的所有研究生等，形式更为灵活，已经成为课堂教学的延伸，成为消化第一课堂所学知识的第二课堂，能有效促进研究生科研工作的开展。

第三，以学科竞赛为载体的研究生创新人才培养模式更容易让研究生适应多学科交叉合作，培养团队协作精神和社会担当能力。

根据上述研究生创新人才培养模式设计，近年来，依托国家和学校对研究生创新人才培养给予高度重视的良好契机，学院在具体工作上进行了探索。

第一，学院进行顶层设计，合理地将学科竞赛分配到各个导师研究组，并提供相关支持。搭建以学科竞赛为载体的研究生创新人才培养模式，首先要解决的问题是如何依据研究生导师的研究方向，将相关重要的学科竞赛合理地分配到各个导师研究组。这需要学院进行顶层设计，对相关的学科竞赛进行汇总分类整理，对学院各个导师的研究方向进行梳理，在此基础上进行合理分配。同时，在导师工作量认定、研究生奖学金评定、研究生参加学科竞赛经费等方面给予考虑。

第二，为了更好地提高研究生学科竞赛的参与度及质量，学院举办竞赛沙龙等精品活动，定期开展院级学科竞赛。基于研究生教育管理工作的特点，研究生常常以导师课题组为纽带开展相关科研活动，课题组中的各个年级研究生可以更充分地交流，高年级的研究生可以带动低年级的研究生。学院定期举办竞赛沙龙，分享竞赛经验，提升学科竞赛的参与度和参加质量；定期举办学科竞赛，对参与的研究生进行遴选，推荐优秀的研究生参加全国的学科竞赛。

参考文献：

赵蕾．个性化教育视角下的大学生创新创业能力培养［J］．淮海工学院学报（人文社会科学版），2013（23）：23－25．

构建“234+X”研究生创新创业教育模式探索*

谢　均　李珍焱

（四川大学化学学院学生工作办公室　四川成都　610064）

摘　要：目前我国研究生创新创业教育面临着较多的困难和问题，本文论述了四川大学化学学院在研究生创新创业教育实践过程中所构建的“234+X”研究生创新创业教育模式的具体构成和运行模式，以期对我国研究生创新创业教育模式的构建提供有益的参考。

关键字：研究生；创新创业；教育模式

创新是促进社会不断发展的驱动力，创新能力的强弱，关系到一个国家的兴衰。研究生作为我国国民教育的最高层次人才，他们的创新能力对国家和社会的发展有着更为深远的影响。我国历来重视对研究生的创新创业能力教育，特别是在 2014 年李克强总理提出“大众创业，万众创新”理念以后，全社会掀起了创新创业教育和实践的热潮。但是，在“大众创业，万众创新”理念深入人心的同时，我国研究生创新创业教育目前还普遍存在创新精神不够、创新能力偏低、创业意愿不足、实战能力较弱等问题。为了解决目前研究生创新创业教育中存在的这些问题，提高

* 本文系四川省 2018—2020 年高等教育人才培养质量和教学改革项目，项目号：JG2018−76，项目名称：构建“234+X”研究生创新创业教育模式探索。

研究生创新创业能力，四川大学化学学院结合学院研究生教育的实际情况，构建了“234＋X”研究生创新创业教育模式，以期为研究生创新创业教育提供更多参考。

一、研究生创新创业教育存在的问题及原因分析

（一）高校对研究生创新创业教育不够重视

目前很多高校对研究生创新创业教育不够重视，相对于比较成熟的本科生创新创业教育，研究生的创新创业教育要么起步晚，要么被忽视或者被动囊括在本科生创新创业教育中，单独针对研究生进行创新创业教育的不是很多。其实研究生与本科生有很多不同点。研究生教育专业性更强，相对于本科生，研究生也更为成熟，知识面更广。将研究生创新创业教育粗暴地搭入本科生创新创业教育，难以取得相应的效果。有的高校对研究生创新创业教育的定位不明确，将创新创业等同于创业，认为学生自己办企业当老板才是创新创业，在日常培养教育中割裂了两者的关系，使得高校研究生的“双创”教育要么成为孤立的小众教育，要么停留在应付上级检查的形式主义层面。

（二）研究生创新创业教育师资力量薄弱，教育模式单一

高校的研究生创新创业课程缺乏或者设置不合理，师资力量薄弱，从事创新创业教育的教师人数不多，教师自身的创新创业知识和经验不够；课程设置也较为简单，理论与现实脱节，且大多数是选修课而非必修课。在教育模式上，多以单纯的课堂教学为主，没有发挥出导师、社会、企业等其他方面的力量，学生参与积极性不高。这些都使得高校研究生创新创业教育效果大打折扣。

（三）研究生自身的创新创业意识淡薄

目前我国研究生创新创业教育还面临研究生自身创新创业意识淡薄、对自己的创新创业能力不自信、主动提高创新创业能力

的意识不强等问题。由于研究生比本科生学习时间更长，思维惯性更明显，更不愿意去改变或者尝试新的事物，习惯了按部就班地遵从学校、导师的要求机械地去完成学业。当前社会舆论对研究生创新创业难度和风险的评估都过高，更使得很多研究生对创新创业产生了畏难情绪。以上这些因素，都在一定程度上导致了研究生创新创业教育问题的出现。

二、“234+X”研究生创新创业教育模式的提出

我国研究生培养模式长期以来都是以培养学术型、研究型人才为目的的单一模式，而该传统模式已远远不能满足经济增长方式对应用型高素质创新人才的渴求。前文所述的研究生创新创业教育问题已经引起了国家层面的重视，教育部近年来也出台了一系列有关“研究生教育创新计划”的政策。基于这样的背景，我院在依托已有的教育资源基础上，结合学院实际情况，开展了研究生创新创业教育相关问题的调研、讨论和尝试，目前初步形成了“234+X”的研究生创新创业教育模式。

三、“234+X”研究生创新创业教育模式具体内容

研究生处于我国高等教育的顶端，他们掌握了扎实的专业技能和大量的知识储备，是建设创新型国家的中坚力量，创新教育理念和方法，培养创新型人才，以创新创业教育带动研究生就业竞争力的提升和社会的进步与发展，是我国大力推行“双创”教育的一大目的。如前所述，由于研究生创新创业教育存在的问题较多，需要我们在实际工作中不断去探索适合研究生现实需要的创新创业教育模式。我院在长期的研究生创新创业教育过程中，构建了“234+X”研究生创新创业教育模式，下面就来详细讲解一下该模式的具体构成。

（一）“2”即两门课程

两门课程指的是“研究生综合素质课程”和“就业指导”。《研究生综合素质课程》是专为研究生开设的提高研究生综合素质的必修课。我院在对该门课程进行教学安排时，除了对学生进行思想政治方面教育的内容外，还邀请了学院内外甚至国内外相关领域的专家，为学生讲解国内外相关领域的创新发展情况、培养科研创新能力的途径等。“研究生综合素质课程”主要是对学生进行创新思维的训练和创新意识的培养，为了提升学生创业意识和创业能力，我们还开设了“就业指导”课程作为补充。“就业指导”课程面向本科生和研究生开设，主要讲解职业生涯规划、简历和面试、创业能力培养和创业相关政策解读等，对于有创业意愿的学生，我们都会鼓励他们参加该门课程学习。“就业指导”与“研究生综合素质课程”两门课程各有侧重，相互补充，对培养研究生的创新创业意识和能力起到了很好的启蒙作用。

（二）“3”即三个平台

仅仅依靠两门课程，还不能满足培养研究生创新创业能力的要求，我们学院还搭建了三个平台，即创新创业沙龙、学术性社团、孵化基地。所谓创新创业沙龙，就是在固定的时间和固定的地点，邀请学院老师或者在创新创业方面做得比较好的学生、校友等，与研究生一起座谈；或者邀请不同课题组、研究方向甚至不同专业的同学一起聊天，以期碰撞出思维的火花。学院有19个学术性社团，绝大多数研究生都进入了学术性社团，但是目前社团的活动比较单一，本课题想把学术性社团的功能真正发挥出来。本课题的孵化基地，涵盖的范围比较广，并不单指学生有创业的点子，利用学校的创新创业基地做企业，也指学生有新的创意、研究或实验的思路或方法，帮助其搭建平台。

（三）“4”即“科研导师＋辅导员＋企业导师＋创业导师”等四个主体导师队伍

在研究生创新创业教育这一浩大工程中，导师的力量不容忽视。研究生在学习期间接受影响最大的，应该就是他们的导师了。学院对导师提出了重视研究生创新创业能力培养的明确要求，在全院大会或者教研室开会时，会提醒导师们在指导学生时，有意识地培养研究生创新创业能力。研究生辅导员是除科研导师外与研究生接触最多的老师，在平时交流或者年级大会时，研究生辅导员都会有意讲授创新创业方面的知识，或者负责一些研究生创新创业相关活动的通知和组织，这些在研究生创新创业教育中也起到了非常重要的桥梁作用。如前面所说，由于高校讲授创新创业的老师一直都在学校里，缺乏实战经验，因此学院引入企业导师和创业导师，将具有管理运营企业实战经验的企业家或者热心研究生创新创业教育的企业界校友邀请到学院，或请他们给研究生开专场讲座，或利用前面三个平台，让有创业意愿的研究生与他们对接，请他们指导研究生的创新创业活动，或让研究生参与他们的一些创新创业活动。通过“科研导师＋辅导员＋企业导师＋创业导师”四个主体导师队伍，实现了校内外、理论与实践的全方位教育覆盖。

（四）“X”即个性化教育

对研究生进行创新创业教育，并不是要把每一位学生都培养成为企业家，而是希望创新的意识能够深入每一位学生的心里，使他们的创业能力得到培养和提升，不管是岗位创业还是自己做老板的创业，都能应对自如。由于每一个研究生的个体情况不同，他们对自己的职业生涯规划也不一样，因此，我们在对研究生进行创新创业教育时，应结合共性化教育和个性化教育，针对不同学生制订不同的培训计划或给予不同的指导。

四、结语

“234＋X”研究生创新创业教育模式，一方面实现了理论与实践的结合，利用目前学院已经开设的“研究生综合素质”和“就业指导”两门课程，以课堂教学的方式，将创新创业理论传授给学生。由于单纯的课堂教学比较局限，学院还搭建了三个平台：创新创业沙龙、学术性社团、孵化基地，将理论和实践相结合，使学生更容易接受和愿意参与。另一方面将普遍性与个性相结合，“234”囊括的两门课程、三个平台、四个主体导师队伍，是广撒网式的普遍化教育，而“X”则是个性化的定制式教育，“234＋X”的创新创业教育模式将粗放式教育与精准教育结合起来，有效地促进了研究生的创新创业教育。同时，本模式既能将对研究生创新创业教育提供支持的各方面力量整合起来，也能够通过整合研究的过程，探索更加合理有效的研究生创新创业教育途径，为我国研究生创新创业教育的发展提供有益借鉴。

参考文献：

[1] 何元琴，谷春蕊. 研究生创新创业教育的现实困境与路径选择——基于江西5所高校的创新创业教育问卷调查分析［J］. 广西青年干部学院学报，2018，10（5）：14－18.

[2] 高福和，金鑫. 研究生创业教育影响因素研究［J］. 科技创业月，2017（24）：22－24.

[3] 陶峻. 基于创新创业导向的研究生培养机制研究［J］. 吉林广播电视大学学报，2018，203（11）：25－26.

研究生创业者的创业能力培养研究

姜丹蓉[1]　李　宜[2]

（1 四川大学生命科学学院　四川成都　610065；

2 四川大学高分子科学与工程学院　四川成都　610065）

摘　要：创新创业浪潮的涌动促进了研究生创新创业能力的提升，使之成为带动经济高效发展和产业结构升级的中坚力量，成为深化高等教育改革的目标，也成为建设创新型国家的需要。研究生创业不仅仅是一项市场行为或商业活动，更是一项复杂的社会系统工程。研究生将创业意向付诸实施，从某项创意或技术发展为成熟的商业项目至创办企业，实现良性经营，创造社会价值，与社会经济发生良性互动，对经济发展、社会进步、国家富强都具有重大的现实意义。因此，增强研究生创新创业能力，营造成熟良好的创业环境，提升研究生创业成功率，是政府、高校和社会的战略任务和系统工程。

关键词：研究生创业者；创业能力；培养路径

我国创业浪潮始于改革开放，在第一波以社会相对边缘人为主要创业者、第二波以体制内“下海”人为主要创业者、第三波互联网创业的浪潮过后，我们迎来了“大众创业、万众创新”的时代。创新驱动创业，创业带动就业成为“新常态”下的“新引擎”。创业在推动经济发展的同时，还辐射和带动了相关产业的发展，为社会提供了大量的就业岗位，加速了我国城市化的进程，为维持国家经济高速发展做出了巨大贡献。在众多创业群体中，高校研究生以知识与能力的优势，成为最值得期待的创业主体。研究生创业既是教育体制改革和高新技术产业跨越式发展的动力源，也是繁荣社会主义市场经济和加速我国经济发展的动力源。研究生创业不仅可以解决自身的就业问题，而且能提供更多的就业机会。在国家、地方政府和高校出台各项支持政策的推动下和创业成功案例的吸引下，越来越多的研究生创业者和创业团队投身自主创业的大潮。

一、研究生创业者和创业团队

随着创业教育实践的深入发展，我国创业生态系统逐渐形成并日趋完善，越来越多的研究生选择了自主创业之路。研究生创业者，是由在校研究生和刚走出校园的毕业研究生为创业主体的特殊群体，他们有着丰富的知识储备和旺盛的创造力，在“大众创业、万众创新”的政策背景下，研究生创业者依托其知识与能力的优势，识别和把握创业机会，获取并整合创业资源，主导和推动创业活动的发展，在创业过程中努力创造价值，为企业成长、经济发展和社会进步做出了贡献。

在实践中，团队创业比个体创业有更多的优势，所以绝大多数创业是通过团队来完成的。大量研究表明，创业团队在开创新企业的过程中起着关键作用。在一个企业创建的头几年里，一般都由创业团队来支撑（朱仁宏，2012）。团队创业也是研究生自主创业的主要模式。研究生创业团队是由两个及两个以上的研究生创业者组成的，因为共同的创业理念和共同的价值追求走到一起，愿意共同承担风险、共享收益，追求创业目标的实现而形成正式或非正式组织。研究生创业团队的成员具有相似的教育背景和经历，又拥有不同学科的知识和资源，在集体创业的过程中能形成有效的互补和协同。这种优势互补、资源共享和网络协同不但能够产生巨大的范围经济效应、乘数放大效应以及能量层级效应，还能有效地规避创业风险。而团队中的研究生成员头脑灵活、思维活跃、具有强烈的创新意识和自我实现意识，同时具有较强的学习能力和接受新鲜事物的能力，使得组织中知识获取、知识扩散、知识利用和知识创新呈现出其他组织无法比拟的高效性，也使得团队成员的创业能力和创业素质得到迅速提高，并对创业绩效发挥持续的影响。

二、研究生创业者的能力模型

创业能力是把知识、技能和科研成果转化成现实生产力的能力，具有实践性、创造性和综合性。尽管从历史上看，某些成功的创业者身上存在着几乎无法复制的特质和天赋，但关于创业能力的研究表明，创业能力是与个性特征和心理倾向紧密结合的，是知识、技能、经验概括后形成的，是基于后天的学习和实践习得的。而且，大量的事实证明绝大多数成功的创业者是具有创业潜质的人通过接受教育而成功的，具有良好教育背景的创业者比那些未受过良好教育的人更容易获得成功。研究生创业者的创业能力应以自我管理能力、组织领导能力、技术创新能力和市场把握能力四个要素为中心进行构建（高树昱，2013）。这四个要素基本涵盖了研究生创业者及团队创业能力所需要涵盖的主要内容，并具有一定的拓展性，经过细小修改，可以应用于其他对象。

（一）自我管理能力

每个卓越的领导者都具有优秀的自我管理能力。没有自我管理能力的人，即使有再强的天赋也不能成功。研究生创业者的自我管理能力首先表现为创业意愿，在学业、就业及创业风险等不确定因素的压力下，研究生往往举棋不定。创业意愿形成创业动机，有了创业意愿，创业活动才得以延续。其次表现为自我激励，具有创业意愿的创业者在遭遇创业困境时，只有发挥强大的自我激励能力，才能使创业活动继续进行；创业者具有强大的自我激励能力，才能在不确定带来的压力下面向好的结果和可能性，去激励自己的创业行动。再次表现为风险偏好，研究生创业者的风险倾向呈现出很大差异，因此提升研究生创业者风险承担能力，将极大地提升大学生创业者的创业动机。此外，研究生创业者在没有成功保障的前提下，为初创企业的创建与成长投入大量的时间、资金、技能、经验等，体现了创业者对企业的承诺、责任和义务，也是研究生创业者自我管理能力的体现。职业道德方面的自我管理则要求研究生创业者具备忘我工作的奉献精神，勇于拼搏的进取精神，接受新知识、新信息的开放态度以及对社会和时代的责任感。

（二）组织领导能力

处于组织发展初始阶段的创业企业、创业者或创业团队大多会负责主要运作和战略决策，有可能做出大多数决策，几乎能管理每一件事，创业者指引组织方向，决策组织战略，执行战略决策。研究生创业者的组织领导能力首先表现在组建一个高效创业团队的能力，这直接关系到创业企业的成败。研究生创业团队大多存在团队成员缺乏信任与协调、个人目标难以与团队目标保持一致、团队成员间沟通不顺畅等问题，因此要组建一支高效的研究生创业团队，不仅需要各自拥有技术、销售、管理等方面的技能特长作为公司无形资源的创业团队成员，还需要拥有共同的愿景，达成统一的目标，形成良好的沟通机制和团队精神。其次表现为研究生创业团队的激励，激励是一项重要的能力，也是一项极具挑战性的工作，除了物质激励，工作的支持和关怀等精神激励更加不可或缺。最后，与其他创业者相比，研究生创业者具有更强的自我意识，对自己的主张和见解更加自信，这往往使其不容易接受其他人的观点，因此，创业远景与共同信念是研究生创业者组建创业团队的基石，研究生创业者必须认同一套能够凝聚人心的远景与经营理念，形成团队成员之间共同的目标、语言、文化，作为互信与利益分享的基础，最终使创业团队成为一个生命与利益共同体的组织。

（三）技术创新能力

技术创新能力是研究生创业者将技术进行商业化最为核心的能力，也是研究生创业者区别于其他创业者的重要标志。研究生创业有三种主要形式，一是紧贴特色鲜明的现代产业，依靠在校期间对科学工程技术等方面的学习和研究而进行的科研技术型创业；二是面向文化产业发展和社会需求，依托在校期间对文化艺术创意方面的学习和研究而进行的文化创意类创业；三是面向社会服务需求，依托在校期间语言、法律、经济等各方面学习和研究而进行的服务型创业。无论是科研技术型创业、文化创意类创业，还是服务型创业，都需要创业者将特定的知识和技术资源投入创业活动转化为创业产出，因此保持技术创新是研究生创业企业商业行为的核心和关键。对行业技术发展的前瞻性是建立在对行业和技术深入了解的基础上的，研究生创业者及团队普遍缺乏社会经验，即使掌握着技术的发展状况，也缺乏对行业的全面认识，因此培养研究生创业者及团队对技术行业发展的分析能力和判断能力，形成对行业技术发展的前瞻性、先导性和探索性，是企业可持续发展以及高新技术更新换代和未来产业发展的重要基础。此外，研究生创业者及团队还必须认识到产品竞争力对创新企业的驱动作用，注重培养并掌握产品技术创新能力。

（四）市场把握能力

创业从本质上而言，是指敏锐地识别市场中的商业机会，有效地组织各项资源要素，最终通过提供商品和服务的方式实现营利。市场把握能力首先表现为商业机会识别能力，研究生创业者在校深入学习前沿科学技术知识的过程中，能否敏锐地发现能够创造价值或有利于自身发展的创业机会，是决定其创业成功与否的关键因素。其次，研究生的优势在于理论知识的丰富，劣势在于实践经验的匮乏，在接受高等教育的过程中，研究生积累了丰富的理论经验和前沿的知识技术，但是在识别出商业机会之后，将商业机会进行开发，将知识技术转化成满足市场需求的产品服务，才是创业活动得以继续开展的重要保障，商业机会开发能力是将识别出的市场机会予以实现的能力。此外，市场需求分析能力是研究生创业者及团队亟待提升的一种市场能力，研究生创业者及团队受到自身年龄经验的限制，难以对社会环境、市场趋势、经济因素、消费行为等方面信息进行全面的搜集和精准的判断。市场营销能力则是研究生创业者及团队通过系统的学习，积累起利用内外资源满足目标市场消费者的需求以实现自身生存和持续发展的能力。同时，财务、公共关系和法律事务处理能力虽然并不需要研究生创业者及团队具备完整的专业知识，但需要研究生创业者具备介入、适应、控制以及协调的能力。

三、研究生创业者的能力培养路径

研究生创新创业能力培养的关键在于创业教育的顶层设计和路径选择。研究生创新创业素质的提升是国家实施创新战略和经济社会转型发展的客观需要，是一项复杂的社会系统工程。政府、高校、企业、风投机构、行业协会、家庭等都是当前我国研究生创业能力发展资源的重要投放主体。研究生创业能力的培养与提升不仅需要研究生自身转变认识，主动提升自身的能力与素质，也需要各主体协调配合，共同促进，逐步建立完善成熟的研究生创业能力协同培养机制。在此，我们主要从政府、高校和创业者个人三个视角提出创业者能力培养的路径。

（一）政府是研究生创业活动的推动者、引领者、设计者和构筑者

我国各级政府为了推动大学生创业的发展，制定和颁布了大

量的政策规范，出台了一系列大学生创业优惠措施，大学生创业的政策环境得到了较大提升。尽管在政府的努力下，已初步形成了大学生创业政策支持系统，但系统仍然需要在整体设计、执行效率和保障措施上进行改进和完善，以整合多方资源，聚集多种力量共同推动大学生创业活动的开展。特别是目前的大学生创业政策支持系统，对大学生创业企业初期建设的支持力度较大，但是对创业活动的可持续开展关注不够，对创业企业的跟踪帮扶需要进一步加强（叶映华，2011）。因此，研究生创业政策支持系统还需在制度设计的整体性、政策执行的效率等方面进行进一步强化和提升。此外，还需加强资金支持力度，拓展多元化融资渠道；完善法律法规政策，维护研究生创业权益；营造创业文化环境，引导研究生树立正确的创业观。

（二）高校是研究生创业支持系统的重要实施者，是研究生创新创业能力培养的主平台

近年来，在政府的有力推动和高校的普遍重视下，我国高校的创业教育飞速发展，取得了优异的成果，培养了一大批优秀的研究生创业者投身创业大潮。各高校在开展创新创业教育的过程中，逐渐形成了多种多样、各具特色的多元化教育类型。高校在学生创业支持系统中发挥了巨大的作用，培养了很多具备创业意识、创业精神和创业基本素质的研究生创业者，孵化出很多解决实际问题、满足市场需求的创业项目，但不可否认，高校在推动研究生创新创业方面还有很大的发挥空间。

首先，高校应进一步明确创业能力培养目标与培养计划，不仅要培养研究生的专业素养，还要培养与创业相关的商业管理和技术管理能力，更要培养研究生的沟通交流能力与领导能力、团队合作能力。其次，高校应注重研究生前沿或尖端科技知识的学习。研究生创业者区别于其他创业者的重要特征就是把对自然科学和社会科学的学习、研究与实践应用在开发与生产中，使其推

动经济的发展和社会的进步。第三，高校应改革创业课程体系，强化创业师资建设。课程学习是提高创业能力的重要载体，完善创业课程体系，开发开设具备系统性与逻辑性的创业课程，并定制个性化的培养模式。此外，高校应激励导师参与创业实践，支持和鼓励导师的实践教学成果向创业转化，并根据需要组建跨学科的教学团队，同时加强创业教育专业师资团队的建设（赵金华，2014）；高校应培育浓郁的创业教育外围环境，为广大研究生建立专业的促进创业发展的交流空间和支持平台；应通过各种讲座活动、研讨交流、电子杂志、网站以及针对团体的咨询辅导等多元化的途径，为研究生提供全方位的教育、指导和服务；应整合创业教育资源搭建创业互动平台，关注自身与政府、企业、社区及企业家、校友会之间的互动，相互建立联系并保持良好的关系，共同关注创业教育的发展，形成高校良好的创业教育环境。

（三）研究生自身是知识创新和引领创新创业活动的中坚力量

在政府与高校的支持下，研究生创业者自身更应当顺应时代趋势，转变就业和择业观念，树立起正确的创业意识，增强自身科学技术创新和创业实践能力，在培养自身创新创业能力和进行创新创业活动中发挥主观能动性（林怡，2017）。在研究生个人层面，市场为其提供了更加多元化的就业选择，相较于其他就业选择，创业本身是一项高风险、高成本的活动，研究生自身所拥有的创业资源比较匮乏，这影响了他们将创业活动付诸实践。因此研究生创业者应当顺势而为，利用先进的知识和技术武装自己，将新型的生产关系和生产工具运用到创业实践中。除此以外，研究生应当注重形成自身多维度能力结构，以科学技术创新能力作为创业的特色与核心竞争力，以优秀的自我管理能力、团队组织能力和市场把控能力作为必备素质，为创业行为和创业活动的开展奠基坚实的基础。

参考文献：

[1] 朱仁宏．创业团队研究述评与展望［J］．外国经济与管理，2012（11）：11－18.
[2] 高树昱．工程科技人才的创业能力培养机制研究［D］．杭州：浙江大学，2013.
[3] 叶映华．大学生创业政策的困境及其转型［J］．教育发展研究，2011（01）.
[4] 赵金华．基于科技创新的我国理工院校创业教育［D］．南京：南京师范大学，2014.
[5] 林怡．大学生创业竞争力的提高［J］．今日财富，2017（5）：86－87.

基于专业素养+创新创业能力的医学拔尖人才培育模式探索与实践*

伍 艳 万学红 王星月

（四川大学华西临床医学院研究生部 四川成都 610041）

摘 要： 医学研究生教育对我国医疗卫生行业服务质量的改善和学科水平的提升有着重要而深远的影响，其中创新创业教育是改善医疗资源不平衡、不充分矛盾的重要途径。本文通过剖析新时代拔尖医学人才培养目标，梳理了医学人才培养教育中存在的问题，提出构建基于专业素养+创新创业能力的医学拔尖人才培育新模式，从转变教育理念模式、完善培养体系、提升创新能力水平等环节开展探索与实践，将创新创业教育思想和行动渗透并贯穿医学教育的全过程，以期培养具有坚定理想信念、扎实专业知识和实践技能、卓越创新创业能力、宽广国际视野的新时代复合型医学拔尖人才。

关键词： 拔尖人才；专业素养；创新创业；医学人才培养

全国高校思想政治工作会明确了高校思想政治工作关系到培养什么样的人、如何培养人、为谁培养人的教育根本问题。研究型大学的中心任务及核心使命就是培养国家和民族需要的高层次

---

* 本文系“基于德尔菲法构建四川省临床医学博士研究生就业质量评价体系”19RKX0520－2019 年第一批省级科技计划——科技创新基地（平台）和人才项目课题。

人才。教育部高等教育司在2018年工作要点中提出全面实施“六卓越一拔尖”人才培养计划2.0版，为教育界未来工作重点指明方向。医学教育承担着培养国家医药卫生事业发展所需的高级专门人才的重任，现代医疗模式经历了从经验医学到循证医学的发展，再演变到当今精准医学的变革，医学生培养需契合新时代发展需要，与社会的需求相契合（杨慧，2015）。本文拟分析国家拔尖医学人才培养目标，找出医学人才培养教育中存在的问题，探索建立基于专业素养+创新创业能力的医学拔尖人才培育途径，助力医学高层次人才培养。

一、拔尖医学人才培养目标

教卫两部一同出台了《关于实施临床医学教育综合改革的若干意见》《关于实施卓越医生教育培养计划的意见》，为医学教育改革做了顶层设计。2015年国务院出台了《统筹推进世界一流大学和一流学科建设总体方案》，并指出统筹推进双一流学科建设，创新驱动是高等教育顺应世界发展的“中国战略”，驱动核心是人才驱动，实施创新驱动发展必须有创新型人才。拔尖医学人才的标准是具有坚定理想信念、扎实专业知识和实践技能、卓越创新创业能力、宽广国际视野的新时代医学复合型人才（姜慧杰，2017）。

二、医学人才培养教育中存在的问题

（一）日益扩大的医学研究生规模与当下不完善的培养体制之间的矛盾

20世纪初研究生开始扩招，年均增幅约20%，医学研究生教育规模增幅占据前三，教学质量却未紧密跟上。国家医学考试中心数据显示：2011年至2015年，全国137所院校临床专业学生的国家执业医师资格考试通过率存在较大差异，一次性通过执业医师资格考试率为 64.42%，最高可达 93.37%，而最低为 24.56%。每年参加执业助理医师资格考试专科临床医学专业的年招收人数达到 6.5 万余人，比本科临床医学专业的招生人数少 2 万人，该类学生首次参加执业助理医师资格考试平均通过率仅为 25.86%，通过率为本科临床医学专业的 40%（潘晨，2016）。医学水平可以反映出一个国家建立全生命周期健康服务的综合科技水平，而医学科学的发展要靠培养的医学人才去推动和创新。

当下医学人才教育主流方式为“5+3+3”（本科+硕士+博士）模式、本硕博八年制和“5+X”（住院医师规范化培训），培养模式分为学术型和专业型，招录的主要方式为应试选拔，单一的考核体制限制了创新人才的发挥，学术型医学人才生源质量待优化，专业型医学人才培养模式仍要探索（段丽萍，2017）。目前大多数医学院校认识格局还不够，对医学研究生培养存在“重临床轻科研，重创新轻创业”的错误认识，表现为管理机制和体系的不健全，研究生理论和实习教学方式仍以传统灌注式或填鸭式教学模式为主，而且集中医学知识与内容的讲解和传授，医学生的逻辑思维能力、解决问题的能力和创新创业的能力得不到有效锻炼，难以满足新时代拔尖医学创新人才的培养（张玉辉，2015）。此外，毕业后教育和培训制度尚不完善，各地政策落实程度不一，区域或基地间人才培养质量差异明显。部分医学院校盲目扩招，入学与毕业标准、师资队伍建设水平较低，教学实践质量较低，办学保障不足，难以满足人民群众日益增长的健康高需求，成为制约医学事业发展的“瓶颈”问题。

（二）创新创业人才培养的高目标与相对落后的创新创业教育现状存在矛盾

自 20 世纪 50 年代起，美国一些高校积极探索和实践对学生的创业教育。1947 年，哈佛大学商学院将创业教育纳入课程。1983 年，美国奥斯汀得州大学组织首届大学生创业竞赛，正式拉开创新创业教育帷幕（陈文仪，2016）。我国创新创业教育起步相对较晚，2002 年，教育部批准清华大学等 9 所大学作为创业教育试点院校。近年“大众创业、万众创新”成为时代声音，国务院、教育部等先后出台鼓励和支持创新创业相关文件，并将之纳入“十三五”教育教学改革的重点工作。2016 年，四川大学入选国家首批双创示范基地，深化高等教育教学改革，引导学生服务于创新型国家建设，培养学生创新精神和实践能力（刘孝利，2016）。对医学研究生而言，他们除了需要掌握扎实的专业知识和临床技能外，还需要合理规划，将这种知识储备转化成创新精神、意识和能力（万学红，2017）。

根据一项对医学生创业意向及现状研究调查（蔡珍珍，2017）：目前国内高校普遍陷入学生创业意愿有余但思维创新不足的困境，39％的医学生认为自身不适合创业，通过进一步分析创业困难的原因，其中 78％将之归因于缺乏创新创业经验和启动资金。在高校创新创业人才培养中，影响创新创业人才评价的主要标准包括专业知识、能力素养、创新创业意愿等，但目前高校缺乏针对创新创业教育教学质量的评价体系，也很难综合评价这几个维度，创新创业人才培养的高目标与教育现状之间的矛盾日趋激化。

三、基于专业素养+创新创业能力的医学拔尖人才培育模式的探索与实践

基于专业素养+创新创业能力的医学拔尖人才培育模式，通过建立拔尖医学创新人才培养新格局，制定出分层分类的培养目标、培养计划、设计创新教育教学内容、设置匹配的教学方法并形成拔尖创新人才的评价考核体系（于兆国，2017；张喆，2013），全面提升医学生职业胜任力、批判性思维和创新能力，实现“授课式—形成式—转化式”教育的过程转变，从死记硬背

式的学习转化为整合信息，在团队协作和平台资源中获取创新的核心能力。

（一）转变教育理念，建立以专业为基础科研为主导、科研临床相结合的培养模式

当前高等教育的课堂教学普遍模式仍然为灌输式教育（向琳，2014），四川大学早在2011年就启动了全面推进启发式讲授、互动式交流、“探究式—小班化”讨论的课堂教学改革，为教学育人寻找突破口，建立和实施“非标答案考试、打破60分及格线”的课堂教学评价体系。医学院课程教学除了介绍相关疾病的基础知识外，还采用了虚拟现实（VR）和增强现实（AR）技术进行解剖等人体教学以及以问题为基础（Problem-based Learning，PBL）、以团队为基础的学习（Term-based Learning，TBL）、以案例为基础的学习（Case-based Learning，CBL）等多种教学方法，提高学生学习的兴趣和主观能动性，进而提高学生分析和解决问题的能力（安毅莉，2016）。在课程设置中，学生有最大化的自由选择，可以在必修课的基础上根据兴趣爱好来选择选修课，此外学生还可以参加时政解读、医学人文、生命科学、创新创业等方面的综合素质课程。当前在我国医学生教育中普遍存在“重书本知识，轻科研能力”的现象，医学院在20世纪就要求学生进行英语能力的锤炼和文献阅读的培养，倡导早进实验室、早进课题组、早进科研团队的“三进”制度。依托国家重点实验室等资源和开发式科研平台，邀请院士、长江学者、四青人才（青年千人、青年长江、青年拔尖、优青基金获得者）为医学生讲解最前沿的技术和方法，培养学生科研创新意识、强化科研思维，提升转化能力。医学研究生第一作者SCI的发表占了全院总论文数的60%以上，在全国医学高校位居前列。此外，医学研究生除了完成基础的科学研究以外，还要每周上门诊，每个季度进临床，可以针对临床问题开展基础研究，同时将基础研

究的成果“转化”为实际临床患者的疾病预防、诊疗预后的评估，实现从“实验室到床边”的转化与从“床边到实验室”的良性循环。

（二）完善培养体系，精益构建创新创业能力，推行开阔视野的国际化培养方式改革

强化医学生分类培养和个性化指导，构建高层次、多类型的研究生培养新模式和体系，将创新意识、创业能力的培养贯穿医学教育全周期（夏欧东，2016；王占仁，2016）。引进国内外优质教育资源，完善课程体系。在课程建设上，依托与国外高校的合作，坚持“高水平、国际化、硕博贯通”的标准，采用线上线下相结合的混合式教学，分层分类设置课程，集中开设双语教学课程和创新创业课程，开阔学生的国际视野，嵌合优化必修课程、综合素质教育课程、专业课程、实践性教学环节课程。教学过程强调教与学双方深度互动、保护教师的教学热情，激发学生的好奇心和主动学习热情，提升学习能力和解决问题的能力。

开阔学生的国际视野，培养具备国际竞争能力的高端医学人才，应积极搭建平台加大国际合作与交流，多渠道统筹研究生教育经费，设立医学生专项科研创新基金项目，本硕博贯通积累与转换创新创业学分制度，建立创业专项弹性学制。加强医学生社会实践、双创指导为龙头的第二课堂建设，结合学科专业实际，依托大学科技园、大学生创业园、创业孵化基地和小微企业创业基地等，建设学生校外实践教育基地；成立学生创新创业协会，创业俱乐部等，导师智库帮助学生寻找机会与组建团队，加强研究生实践和胜任力的培养，提高研究生的综合素质，合理使用人才形成性评价和终结性评价。自2007年起至今，学院共有300多位研究生参加了国家建设高水平大学公派留学CSC项目，先后赴哈佛、耶鲁、斯坦福、麻省理工、剑桥、牛津等世界名校进行联合培养或学术访问，与国际高水平院校建立稳定的合作关

系，拓展了国际合作培养医学生的资源，为学生国际化视野的开阔提供了良好的平台。

（三）以创新竞赛为抓手，培养学生创新精神，强化创业意识，提升创新创业综合能力

互联网+、物联网、大数据、深度学习、云计算、人工智能等新兴技术的蓬勃开展已经对传统医疗模式产生了深刻的影响（丛明，2017；刘健，2016）。兴趣是最好的老师，是学生学习创新的强大推动力，教师合理引导学生在实践中亲身体验和认识学习创新思维和创新能力的重要性。加强高校创新创业师资培养与管理，配齐配强创新创业教育与创新创业指导教师团队，形成建立创新创业教育考核机制，积极引导医学生在临床工作和社会实践中发现问题、思考问题、解决问题。

笔者团队经过多年探索和实践，构建了基于专业素养提升和创新创业能力提高的医学拔尖人才培育模式的探索与实践，取得了学生创新创业教育系列成果，为学生创新创业能力的提高起到了积极的推动作用。中国“互联网+”大学生创新创业大赛和研究生创新实践系列大赛被誉为中国大学生/研究生最高规格、最具权威、最有影响的顶级创新创业实践赛事。医学研究生在学校的支持以及导师的指导下，在这两项顶级赛事中取得了全国最好成绩，连续四年斩获中国“互联网+”大学生创新创业大赛总决赛全国金奖，累计 7 枚金奖；连续两年荣获研究生智慧城市技术与创意设计大赛全国第一名，学生的创新意识、创业能力得到了极大的发挥与展示。这一成果的取得与专业培养+能力提升协同育人保障体系密不可分。建立以学术思想交流、科研能力探索与培养、创新创业能力提升、综合素质打造的学术型社团，举办“互联网+智慧城市”总结分享会，同时给予大赛配套奖金奖励支持。定期邀请校内外导师举行创新创业训练营，不仅面向大学生群体，同时也面向研究生导师、青年教师群体，建立参加国内

外各类学术科技创新赛事的项目库和人才库，出台相应的政策大力支持和资助医学生积极参与“双创活动”，依托专业领域的沉淀，整合各级资源发挥多学科交叉优势，激发大学生创新创业意识，提升大学生的创新创业综合能力，推动科学研究转化。建立适宜的创新创业教育工作机制，专人负责定期研究相关工作，促进成果落地转化，让优秀项目不断茁壮成长，让众多创新成果捏合成引领时代发展的重大创制成果。

四、医学拔尖人才培育的实践与总结

人才培养是高等教育的根本与核心，高校作为创新创业高端人才培养的主阵地，构建适宜的创新创业能力培养体系，培养出更多具有创新精神、创业意识和创新创业能力的供给侧人才，为人民群众实现全生命周期的健康战略服务（周祖翼，2013）。拔尖创新人才是新时代的启蒙者、发明者、创造者、开拓者，对思想教育、技术革新、产业开拓提供源动力，无论从国家战略、高校发展内生动力角度，还是在青年学子实现个人价值层面都具有现实紧迫意义（刘延东，2015）。充分利用高校课程主阵地开展创新创业教育，利用科研临床实践和创新创业训练的资源优势提升医学生创新创业能力，积极探索新时代医学生人才成长规律，在培养方案个性化、教学方法多样化、学生管理科学化、创新创业多元化等方面进行全方位的探索和改革，在实践中创新，在创新中发展，不断培养和提高医学生的专业素养和创新实践能力，培养具有新时代核心竞争力的医学拔尖人才。

参考文献：

［1］安毅莉，赵伊昕，张梦华．PBL，LBL 及 PBL+LBL 教学法在医学教育中的优劣［J］．医学教育研究与实践，2016，24（2）：275－277．
［2］蔡珍珍，刘欢，郜莹．医学生创业意向及现状研究［J］．科技创新导

报，2017（8）.

［3］陈文仪，崔华欠，李雨．从美国医学研究生招生角度探讨我国医学研究生招生制度［J］．中国高等医学教育，2016（6）：121－122.

［4］丛明，寇福生，王诗白．“互联网＋”背景下的研究生创新创业能力培养研究与实践［J］．时代教育，2017（5）.

［5］段丽萍，李晨曦，罗希．医学研究生教育结构分析与发展规律研究［J］．中国学位与研究生教育，2017.12.

［6］国务院办公厅关于深化高等学校创新创业教育改革的实施意见［Z］．中华人民共和国国务院公报，2015（15）.

［7］姜慧杰，姜昊，李鑫．医学研究生拔尖创新人才培养新思路［J］．中国继续医学教育，2017，9（2）：45－47.

［8］刘健．“互联网＋”时代下的民办高校大学生创业能力培养探索［J］．求知导刊，2016，（5）.

［9］刘孝利，吕弋．四川大学吴玉章学院拔尖创新型学生能力培养初探［J］.高等教育发展研究，2016（1）：11－14.

［10］刘延东．深入推进创新创业教育改革培养大众创业万众创新生力军［N］．中国教育报，2015－10－26.

［11］梅伟惠，孟莹．中国高校创新创业教育：政府、高校和社会的角色定位与行动策略［J］．高等教育研究，2016（8）.

［12］潘晨，刘莹，蔡红星．医学教育认证背景下学生评价改革初探［J］．医学教育研究与实践，2016，24（1）：30－31.

［13］万学红．全球医学卫生教育专家委员会 21 世纪医学教育展望报告的启示［J］．中国循证医学杂质，2017（3）.

［14］王占仁．中国高校创新创业教育的学科化特性与发展取向研究［J］．教育研究，2016（3）.

［15］夏欧东，郑玮，余杨．“CDPS”医学生创新教育模式的探索与实践［J］．高教探索，2016（4）.

［16］向琳，刘瑶．从我校实施创新人才培养综合计划看医学教育改革［J］.高等教育发展研究，2014：21－23.

［17］杨慧，陈昊，李婧辰．医学生创新思维培养的探讨［J］．基础医学教育，2015（9）：835－837.

［18］于兆国．高职学生创新创业能力融合培养模式探析［J］．黄河水利职业技术学院学报，2017，29（3）：65－68.

［19］张喆，陈明伟，钟照华．加强基础七年制临床教学管理，培养医学拔尖人才［J］．基础医学教育，2013，15（7）：738－740.

［20］张玉辉．创业能力培养的系统解析［J］．科技创业，2015（20）.

［21］周祖翼．加强创新创业，提高人才培养质量［J］．中国高等教育，2013（8）.

工科研究生社团管理的创新途径研究

——以电子类专业研究生为例

李军华

（四川大学电子信息学院　四川成都　610064）

摘　要： 研究生社团位于大学生社团中一个较高的层次，以电子类专业为代表的工科研究生社团的主要特点是独立开展工作能力强，社团成员的执行能力和目的性突出。目前，以电子类专业为代表的工科研究生社团工作仍存在一些问题，如组织活动的层次不高、活动组织形式创新性不足、科研任务和社团活动有冲突、参与活动的人数不多、社团组织建设缺乏、凝聚力不强等。所以，工科类研究生社团管理创新要从学生干部的选拔、创新社团组织文化建设、完善奖励机制等方面进行深入。

关键词： 工科研究生；社团管理；创新

近年来各高校研究生招生规模扩大，在校研究生数量逐渐增多，电子类专业研究生的组织构成主要以实验室为单位，社团和班级组织能力和功能相对弱化。因此，对以研究生会为代表的电子类专业研究生社团管理需要新的探索、新的尝试。

一、强化研究生社团管理的价值

高校研究生社团是学生群体根据自身兴趣爱好、学科特点或社会企业资助等因素自发组建的非营利性组织，内容涉及广泛，目的性强，组织架构相对简单有效。在我们的高等教育进入新时期的背景下，研究生社团建设也呈现出百花齐放、欣欣向荣的景象。目前几乎所有高校的研究生社团都成为仅次于课堂教学和实验室科研之外的第三重要组织形式，对研究生和学校之间、研究生相互之间的交流沟通起到了良好的促进作用。

加强研究生社团建设是贯彻和落实教育兴国、实现中国梦的重要举措。在我国教育事业新的发展形势下，研究生社团能够成为促进研究生全面发展的平台，有效促进各个学科之间的交叉，为学生之间思想的碰撞提供一个理想的“空间”。同时，研究生社团也能够帮助研究生明确自身的发展目标，为自己的职业发展做出合理规划。加强研究生社团建设是影响我国教育兴国、教育强国战略的具体措施，有利于提高我国的核心竞争力，改变核心科技卡脖子的现状，为我国的科研事业注入新鲜的活力，增强我国的综合实力（余璐，2016）。

二、电子类研究生社团现状

随着我国高等教育改革的推进，研究生数量不断增加，促使各个高校管理层更加重视研究生社团建设。在当前的国际形势下，国家对电子类产业和人才培养很重视，电子类研究生的招生规模也在逐步增加，人才培养的体系也变得更加完善。电子类研究生建立起适合自身发展的社团组织，其形式和内容也在不断朝着科学化、创新科研化、学术性的方向发展，如研究生 SCI 论坛、中兴俱乐部等（北京大学“学生社团组织与学生成长成才的关系研究”课题组，2009）。随着近几年中共中央、教育部、团中央对创新创业的提倡，电子类研究生组建社团时又有一些新的变化：更加注重吸引经济和管理方向的同学进入社团，更加注重邀请知名企业人事管理人员来参加社团的活动，更加注重收集和整理校友资源；更加注重举办活动的社会效益和实践作用。学校层面也更加注重电子类研究生社团建设，派出专人负责指导研究生社团工作和科技竞赛等。

虽然从中央到高校甚至学院都非常重视电子类研究生社团管理，但是许多以电子类研究生为代表的纯工科研究生社团的管理和组织建设仍然存在一些问题，主要表现在三个方面。

（一）社团组织活动的层次和创新性不足

目前，大部分活动的重心仍停留在传统的文体娱乐方面，内容相对单调，形式相对陈旧，不能完全满足广大电子类研究生多层次多方面的需求。甚至很多活动是为了完成校级组织交给的任务而不得不做的，这样的社团活动不仅不能起到促进社团发展的作用，反而会产生相反的效果。甚至有些活动仍存在拍照写新闻稿的现象。实事求是地讲，电子类研究生的思维偏逻辑性，活动组织形式千篇一律，这也几乎是工科学生组织社团活动的一个通病。

（二）社团活动和实验室冲突时，没有学生参加社团活动

一是相对本科生阶段来说，电子类研究生的学习已经由通识教育转变成专业深度教育，更加注重动手能力和实践能力。电子类研究生的科研实验压力、毕业压力普遍比较大，在实验室的时间甚至超过了上课时间，能够抽出空余时间参加社团活动的确实不多。二是研究生导师更加注重培养学生的业务能力，同时导师自己还面临科研任务的压力。一般情况下导师不鼓励学生从事科研实验之外的工作，甚至很多导师明确表示或者强烈暗示学生退出研究生社团。

（三）社团文化形成困难，成员之间的凝聚力不强

一是我国现行研究生培养仍然是导师制，电子类研究生的科研论文发表、奖学金的评定、毕业条件的满足都完全倚重导师，社团组织无法对成员形成直接约束。二是电子类研究生个人动手能力、自主意识、独立性都很强，再加上社团组织的约束力弱，

导致成员之间的凝聚力不强。

三、电子类研究生社团管理创新途径探索分析

（一）完善研究生社团干部的选拔

研究生社团工作开展得好不好，关键在于社团主要干部的能力和工作热情，电子类研究生更是如此。如果电子类研究生社团主要干部能力强，又有很高的组织活动热情，就能够在社团管理和活动组织时充分发挥他们的创造力和主观能动性。

首先是本科大四保研之后的储干选拔。电子信息学院本科保研工作一般在每年的 10 月份进行，11 月份确定保研去向，保送本校本学院的学生很快就会进入实验室熟悉科研工作。学院研究生会针对保送本校学生进行的研究生社团储干选拔在保研结束之后随即展开，研究生会的学生主动组建 QQ、微信群，联系大四本科辅导员推送储干招新消息，以科研实验室为单位，向保研成功的学生发出社团邀请，邀请他们参加社团的活动，向他们传递社团组织的优良传统、工作规范、组织架构等。同时，学院负责社团工作的老师也提前了解保研学生加入社团的意愿，动员有意愿加入社团的同学参加组织活动，主要社团干部手把手带储干。

其次是坚持“公平、公开、公正”的原则选拔社团主要干部。选拔的形式可以多种多样，电子信息学院研究生社团采用公开竞选。每人有 15 分钟的竞选时间来展示自己的竞选 PPT。邀请负责老师、往届社团成员、研究生各班班长、支部书记、研究生代表担任评委。电子类的学生制作竞选 PPT 的质量能够直接反映他们竞选的热情和工作能力，广泛地邀请评委投票能够了解广大学生的意见和对社团干部的认可度。经过多层次的筛选，选拔出来的干部才能够更好地担任工作。

再次是注重社团干部的仪式感。社团干部是从激烈的竞争中脱颖而出的佼佼者，负责研究生社团工作的老师和管理者要对干

部抱有充分的认可和尊重，举办隆重的任命仪式更能够激发社团干部的使命感和责任心。电子信息学院在招新结束第一次工作例会上会举办隆重的新社团成员就职和往届成员的卸任感谢仪式，向新成员发委任状，向卸任人员赠送纪念品。

（二）加强完善社团组织文化建设

社团组织文化是指一个组织在长期的实践活动中所形成的，组织成员普遍认可和遵循的，具有本组织特色的价值观、团体意识、行为规范和思维模式的总和。它包含物资文化、行为文化、制度文化和精神文化四个层次，其中精神文化是核心价值（魏文斌，2006）。电子信息学院为了加强研究生社团文化建设，从四个方面做了探索。

一是强化以校训为核心的社团精神文化。校训具有普遍的认可度和标识性，能够激发学生的热情和自主性。电子类研究生社团在强化精神文化教育过程中，要求全员参与，全员实践，在锻炼动手和实践能力的同时，社团的精神文化潜移默化地渗透进每个学生的价值观里，形成社团组织的一种无形的图腾。

二是建立公平的行为文化。行为文化是指社团成员在社团工作中的表现，如表达方式、意见接受度、管理风格等内容。电子类研究生社团成员思维逻辑性强，多为性格直爽的男生。学院研究生社团建设注重以身作则的原则，平等、真诚对待每一位社团成员，让社团成为一个可以证明自己的家。

三是建立高效的制度文化。电子类研究生的特点是动手能力强，执行力强，直截了当，不喜欢繁文缛节。学院建设研究生社团文化制度时，坚持实事求是的原则，事事有人负责，过程有人监管，满足以上三个条件，社团工作就可以充分发挥学生和学生干部的主观能动性。

四是紧紧围绕精神文化构建社团的物质文化。社团的旗帜、口号、徽章、活动室等都是社团物质文化的一部分。学院紧紧围绕社团的精神文化为研究生社团指定固定活动室，制作统一的徽章、统一的队旗、相同的活动服装等，激发社团成员的自豪感和归属感。另外，每年每个人都针对自己完成的工作来写总结，并保存在固定的网盘中，以便后来的学生从这些总结中学习管理经验，迅速交接工作，这同样也是对以往的学生一种无形的认可和鼓励。

（三）完善社团管理的奖惩约束机制

从心理学角度来讲，人的心理都是趋利避害的。奖惩机制就是要激发社团成员的动力，使社团成员有一股内在的动力和要求，迸发出积极性、主动性和创造性（戴雪飞，2016）。完善电子类研究生社团奖惩机制需要把握好两个关键点。

一是奖要宽用。我国教育的特点造就了学生的生活圈子主要围绕学校展开。即使是研究生也很少能够深入了解社会，电子类的学生思想相对来说尤为单纯。奖励的内容可以是名誉性的，如年度优秀学生、优秀学生干部等，也可以是物质奖励，如勤工俭学补助、奖学金评定等。涉及学生找工作时主动关心社团干部的情况，向有意向的公司进行推荐也是对社团成员的奖励和认可。奖励社团成员时要扩大覆盖面，增加奖励的次数和形式。

二是惩要严用。惩罚要慎用，学生就是在犯错中成长的，教育的目的是学习而不是惩罚。所以如果社团成员没有犯原则性的错误最好不要惩罚。即使社团成员犯了原则性的错误也要坚持惩罚的目的是教育，而不是惩罚本身。而且，电子类研究生社团的约束机制相对较弱，不恰当的惩罚会造成人才流失。

四、结语

教育兴则国家兴，教育强则国家强。研究生处在我国人才培养的顶端，研究生的教育关系到整个国家的科技实力。以电子类研究生为代表的工科研究生社团在学生培养过程中发挥的作用越来越大，因此越来越被重视。如今我国高校的工科研究生社团不论是纵向还是横向都有一定的发展空间，高校工作者应探索适合工科研究生社团管理创新的途径，大力推动高校研究生社团的蓬勃发展。

参考文献：

[1] 余璐. 高校研究生社团建设的现状和前景分析 [J]. 学周刊，2016 (17)：106.

[2] 北京大学“学生社团组织与学生成长成才的关系研究”课题组. 高校学生社团组织特点及育人机制的基本问题研究 [J]. 北京教育（德育)，2009 (1).

[3] 魏文斌. 三种管理维度：组织文化管理通论 [M]. 长春：吉林人民出版社，2006.

[4] 戴雪飞，等. 研究生社团管理和组织建设的创新途径研究 [J]. 学校党建与思想教育，2010 (8)：58—59.

“产学研”合作教育下生命科学创新创业人才培养与实践

徐青锐

（四川大学生命科学学院　四川成都　610065）

摘　要：开展“产学研”协同合作，通过搭建创新创业实习实训平台，多学科、多层次、多平台科研合作和创业教育，以及各类创新创业竞赛指导等，共同构建四川大学生命科学产学研合作创新创业人才培养体系，打造创新创业人才培养模式。让学生通过联合培养、实习实训等形式参与企业科技创新、研发攻关、科研技术难题解决的过程，激发学生的创新创业意识、兴趣和潜能，培养学生的创新创业精神和能力。

关键词：产学研合作；创新创业；人才培养

“产学研”是生产（企业）、学习（高校）、研究（科研机构）三方协同合作组成的共同体（彭玮，2011）。2014年北京全国教育工作会议中曾明确指出：要发挥学校主体作用，坚持面向社会，引导地方本科高校转型发展，推进产学研结合（袁贵仁，2014）。高校的师资人才优势、科研机构的创新能力、企业的实际产业发展要求使“产学研”模式拥有无可比拟的创新创业人才培养优势。“产学研”模式不仅可以解决产业发展中的实际需求，同时可以为国家培养高层次专业人才，服务于高校创新创业人才的培养教育（马廷奇，2011）。

生命科学学院与科研机构、企业单位开展产学研合作，以产学研合作平台为基石，以提升学生培养质量为核心，以实现优化高层次专业人才培养机制和提升创新创业人才培养质量为目标，对完善产学研合作教育的建设体系进行了积极的探索与实践。

一、目前创新创业教育体系和人才培养模式存在诸多不足和缺陷

（一）创新创业教育与学科专业教育脱节

目前大多数学科领域的创新创业教育仅仅是基于创新创业风潮下“另起炉灶”的创新创业教育和培训，并没有融入整体教书育人体系，与学科专业教育严重脱节，导致创业学生内力和后劲不足。创业涉及的多是一些科技含量不高、影响力不强、带动性不够、发展空间不大的项目，如淘宝网店、水吧、文创等，很难出现高技术领域的领军人物，无法创造更多的就业岗位，带动一批人就业。

（二）注重理论知识的传授，实践创业体验不足

为了让学生认识和了解创业，培养创新能力、创业意识和创新创业精神，高校的创新创业教育主要针对的是创新创业课程改革和建设。对学生创新创业能力的培养大多停留在创新创业理论知识的传授层面上，创业实践环节的培养不足。学生往往处于参加创新创意大赛的“创意阶段”或者简单开店铺的“初创阶段”，并没有深入接触、体会甚至真正参与企业运营的各个环节和整个过程。

（三）高校教师缺乏企业经历和背景

高校教师队伍学历高、科研能力强，授课经验丰富，但其专业能力及背景与创新创业实训课程相关度不大，缺乏运作、管理企业的相关经历。“双师型”教师的缺乏在某种程度上导致对学

生创新创业能力的引导和培养停留在校园内部。

二、构建基于“产学研”合作教育下的生命科学创新创业人才培养体系

（一）建立高校与科研机构、企业之间的“双导师”培养制度

生命科学学院与科研机构、企业建立学生创新创业能力培养长效合作机制。一方面，建设“双导师”培养制度，让学校的“学业导师”和企业的“职业导师”负责学业指导和科研能力培养，共同指导和培养学生。目前，生命科学学院已经与深圳华大基因股份有限公司、成都生物制品研究所有限责任公司、农业部沼气科学研究所（成都）等企业和单位建立了本科生、硕士生及博士生的联合教学及培养体系。学生可以从不同专业特长的导师那里得到不同领域、角度和层面的指导，极大地丰富了知识获取和能力提升的渠道。学生可以从学业导师那里学习和领悟最新前沿的科学知识、科学系统的研究方法，创新性地解决科学问题，培养自己的科研兴趣，提升自身的专业知识、专业技能和创新能力；可以从企业导师那里学习项目的可行性和设立机制、项目具体实施方案和具体问题，锻炼自己的综合能力，全方位提升个人素养和素质。

（二）探索“项目式”的合作方式和平台

生命科学学院与企业探索采取“项目式”的合作方式，面对企业在科研和生产中碰到的技术难题，由学校承担新产品、新技术、新工艺和新设备的研究开发和技术攻关工作，支持企业技术创新。学生也可以在这个过程中提升抗压能力和解决问题的能力。“项目式”合作方式将高校、企业和研究机构的互补性资源进行了有效整合并加以利用，将理论学习和实践活动有机统一，

为跨学科跨领域创新型人才的培养创造独特的条件和环境（赵国安，2015）。学生、科研人员、企业员工之间进行头脑风暴、知识碰撞、技术探讨，不仅以合作的方式共同解决实际研发和经营的问题，还为今后科研内容以及发展方向提供了新的考量。

（三）创建“创新创业”经济实体

选取一些适合专业发展和人才培养的重大科研项目和科技成果，在“创青春”“互联网+”等创新创业比赛中完善、孵化创业流程。在高校或政府的帮扶下，联合相关企业或投资方创办高新技术企业或大学生创新创业实践基地，让学生所做的创新创业项目真正落地，将科研成果转化成生产力，投放到市场中去（祝扬扬，2015）。

三、“产学研”模式下生命科学创新创业能力人才的培养与实践

（一）激发创新创业意识，培养创新创业观念

生命科学学院开设了生涯导航课程，评估学生的性格、兴趣、价值观和个人能力，梳理学生自我状态和未来可能的发展领域及方向。在此基础上，开设和组织了一系列创新创业课程、创新创业论坛、创新创业竞赛等活动，引导和强化学生的创新创业价值理念，培养了学生创新创业意识，激发了学生创新创业热情，让有能力、有潜力的学生投身到创新创业活动中来。

（二）搭建创新创业“产学研”实践平台，提升创新创业能力

创新创业教育应该是一项系统性、阶段性的培育工程，低年级阶段要注重基本理论知识和专业技能的培养以及创新创业意识的萌发，高年级阶段要注重专业技能的拓展以及管理、协调等综合创新创业能力的培养和实践（樊持杰，2015）。“产学研”实践

平台既有教学功能又有工作特征，既可以为学生提供学习知识的平台，又可以为其创造实践锻炼的机会，让学生真正体验到管理和运营，提高创新创业的实践经验和能力。

（三）开展企业文化和制度教育，提升创新创业理念

为了激发学生的学习动力、科研热情以及心向企业服务社会的信心感和荣誉感，生命科学学院通过学习和借鉴一些企业科学、规范的人才激励以及培养制度，设立了一批社会奖助学金，如“好医生”奖助金、“龙蟒福生”奖助学金、植物医生德育奖学金等。让学生逐渐了解企业，了解社会环境，了解行业情况以及行业实际发展痛点、瓶颈和实际需求。

在学院与企业的不同层面的合作过程中，让学生学习和了解不同企业奉行的企业文化，发掘优秀企业发展过程中重要的核心精神文化，培养学生抵抗挫折、直面问题和解决问题的能力以及团队合作精神，使学生感受创业过程中知识面、创新精神、创业能力的重要性。通过开展企业文化的学习和教育活动，将学校的授课知识点、侧重点以及企业独有的文化元素（如创新精神、文化价值观以及经营理念等）相衔接，激发学生对知识的渴求以及勇敢创新的精神。

（四）共建就业实习基地，提高创新创业竞争力

学院和企业之间的深度合作，不仅可以为企业提供优质人才，还可以为学生拓宽就业渠道（张元新，2017）。学院和多家企业达成共识，签署协议，共建就业实习基地，根据学生的兴趣爱好、所处的学习阶段、所掌握的专业知识情况以及实践实习时间长短来制定实习内容、时长、岗位，让学生在知识、能力、素质方面得到全面提升。学生不仅能够在求学阶段提前体验真实的工作环境、了解企业的运行模式，还能增强自身的抗压能力和适应能力，大大提高了个人的就业核心竞争力。很多学生甚至在实习过程中就提前与企业达成就业协议。

目前高校的创新创业教育还处在起步阶段，“产学研”培育模式也在不断进行探索和发展。培养学生创新创业能力，把生命科学领域的科研成果转化成实际经济效益，需要学生秉持创造精神和热情，有能力、有魄力、有想法地去发现问题，解决问题，将理论与实际相联系。经过创新创业教育培养，综合素质和个人能力得到提升的学生，无论将来创业还是就业，都会在未来的职业生涯发展中取得成功并创造社会价值。

参考文献：

[1] 彭玮，葛新权．国外产学研联盟运行模式及其对我国的启示［J］．科技管理研究，2011（1）：89－92.

[2] 袁贵仁．深化教育领域综合改革，加快推进教育治理体系和治理能力现代化［R］．北京：中共中央国务院，2014.

[3] 马廷奇．产学研合作与创新人才培养［J］．中国高等教育，2011（6）：44－47.

[4] 赵国安，刘成柏．产学研合作教育模式下大学生创新创业能力的培养——基于吉林大学生命科学学院的实践［J］．教学与管理，2015（17）：39－47.

[5] 樊持杰，孙强．产学研合作教育下的大学生创新能力培养［J］．教育与职业，2015（15）：173－174.

[6] 祝扬扬．“产学研”模式下经济困难学生创新创业能力培养的研究与实践——以昆明理工大学生命科学与技术学院为例［J］．教育前沿，2015（2）：296－297.

[7] 张元新，葛雅琨．基于生命科学创新创业实践的高级应用型人才培养模式构建与探索［J］．广东化工，2017（23）：152，160.

硕士研究生创新创业教育改革浅析

周建新

（四川大学体育学院研究生办公室　四川成都　610065）

摘　要：随着我国“大众创新、万众创业”国家战略的重新布局和研究生教育的发展，我国的研究生创新创业浪潮蓬勃兴起。但是，当前研究生创业教育仍然面临一些不容忽视的问题，如创新创业教育理念滞后，与专业教育结合不紧，与实践脱节等。因此，将创新创业教育融入每一个研究生的学习和生活，培养具有创新能力和创业精神的国际领军人才已迫在眉睫。本文通过对高校研究生创新创业教育的现状及其必要性进行分析，提出了研究生创新创业教育改革的解决方法及教育措施。

关键词：研究生；创新创业教育；改革

一、我国高校研究生创新创业教育现状

（一）对硕士研究生创新创业教育的重视不够

当今世界是一个强调创新和鼓励创新的世界，随着全球经济一体化进程的加快与知识经济时代的到来，硕士研究生创新创业教育成为迫切需要研究的重要课题，是实现一个国家经济发展的重要途径。但是，相对于已经在社会上有过历练的创业者来说，由于研究生缺少相应的人脉关系和经济来源，导致研究生创业动力不足，以致研究生创业成功率不高，创业质量较差。相对于具有高风险和高难度的创业而言，大多数研究生更愿意选择稳定的

就业。目前的科研院校研究生对创新创业的认同度低，认为创新和创业风险大，找企事业单位岗位就业有优势，这是目前造成高校创业项目稀少而公务员受追捧的一大原因。这种学生群体的就业趋势让研究生形成了热衷于“铁饭碗”“金饭碗”的就业风潮，这就使得研究生从入学起就关注各大企业和公务员考试，很少有人关注创业趋势，加之近几年就业形势愈发严峻，很大程度上削减了研究生的创业热情（潘巧红，2012）。

（二）研究生创新创业教育存在的问题

虽然我国创新创业浪潮蓬勃兴起，但是研究生创新创业教育指导思想的缺乏以及评价体系的不合理，造成了我国硕士研究生创新创业教育整体发展落后，无法培养出具有较高创新能力、较强创业意识和创业心理品质的优秀研究生。首先，研究生就业的评价标准较为单一，在对硕士研究生创业政策的宣传和落实上，也出现了一些诸如政策概念模糊、政策解读不明确以及相关创业手续办理难等问题，加上社会对研究生的创业政策支持力度也相对有限，导致研究生放弃创业的想法。其次，社会整体对研究生的评价较为单一，把一个研究生的培养是否成功，定位在其毕业之后是否找到了一个稳定、社会地位高、大众认可度高的工作。再次，高校几乎只注重学术型和应用型人才的培养，在教育研究生过程中，强调对其加强科研能力和学科专业的理论教育，缺少了创新教育，在制定研究生培养目标时，忽视创新型研究生的培养理念。

在研究生创新创业课程体系的建立中，虽然部分高校已经开始进行研究生创新创业教育，但很多只是停留在表面的教育模式上，没有将创新创业当作学生的兴趣和爱好来培养，也没有真正将创新创业教育融入研究生的完整的培养过程，课程的设置也缺乏新颖性和针对性。另外，在研究生创新创业教育课程的师资配置上，大部分由共青团、学工部、就业处等学生事务部门的老师来完成，并由从事一线学生工作的辅导员兼职来完成创新创业教育相关课程的讲授。由于这些教师日常事务性工作比较繁忙，参与创新创业课程的精力相对较少，就算高校有专门从事创新创业课程的教师，但他们自身缺少相关创新创业经验，导致目前创新创业课程内容简单，理论层面部分相对较多，实践经验部分相对较少，这样的课程使学生在创业过程中出现问题和困难时，不能得到学校的有效帮助，客观上也降低了学生的创业热情。

以上种种现状，说明硕士研究生创新创业教育亟须改革。

二、加强研究生创新创业教育的必要性

为适应我国经济发展和社会主义现代化建设的需要，不仅要全面提升研究生的专业水平，还要提高他们的创新能力和创业意识，开展创新创业教育有利于培养高素质、复合型人才。科技强国目标的实现，需要大批具备创新创业能力与意识的高素质专门人才。研究生群体已经成为国内科技进步的主力军，在研究生创新创业教育培养方面起着至关重要的作用。不具备创新思维的研究生在今后创业过程中必然容易因循守旧、循规蹈矩，很难想象他们如何在如今这个瞬息万变的社会中立足，如何创业，如何生存。这就要求高校在研究生培养过程中，不仅要引导研究生进入学科前沿，了解最新的科技成果，更为重要的是培养他们的创新创业能力和精神。环境对创新创业人才的培养至关重要，能否营造良好的创新创业教育氛围决定了研究生整体教育的成败。因此高等学校研究生培养必须进行改革，营造一个良好的创新创业教育氛围，大力推进我国研究生创新创业教育的发展，以适应我国新形势下对创新创业型研究生人才的需求。

三、加强研究生创新创业教育的设想

（一）加强对研究生创新创业教育改革理念的重视

在研究生教育中普及创新创业理念，帮助他们提高创新创业能力，增加创新创业经验，加强创新创业教育理念和经验交流，邀请国内外在创新创业方面领先的科研院所、公司、企业联合开展理论研究、交流座谈、调研以及创新创业经验交流会等。广泛争取与国内外相关的公司、企业的合作，联合开展创新创业教育活动。成立学校或学院研究生创新创业办公室，对具备较好前景的创新创业项目给予重点支持。开办创业沙龙等活动，搭建研究生之间以及研究生与企业之间的桥梁，让一些创业项目入驻研究生身边，潜移默化地进行宣传，以文化的形式渗透到研究生的日常生活和学习中。帮助研究生转变传统观念，邀请在创新创业方面取得突出成绩的校友返校为研究生举办讲座，大力宣传研究生创新创业的典型事例和经验。高校要以各种校园文化营造良性的校园创新创业氛围，树立一些创业典型。另外，在青年人喜闻乐见的信息或宣传平台上营造浓厚的创业氛围，提高研究生对创新创业的接受度和认可度。还可以开展一些创业模拟活动，让研究生有机会进行创业实践，在“演习”过程中找到对创业的热情。

（二）强化研究生课程教育体系改革，将研究生创新创业教育改革融入研究生人才培养体系

可以尝试在研究生阶段加入就业和创业课程，建立健全创业教育与专业教育紧密结合的教学体系。普及创业知识，使研究生了解国内外研究生创新创业的形势与发展，转变传统的学习和就业观念，培养创新创业意识。讲解创业案例，引领研究生思考创业思路，获得创业基础知识。开展创新课件竞赛，举办创新作品展览，以创新为主题的演讲比赛、辩论赛等创新文化活动，拓展创新教育空间，营造创新氛围和风气，让学生充分感受创新的活

力与魅力，形成良好的创新环境。在完善课程教学的基础上，增加由研究生独立承担的科研项目，提高研究生的自主创新能力，增加学科前沿和创新能力培养环节，将创新创业教育融入日常教学，把创新创业支持体系纳入国家奖学金评定、大学科技园以及相关科研平台的支持系统，制定实施研究生学科竞赛资助和奖励实施办法，鼓励研究生参加各级各类学科竞赛，给予获奖导师和研究生相应奖励。改革目前研究生教育以单一科研论文作为评价指标的方式，对研究生的创新创业能力和水平进行综合评定，让研究生走出校园，建立与创业企业的联系和互动，让他们了解创业现实情况，形成多种有特色的创业教育形式，让研究生了解实际创业的难度和创业应有的态度，切实走上创业之路。营造一种重视研究生创新创业精神的氛围，引导研究生以追求创新创业为价值取向，激发研究生的创新精神和创业热情。

（三）依托政府和社会，提高研究生创新创业的政策支持

政府和社会可通过一定的资金支持和相关政策的扶持，为研究生创业提供方便的条件和有效的保障，以此来提高研究生的创业热情，减轻创业压力，使研究生能更有效地将本身所掌握的前沿科学和创新理论转化为产、供、销的创业模式。在研究生创业过程中，应尽可能地简化相关办理程序，从制度上真正做到方便大众创业、帮助万众创新，让研究生在实践中得到历练，同时提高创业成功率，消除创业畏难情绪。开展产学研交流合作，使有潜力的研究生项目与国内一流企事业单位开展联合研究，争取企业的经费支持。依托地方政府，提供免费场地、工商服务、资金，接收社会资本，打造新业态的孵化器，通过基地孵化，增强其参与市场竞争与驾驭市场的应变能力。直接与投资企业合作开展项目，使社会和校园对创业项目的扶持形成无缝对接，让校园到社会的创业渠道得到政策的持续保障。

（四）学校要重视创新创业导师队伍的建设

学校可以采取校内、校外结合的方式，对高校教师进行创新创业能力培训，提高他们的整体创新创业能力。校内创业导师具有良好的理论基础，能够保障在基本知识和相关政策上对研究生进行指导。同时，利用校外企业老板的丰富创业经验做辅助，来完成创业实践内容的教导，这样既可以满足基本能力的培养，也可以较好地实现产、学、研的有效转化。这种内引外联的形式，能够完善创新创业导师队伍的建设，使研究生在接受创业教育过程中学到更多更实际的知识。此外，高校更要和杰出的校友、企业界的领袖、创新创业实践者、海外的资深学者进行交流，促进校内外、海内外、专兼职、学术界和产业界在创新、创业教育与实践等方面的结合，完善学校的创新培养创业人才政策。

（五）学校要大力支持和鼓励研究生参加创新创业比赛

让研究生在各项创新创业的比赛中发挥主导作用，增加他们的参与名额并提高奖励，实施“以赛促建”的创新创业促进机制。学校更要转变导师的创业观念，发挥导师的作用，鼓励导师参与企业的建设，发挥其带领研究生社会实践的作用。在创建研究生创新创业社会实践基地方面，学校要带动研究生提高开拓创新，营造校园内研究生创业氛围，使研究生综合能力得到真正的提升。通过高校与企业的这种有机结合使产、学、研有效结合。这样，既能满足研究生创新创业实践锻炼的需求，又能实现企业与高校的有效结合。

总之，加强研究生创新创业教育改革，积极培养研究生自主创业和创新能力，积极改革研究生教育的传统思维和教育体系，社会、高校和研究生三者要保持统一的思想，构建研究生与企业、社会开办的技术创新园区之间人才、科技成果及时转化的动态联动机制，从根本上解决研究生创新创业问题，实现建设创新型国家的战略目标。

参考文献：

潘巧红. 营造创新创业教育良好环境氛围的思考［J］. 创新与创业教育，2012，3（5）：67－69.

遇见与对话*

——高校辅导员的谈话艺术及案例分析

罗晓蓉

（四川大学数学学院　四川成都　610064）

摘　要：辅导员是开展研究生思政教育工作的中坚力量，谈话是辅导员有效而常用的工作方式之一，是保障思想政治工作时效性的重要工具。本文通过谈话工作案例分析，探讨辅导员在学生工作中应采取的谈话技巧，从而提高谈话质量，探讨谈话艺术。

关键词：高校辅导员；思想政治教育；谈话方法；谈话艺术；案例分析

习总书记提出，提升思想政治教育亲和力和针对性，满足学生成长发展需求和期待，是新形势下提高高校思想政治工作时效性的关键。作为研究生思想政治教育和健康成长的引路者，辅导员肩负着培养国家接班人的重任。

谈话是辅导员开展思想政治工作的一个重要方式，也是辅导员表达自己的亲和力、增加自己从事的学生工作温度的方式。辅导导员与学生之间的谈话并非简单粗暴的说教，而是润物无声、春

* 本文系四川省教育厅关于 2017 年高校思想政治教育研究课题（思想政治理论课青年教师专项）立项项目阶段性成果，项目名称：基于手机新媒体的高校思政课程“供给侧结构性”改革研究（SZQ2017043）；四川大学新世纪高等教育教学改革工程（第八期）研究立项项目阶段性成果，项目名称：基于手机媒体的高校思想政治课程“供给侧改革”研究（SCU8141）。

风化雨的渗透和滋润，因此，辅导员的谈话工作能力直接决定其工作效果的好坏，决定着学生的认可和接受程度，因此，提升辅导员的谈话艺术和谈话方式尤为重要。

一、高校辅导员谈话工作的重要意义

（一）辅导员谈话工作是新形势下加强思政教育工作的必然要求

随着改革开放、经济发展以及全球化进程的加快，研究生价值观呈现多元化、多样化的特点，其主体是积极正向的。但是，也有部分学生思想上出现一些负面和消极的情绪，表现为对国家命运和个人前途的迷茫、困惑，甚至出现信仰缺失和错误的价值取向（罗晓蓉，2017）。帮助研究生树立正确的价值观念，是高校思政工作在新形势下的迫切要求，而谈话的工作方式有助于贴近学生，有针对性地帮助学生，因此在思政工作中具有很强的实际效果和吸引力，加强和改进谈话工作方式成为新形势下加强思政教育工作的必然要求。

（二）辅导员的工作性质决定谈话工作方式的重要地位

辅导员工作的主要任务是引导和帮助研究生建立社会主义核心价值观、培养良好的品格、树立远大理想等。同时，辅导员的工作性质使得他们与学生接触的机会较多，学生也乐于与辅导员交谈。所以，辅导员的谈话工作方式和谈话艺术便显得尤其重要，“与学生进行面对面的交流和情感沟通，才能全面准确地把握学生的思想动态”（黄洁，2016），从而做到有的放矢，帮助学生排忧解惑，引导学生健康成长。

（三）辅导员谈话工作方式使得学生易于接受

当前研究生中独生子女较多，自我意识较强，抗挫折能力较弱，遇到压力和困难容易产生心理问题。运用谈话的工作方式，把握好谈话的艺术，能够深入了解学生的性格特质，帮助学生理清思路，挖掘出学生心灵深处真实的诉求。谈话时用理解的态度、柔和的语气与学生交流，能对学生产生积极影响，从而走入学生内心，使学生容易接受谈话的方式和内容，实现与学生的良好沟通和交流。

二、辅导员谈话工作案例分析

（一）通过谈话发现学生性格的优势或特质，发掘出学生的潜力

我曾经有一位女学生，本科毕业于二本院校，考研进入我院，攻读金融数学。入校后，该生发现自己的专业基础比不少同学都差，继续从事学术研究感到力不从心，但是，如果硕士毕业时直接就业，又不知道自己专业的就业情况如何，因为不知道应该怎样给自己定位，该生比较迷茫和自卑，因此，她想找我谈心。

在与她进行谈话之前，我去查了她的资料，发现她在本科时担任过班长，组织和沟通能力很强。于是我决定，先根据她的性格优势，解决其自卑问题，并逐渐引导她去认识自我，探索成长和发展路径。

所以，约见该生谈话时，我首先问她："你为什么会觉得自己的基础比别人差呢?"她说在最近一次泛函分析考试中，她的成绩是倒数第二，虽然她在考前学得很努力，但就是不论怎样，有些问题始终学不明白。因此，她不仅怀疑自己学习数学的能力，同时也对数学专业越来越提不起兴趣。听完她的叙述，我理解了她的自卑。

我问她："你有勇气退学考研换专业吗?"

她说："我也想过退学考研，但不太现实，一是父母不同意，二是我不敢保证明年就一定能考上喜欢的专业。"

"那我们先排除这一条。"

我接着问道："你可以申请转专业吗？"

她说："我可以在应用数学中转，但是相比其他专业，金融数学算相对容易的，所以，我基本不会转到其他专业方向。"

我说："那我们也排除这一条吧"

大多数类似的例子都是这样。因为如果有勇气重考，学生早就退学了，而不会找人商量；如果有机会转专业，也就不会感到迷茫了。

"看来，摆在我们面前的只有一条路，就是必须接受现实，把这个专业读下来，并且完成研究生学业。"我很坚定地说。

"可是，如果以这样的状态在这里熬三年，我会觉得很痛苦，并且不知道前途会怎样？"

"那我们来探讨一下，接下来的研究生生活该如何度过好吗？"我问。

她连忙答应了。

自此，才算把问题真正理清，并且和学生建立了相互信任的关系，谈话正式开始。

我开始准备有效的提问，抽丝剥茧地一层层深入。

我问："你有没有了解过自己具备哪些优点？"

她答："我喜欢与人打交道，并且也比较善于和不同的人相处。"为了验证她的这个能力，我让她讲述她在这方面印象特别深刻的一件事。她的叙述开心而骄傲。于是，我在纸上记下：善与人交往。

接着我又问："你有没有去了解什么职业可以利用到和人交往的技巧并且也能够结合你的金融数学专业呢？"

她愣了一下，于是我给她分析了金融数学专业硕士研究生的就业状况和职业状况，于是她把工作设定到金融、证券行业。然后我把已经毕业的在银行和证券行业工作的学长的联系方式找给她，让她去做访谈，了解进入这些领域需要的专业储备和能力。

为了完成专业能力的储备，我们共同制定学业计划：研一把基础课上完之后，研二找到银行实习。在银行实习中该生表现专业，而且态度端正，做事努力，为人谦逊，实习结束后，银行负责人主动希望她毕业后留下工作。

同时，为了提高她的综合能力，发挥该生的性格优势，我鼓励她竞选学院研究生会主席，并与她制定计划，思考如何才能获得竞选成功。由于该生做了很充分的准备，最后顺利当选。这样的社会实践活动让她又上了一个平台。

研三毕业时，该生拿到了两个银行的 offer。其中某银行还是成都总部，按照规定，本科不是“211 工程”学校毕业的学生不能留总部，但因为该生综合能力强，表现优秀，所以获得了破格录用。

和研一迷茫而自卑的样子相比，通过有效谈话，该生挖掘出性格优势，激发出潜力，在毕业时已变得阳光而自信。

（二）通过谈话了解学生的潜在问题，帮助学生取长补短

来找我谈话的学生中，曾经有位研二的男生，高中毕业于绵阳中学，本科被选拔进拔尖班，结果学习懈怠，从拔尖班以末位淘汰出来，于是，大学四年便混着毕业了，毕业后考上研究生。读研期间，由于没有树立清晰的读研目标，加之性格懒散，又开始混日子。混到研二的时候，学生也自觉这样的状态不好，所以来寻求帮助。

我先认同他的无助，告诉他：“人本性都是好逸恶劳，懒散也是人的常态。”但是，我接着说：“摆在你面前的其实是两种痛苦，一种是维持现状，感受来自各方面的压力；另一种是突破自己，接受挑战。”

他承认了。

于是我让他叙述自己的日常学习安排，通过描述，我发现他最大的问题在于计划不合理。

我告诉他："其实，痛苦对于每个人都是这样的，当我们因不能接纳现实而痛苦时，我们期望通过行动来改变现状。但是，在行动的过程中，同样也会遇到痛苦的挑战，这时候，我们需要做的就是接纳痛苦，并且制订合理的计划。而科学又合理的计划，必须包括两个条件，一是有一点挑战，但一定可以实现；二是至少能够坚持三个月以上。"

得到他的肯定后，我们采用目标分解法，制定了不同阶段的学习计划，并要求他每天坚持汇报学习情况，这样持续一段时间后，该生的学习效率得到了很大提升，到硕士毕业的时候，该生考上了一位院士的博士，现在已经投入了更加紧张的学习之中。

三、辅导员谈话工作的方法

（一）做好充分的准备工作

辅导员事先要做好充分的准备，尽量全面了解学生的情况和资料，这样才能使谈话达到预期的效果。从上述实例中可见，这些情况和资料包括：一是查阅学生档案，了解其家庭背景和成长情况；二是充分了解学生，收集、分析他们的个性特征、平时表现、兴趣爱好等，从而确定谈话的目的、内容和方式，选择谈话的切入点、突破口；三是根据学生的问题准备谈话需要的一些资料和文件，包括学生关心的专业前景、发展趋势等；三是选择谈话的最佳时机；四是根据谈话需要，确定合适的谈话地点。充分的准备是为了有的放矢，保证谈话的效果。

（二）建立亲和的关系

辅导员要建立亲和的关系，就要实现角色转换，即"愿意去理解和体验另一个人对世界的看法，就好像你就是那个人一样"（玛丽莲·阿特金森，2015）。因此，在谈话中，努力地聆听、了解和沟通，加深对学生的理解，对学生的理解程度越高，就越能了解学生，而学生也越能感到被理解和尊重，就越愿意向你倾诉。亲和关系能否建立，是辅导员谈话工作能否有效的前提和关键。

（三）准备有效的提问

辅导员要帮助学生发现隐藏于学生内心中的真相，有效的提问是一个非常重要的工具。通过有效的提问，能够逐渐发现事实背后的真相。能帮助学生发现自己新的思路、新的行为，甚至真正改变其一生。

有效的提问，也改变了辅导员和学生之间的身份：辅导员由老师变成了陪伴学生自我探索的镜子、伙伴；学生由答案的索取者，变成了独立的探索者、独立的责任承担者、自我人生的有效参与者。

有效的提问，改变了辅导员和学生之间的关系。通过有效的提问，认真而安静的聆听、并伴随准确的回放，学生在无形中感到了被肯定、被尊重，甚至被欣赏，这样使得学生对自己的思考和行动更有信心，对自己的心声也更有把握，他们会更愿意配合辅导员，进一步去倾诉，并愿意接受改变（托尼·斯托茨福斯，2014）。

辅导员和每一位学生的遇见都是一份责任和缘分，每一次遇见与对话的过程，都是一次心与心的交融。辅导员与学生的谈话既是工作需要，也是一门艺术，因此，不断改进谈话工作的方法和艺术，对于辅导员的思政教育工作是不可或缺的能力，也是辅导员工作的职能要求。

参考文献：

[1] 人民网－人民日报．治理之道：提升高校思想政治教育亲和力．http：//opinion．people．com．cn/n1/2017/0725/c1003－29425483．html．

[2] 罗晓蓉．大学生社会主义核心价值观培育探析［J］．四川文理学院学

报，2017 (3)：139－132.

[3] 黄洁. 高校学习型辅导员队伍建设［D］. 南京：南京师范大学，2016.

[4] 玛丽莲·阿特金森. 被赋能的高效对话［M］. 北京：华夏出版社，2015 (5).

[5] 托尼·斯托茨福斯. 提问的威力［M］. 北京：华夏出版社，2014.

[6] 王利. 辅导员与大学生谈话要有“五心”［J］. 煤炭高等教育，2005 (4)：118.

[7] 李忠实. 谈话的艺术［M］. 北京：当代世界出版社，2004.

[8] 李莛. 谈话艺术在学生管理中的应用［J］. 山西教育，2004 (13)：26.

认知行为疗法在研究生心理危机干预中的应用*

王英梅　格桑泽仁　戴哲茹

（四川大学心理健康教育中心　四川成都　610065）

摘　要：随着高校心理危机事件日益突出，研究生的心理危机干预成为社会和高校普遍关注的课题。本文旨在通过分析认知行为疗法的理论及其在研究生心理危机干预中应用的可行性和有效性，指出认知行为疗法在心理危机干预中的三个应用要点。

关键词：认知行为疗法；研究生；心理危机干预

随着社会的发展，研究生群体在高校学生中所占的比例越来越高。研究生的年龄阶段处于青春后期，是身心逐渐走向成熟的重要阶段。研究生在校期间面临的压力越来越大，由于学业发展、恋爱交往、就业问题等引发的心理危机日益突出，每年毕业季研究生的心理危机也成为社会和高校普遍关注的课题。国内大部分高校已逐渐发展和健全相应的学生心理危机干预体系，形成各种心理危机干预的方法。认知行为疗法便是其中一种操作简便、行之有效的方法之一。

---

* 本文系 2018 年四川省心理健康教育研究中心立项项目“高校心理咨询师同辈督导的实践与机制探索”。

一、认知行为疗法概述

（一）认知行为疗法的理论基础

认知行为疗法认为导致个体情绪混乱、出现危机的直接原因是个体对事件的认知与评价。一个人情绪和行为上的缺陷是由其认知上的缺陷引起的，一旦认知得到矫正和改变，情绪和行为就会相应好转，危机才得以缓解。认知行为疗法是以美国心理学家贝克于1976年建立的认知治疗技术为基础，由认知理论和行为治疗相互吸纳、相互补充形成的系统心理治疗方法（Judith S. Beck，2011）。认知行为治疗理论经过几十年的探索发展起来，主要理论包括贝克的认知治疗理论（CBT）、艾利斯的理性情绪理论（REBT）以及梅钦鲍姆的认知行为纠正理论（SIT）等。

1. 贝克的认知治疗理论

贝克的理论基础来自信息加工理论模式，该理论认为人们的情感、行为由对事物的认知影响和决定。贝克认为，认知产生情绪及行为，异常的认知产生异常的情绪及行为；认知是情感和行为的中介，情感问题和行为问题与歪曲的认知有关（汪新建，2000）。个体早期形成的思维图式中较为恒定的核心信念决定个体的自动思维，错误思想常以自动思维的形式出现，这些错误思想常是不知不觉地、习惯地进行，因而不易被当事人认识到。而这些负性的自动思维导致抑郁、焦虑和行为障碍。贝克还指出常见的认知曲解类型，包括武断的推论、选择性抽象、过度概括化、夸大或缩小、极端思维等。这些逻辑推理上的非理性，容易使人在遭遇不良事件时形成对未来、对自我、对世界的悲观看法，从而使人们陷入不可自拔的无望、无助等不良情绪中。

2. 艾利斯的理性情绪理论

艾利斯的理性情绪理论认为非理性或错误的思想、信念是情感障碍或异常行为产生的重要因素。他提出了“ACB”理论：A

是诱发性的事件，是引起情绪及行为的间接原因，而B是个体对诱发性事件所持的信念和看法，是引起人情绪及行为反应的更直接因素。C是事件引起的情绪和行为的结果。通常认为，激发事件A直接引起反应C。而事实上A对个体的意义是否引起反应受B的影响，受人们的认知态度、信念决定（黄桂梅等，2002）。合理的信念会引起人们适度的情绪反应，而不合理的信念则会导致不适当的情绪和行为反应，长此下去将最终导致人们产生情绪障碍和各种类型的神经症。

3. 梅钦鲍姆的认知行为纠正理论

梅钦鲍姆通过处理内在对话，改变人的思考、认知结构和行为方式。其认知指导训练技术要求人们首先要自我觉察消极信念，说出或写出与情境有关的负向、内在对话；然后去寻找与原有非理性观念不相容的思考方式，并用新的积极的内在对话来表达；最后学会独自完成此任务，熟悉、巩固合理认知的步骤，在现实情境中练习新的内在对话，并掌握一些有效的应对技巧，以便更好地适应环境（许若兰，2006）。

（二）认知行为疗法的作用特点

认知心理学认为，认知过程由情绪与行为共同决定，人们可以通过改变人的认知过程来改变人的观念，进而纠正情绪和行为。行为主义心理学认为，行为通过学习而得来，因此可以通过一些实际的操作方法来消退、抑制、改变和替代原来的不良行为。认知行为治疗方法是两者的结合，指导来访者改变原来的认知结构，消除歪曲的想法，纠正不合理的信念，从而改变行为。认知行为疗法把眼光放在人的认知上，与精神分析和行为主义的人性观相比，无疑把人的理性又还给了人。认知行为疗法强调人不是消极被动的，因为人既可以为自己制造心理困扰，亦可去除这些困扰。认知行为疗法强调现在和将来，而不纠缠于过去，重视“怎么办”，而不是“为什么”，认为一个人的信念发生变化，其情感与态度也会跟着发生改变。同时，认知行为疗法还十分注重行为方面的矫正和训练，强调通过学习掌握必要的知识和技能。

二、认知行为疗法应用于研究生心理危机干预的可行性和有效性

（一）认知行为疗法应用的可行性

美国预防自杀协会前任理事长大卫·罗得（David Rudd）博士（2004）认为：通往自杀的主要路径是认知，即个体自己赋予的意义，个体由于认知上的缺陷和不完善的认知结构而有自杀倾向，可以用认知疗法来识别和治疗具有自杀意念和自杀行为倾向的大学生（吴远等，2006）。在校研究生群体正处在人生观、价值观有待成熟稳定的时期，面对事物常出现认知失真。心理危机事件很大一部分是由于学生在认知方面具有极端化思维、不合理信念等特征而导致的。因此，以认知行为疗法帮助研究生进行认知结构调整，以重新归因的方式预防并干预大学生心理危机是可行的。此外，认知行为疗法可以在短时间内实施，而且相对容易被掌握，不局限于经过长期训练的咨询师。其理论简明易懂，操作容易上手，使其能够在高校心理危机干预工作中得到广泛应用。

（二）认知行为疗法应用的有效性

张康莉等人（2006）对自杀未遂者和筛选出的有自杀意念者直接进行自杀认知干预。通过对门诊和住院有严重自杀意念的158人和20名自杀未遂者进行贝克的识别自动化思维，用识别错误认知和真实性检验技术和梅肯鲍姆的技能获得和复述技术进行心理干预。结果动摇自杀意念效果明显，歪曲认知有所改变，SCL−90平均减分率大于25%，心理状况好转。研究发现，认

知疗法是早期消除自杀观念、稳定情绪的有效方法。

李靖（2005）通过对处于非典影响和处在企业内部全员竞争的广东省某电信公司126名员工进行危机干预，用SCL－90、STAI等多个问卷进行前后测，研究发现认知行为取向的危机干预有效，其效果受到参与者人格因素、人口统计学以及工作变量的影响。

许若兰、郭朝辉（2008）将认知行为疗法运用于有抑郁情绪及抑郁状况的大学生，通过团体辅导的方式对学生进行干预。他们发现，认知行为疗法在提升大学生认知水平、情绪调适和促进人际交往能力的发展等方面均能取得良好的效果。

由此可见，认知行为疗法对处在危机状态的个体干预是有效的。而对智力和文化程度较高、逻辑思维发展较好的研究生来说，认知行为疗法这种“短、平、快”的干预方法更有用武之地。

三　认知行为疗法在大学生心理危机干预中的应用

心理危机事件发生时，当事人的感性大过理性，因此，单纯引导当事人进行思考，扭转不合理信念，说“理”的效果不明显。危机发生时更重要的是疏“情”，取得当事人的信任，暂时解除危机情况，然后引导当事人认识到歪曲的认知。因此，认知行为疗法的干预主要有三个方面的工作。

（一）疏“情”

认知行为疗法认为，思维、情感和行为是相互作用、相互影响的关系。通过改变思维、情感和行为三个因素中的任一因素，使三者之间发生良性互动，能更好地帮助大学生正确应对危机，化危机为成长的转机。在危机干预的过程中，首先要和当事人建立信任的关系，理解当事人的情绪、情感体验。处于危机事件中的学生常常有一种难以形容的孤独感，认为没有人理解和关心他们，因此共情在危机干预初期相当重要。另外，通过沟通让当事人宣泄压抑的情绪也是干预的重要途径，如情绪想象联系、角色扮演、情绪宣泄工作能够起到帮助其转移注意力、减轻心理压力的作用。最后，帮助研究生利用社会支持系统减轻心理压力，也是有效应对心理危机的方法之一。鼓励研究生选择自己信赖的朋友或亲人，把内心的想法告诉他们。在倾诉的过程中，研究生可以逐渐恢复内心的平衡，并获得有利的社会支持，得到及时、有益的帮助。

（二）明“理”

认知行为疗法的基石是“诱发事件—对事件的解释—情感或行为”，它认为引起情感和行为变化的不是诱发事件，而是对事件的解释，只要改变对事件的解释就能改变情感与行为。研究生危机事件的发生、情绪障碍的产生，在很大程度上是由错误或者歪曲的认知造成的。由于研究生正处于自我同一性发展阶段的后期，自我意识和心理发展需要经历矛盾统一的过程，其认知能力、情感和人格都处在未发展完成阶段，心理活动和思维方式很可能还处于二元论阶段，对事物的认识非黑即白、过度个性化和概括化。可以采用指导、角色互换和提问等方式，引导研究生识别负性的自动思维，去了解什么样的认知是错误的，什么样的认知会引发负面情绪，学会更具体、清晰地表述自己存在的问题。理解情绪障碍的产生和维持在很大程度上是由错误或歪曲的认知造成的，可以帮助其了解危机发生的一般规律，澄清自身不合理的观念，形成比较理性的认识。此外，还可以进一步引导研究生观察自己的心态变化。一个人的心境和体验是波浪式的，有高潮也有低潮，改变不合理信念能够正确理解自己的心态变化。

（三）致“行”

由于认知的歪曲，当事人往往会做出极端的行为。在对研究生进行认知干预时，必须帮助他们建立和启动自己解决问题的能力。在危机情境中的个体不是没有解决问题的能力，而是因为扭曲的认知导致否认自己，从而没有意识到自己具有解决问题的能力。因此，要引导其接纳并正视现实，然后寻求解决问题的途径与方法。然后，引导研究生评估有多少种解决问题的方式，权衡利弊，对解决方法做出评估，制定行动计划。最后，使用认知行为疗法的工具，比如“日常活动清单”，达到行为激活的目的。这样才能帮助研究生最终获得掌控感和成就感，从而建立自我效能感。

参考文献：

[1] 朱迪·贝克. 认知疗法：基础与应用［M］. 翟书涛，译. 北京：中国轻工业出版社，2001.

[2] 汪新建. 当代西方认知—行为疗法述评［J］. 自然辩证法研究，2000（3）.

[3] 黄桂梅，张敏强. 西方理性情绪疗法研究进展［J］. 社会心理科学，2003（2）.

[4] 许若兰. 论认知行为疗法的理论研究及应用［J］. 成都理工大学学报（社会科学版），2006（12）.

[5] 大卫·罗得. 识别和治疗有自杀意念和自杀行为的大学生［G］//2004年大学生抑郁与自杀的预防与处理学术研讨会会议材料.

[6] 吴远，管晓琴. 认知疗法在大学生自杀预防中的应用［J］. 盐城师范学院学报（人文社会科学版），2006（4）.

[7] 张康莉，张晓明，杨红梅. 认知疗法对自杀意念和行为的干预效果［J］. 实用医药杂志，2009（10）.

[8] 李靖. 认知行为取向危机干预的效果及影响因素［J］. 中国行为医学科学，2005（14）.

[9] 许若兰，郭朝辉. 认知行为疗法对高校心理危机干预的效果评价［J］. 中国学校卫生，2008（1）.

“互联网+”背景下依托医学互助构建研究生心理健康管理新模式的思考*

贾　雪　曾　雯　王星月

（四川大学华西临床医学院　四川成都　610041）

摘　要：本文在系统分析现有高校研究生心理健康管理模式不足的前提下，提出了“互联网+”背景下依托医学互助构建研究生心理健康管理新模式，即利用华西临床医学院/华西医院“院院合一”管理优势，充分调动医学研究生的主观能动性，增强其职业使命感和责任感，依托医学互助建立高校心理健康管理O2O平台，形成高校心理健康预警反馈机制，培育良性循环的校园健康生活方式，切实提升全体在校研究生心理健康管理水平。

关键词：互联网+；研究生；心理健康；管理

我国高等教育肩负着培养德智体美全面发展的社会主义建设者和接班人的重大任务，研究生是高校培养的最高层次人才，他们的培养质量与国家的前途和命运息息相关。近年来，随着研究生扩招、学术要求愈趋严格、学业任务繁重、就业形势严峻，研究生群体的健康状况令人担忧，尤其是长期处于高压状态下，研究生心理健康受到严重威胁，更有甚者可能引起精神疾病或自杀等恶性事件，给高校研究生教育管理工作带来巨大挑战。2018

* 本文为四川省卫计委立项课题，立项者：贾雪，项目名称：基于互联网+的研究生互助健康管理平台研发，项目编号：18PJ581.

年，《自然》发布了一篇面向全球26个国家、2 200余名研究生的调查报告，这份题为《研究生教育中的心理健康危机》的报告表明，研究生群体的焦虑和抑郁倾向均为普通人的6倍，有中度到重度抑郁或焦虑的受访者分别约占总人数的40%（Teresa，2018）。根据《中国教育现代化2035》《加快推进教育现代化实施方案（2018—2022年）《“健康中国2030”规划纲要》的要求，树立健康第一的教育理念，深入实施健康中国战略，在研究生群体中做好心理健康知识和心理疾患防范工作，构建研究生心理健康管理新模式迫在眉睫。

一、当前高校研究生心理健康现状分析

目前我国研究生群体的心理健康状况形势不容乐观。研究生群体年龄普遍集中在23～30岁之间，比本科生承担更多的社会角色，面临着学业、科研、就业、经济、婚恋、家庭等多重压力。研究发现，31.4%的研究生有不同程度的心理问题（闫振龙，2014），51.3%的研究生存在睡眠质量问题（贺晓雄，2008）。然而，研究生心理问题可能远不止上述报道情况。调查发现，73.49%的研究生会因学习压力产生焦虑（蓝寿梅，2016），究其影响因素，目前主要有强迫、人际敏感、抑郁、焦虑、睡眠及饮食、敌对性、偏执和其他。更严重的是，既往研究还发现，高校学生群体中年龄大于25岁的学生比年龄小于25岁的学生自杀率高（吴玉婷，2008），其中研究生群体自杀比例最高（马娟，2010），这给家庭带来沉痛打击，给社会造成巨大损失。

二、现有高校研究生心理健康管理的常见模式和不足

随着社会经济的不断发展，人才培养规模稳步提升、结构不断优化，形成了学术型与应用型人才并重的培养格局，培养了大

批服务于国家和地方经济社会发展、科学技术进步、文化传承创新的优秀人才。但长期以来，在各高校研究生教育培养过程中，存在着重视业务知识教育，忽视或轻视心理健康教育的情况。不少人简单地认为研究生作为高学历人员，除了具备扎实的理论知识以外，必然也具备良好的心理素质。

高校研究生培养大多采取"两段式"的培养模式，第一学年主要是学位课程学习，完成基础理论和专业知识的学习；第二、三学年在导师的指导下进行科研实践和开展学位论文工作，培养科研业务能力。与研究生培养的系统性、规范性和严谨性相比，现有心理健康教育模式由于严重缺乏专业性的心理辅导员而显得非常碎片化，在不影响学业的前提下，常以见缝插针式的方式开展，比如举办健康讲座、在年级大会时强调等，形式比较单一，内容比较匮乏，学生被动地接受健康帮扶，缺少引导研究生自我健康管理的方式方法，心理健康教育的覆盖面和受益面不够，容易出现管理盲区或救助不及时。

三、"互联网+"背景下研究生心理健康管理面临的新的挑战与机遇

在全球新一轮科技革命和产业变革中，互联网已成为不可阻挡的时代潮流，网络环境对研究生的心理健康有着深刻的影响。网络环境下，大学生心理发展表现为稳定性与波动性并存、自主性与从众性并存、批判性与创造性并存等。网络环境的虚拟性使得大学生可以面对"陌生"的网络交往对象，大胆倾诉自己的烦心事，很多时候还能得到网络交往对象的开导。一方面，这有利于大学生发泄不良情绪，缓解内心压力，促进心理健康。但另一方面，网络中的人际交流毕竟是虚拟的，研究生长时间沉溺于网上交往，会大大减少参与集体活动和与同学交往的时间，甚至造成现实人际关系紧张。而当人际关系遇到挫折时，如果又选择用

网络来寻找安慰，就会进一步在现实的人际交往中陷入孤立的境地，产生孤独、苦闷、压抑等心理问题。此外，网络人际交往的去责任化，很可能会使一些别有用心的人乘虚而入，使网络交往的安全性受到影响，这往往会加剧部分研究生的多疑、忧虑、防范等心理，诱发一些新的心理问题（沈晓梅，2012）。

挑战与机遇并存。如果说网络环境的虚拟性有固有的弊端，那么网络环境的交互性、及时性又使它在卫生健康领域提供了创新型发展的有利条件。国务院办公厅在关于促进“互联网+医疗健康”发展的意见（国办发［2018］26 号）中指出，要加强“互联网+”医学教育和科普服务，鼓励建立医疗健康教育培训云平台，提供多样化的医学在线课程和医学教育，建立网络科普平台，利用互联网提供健康科普知识精准教育，普及健康生活方式，提高居民自我健康管理能力和健康素养。近年来，国内外涌现出一大批在线医疗服务平台，利用互联网的高效、便捷优势，改变了大众传统的健康生活方式，改善了患者的就医体验。

这也给我们研究生心理健康管理带来了新的思路：能否将在校医学研究生有效组织起来，在具有丰富临床经验的心理医师的带领下，组成若干心理健康小组，利用互联网的即时性、交互性、海量性等特点，对其他非医学专业的研究生进行心理健康帮扶，同时利用互联网、大数据等手段建立预警机制，当学生心理健康出现问题时，及时通知研究生导师和辅导员，建立绿色通道，帮助学生走出困境。

四、“互联网+”背景下依托医学互助构建研究生心理健康管理新模式的思考

（一）充分发挥华西临床医学院/华西医院“院院合一”管理优势

四川大学华西临床医学院是中国著名的高等医学学府，在教

育部2017年一级学科评估中，临床医学和护理学排名A－，其附属华西医院是中国西部疑难危重症诊疗的国家级中心，学科门类齐全、师资力量雄厚、医疗技术精湛、诊疗设备先进、科研实力强大，是当今中国一流、世界知名的临床医学院/医院。四川大学华西临床医学院/华西医院实行“院院合一”的管理机制，其优势在于可以最大限度地保障医疗、教学、科研资源的有效整合，为研究生健康教育平台的搭建提供人、财、物的有力支持。

（二）充分调动医学研究生的主观能动性，增强职业使命感和责任感

四川大学华西临床医学院拥有庞大而优秀的研究生群体，目前在读全日制研究生2 305人，其中博士生819人、硕士生1 486人，超过80%的研究生获得了执业医师资格证书，具有专业的基础知识和扎实的临床技能。将华西医院优质的医学资源整合起来，充分调动医学研究生的主观能动性，建立起由学院辅导员和科室分管研究生的教学主任牵头把关的、由获得执业医师资格证书的医学研究生组成的“小医生”团队，负责整个四川大学在校研究生的心理健康科普、心理健康咨询和心理健康管理，通过心理健康教育平台互帮互助，形成医学生志愿服务新形式，增强职业使命感和责任感。

（三）依托医学互助构建研究生心理健康管理新模式，建立高校健康管理O2O平台

依托医学互助建立的研究生心理健康管理平台主要由心理健康知识科普、心理健康自评量表、华西“小医生”心理团队互助问答、心理健康打卡四个部分构成，精准定位于当代研究生关注的心理健康问题，重点着眼于研究生的心理健康管理和心理疾病预防，整合华西临床医学院/华西医院的优质医学资源，为在校非医学专业研究生提供心理健康风险评估、心理疾病预警、心理健康干预及重要心理指标趋势分析为主要内容的服务，帮助研究

生了解自身心理健康风险因素并初步评估，尽早进行心理健康干预，并提供免费、专业的心理健康咨询，使用健康打卡，远离心理亚健康。该平台符合“健康中国”的理念，秉承“关爱健康从青年开始”的观念，创建最具人文关怀的高校心理健康管理O2O平台，在促进研究生身心健康方面具有长远的社会意义。

（四）利用大数据、云技术建立研究生心理健康信息数据库，形成高校心理健康预警反馈机制

研究生可以通过该平台对自身心理健康状况进行评估，并且可根据评估结果对可能发生的心理问题进行科学的管理干预。健康知识科普和互助交流讨论更是可以从各方面提高学生的心理健康水平。通过收集研究生心理健康相关信息，建立研究生心理健康信息数据库，为医疗决策提供数据支持，并根据自身情况可以提供精确的个性化健康管理服务。原则上学生使用量表默认为允许由学院进行统一管理，当健康测评达到或超过临界值，平台会立即开启预警系统，提醒辅导员关注学生健康问题，特别是心理量表提示有自杀高危风险，应立即采取应急措施。

五、小结

在“互联网+”背景下，华西临床医学院/华西医院充分利用自身优势，整合优质资源，依托医学互助构建研究生心理健康管理平台，营造良好的校园育人文化氛围，激发医学生为医疗卫生事业奉献、为社会大众服务的使命感和责任感，形成良性循环的校园健康生活方式，切实提升全体在校研究生心理健康管理水平。同时，根据《普通高等学校辅导员队伍建设规定》要求，辅导员应当努力成为学生成长成才的人生导师和健康生活的知心朋友，心理健康管理平台的构建也给研究生辅导员思政工作带来了新的思路和契机。

参考文献：

[1] Teresa M. Evans，Lindsay Bira，Jazmin Beltran Gastelum. Evidence for a mental health crisis in graduate education [J]. Nature Biotechnology，2018，36 (3)：282－284

[2] 闫振龙，单紫徽，喻龙. 陕西省高校研究生体育锻炼情况与健康状况的相关性研究 [J]. 西安交通大学学报（社会科学版），2014 (4)：116－122.

[3] 贺晓雄，吴宏江. 在校研究生睡眠质量和自测健康关系的初步研究 [J]. 南京体育学院学报（自然科学版），2008 (2)：77－79.

[4] 蓝寿梅，陈佳，严文婧. 疾病预防控制专业机构研究生心理健康状况调查研究 [J]. 中国预防医学杂志，2016 (10)：789－791.

[5] 吴玉婷，薛海国，郝善学. 从自杀现象透视研究生的心理危机 [J]. 中华文化论坛，2008，S (1)：105－106.

[6] 马娟. 研究生生命过激行为分析研究 [J]. 中国林业教育，2010 (5)：41－43.

[7] 熊丹妮，夏晨曦，李桑. 中国在线医疗服务医疗机构及医生的分布与启示 [J]. 中国卫生事业管理，2018 (7)：481－484.

[8] 沈晓梅. 构建网络环境下大学生心理健康教育新模式 [J]. 中国青年研究，2012 (1)：113－116.

重视和深化专业伦理教育，强化大学生社会责任意识*

唐 棣 李栓久

（四川大学研究生工作部 四川成都 610065）

摘 要： 专业伦理教育是大学生专业教育、思想道德教育的结合点，是专业教育向思想品德教育的自然、必要的延伸，也是大学生思想品德教育向各专业教育的有效追溯。高校应当重视和深化专业伦理教育，围绕大学生作为“准专业人员”的社会责任展开讨论，提升和强化大学生的社会责任意识和担当能力，实现专业伦理在大学生专业知识学习和专业技能运用中的价值导向作用和育人功能。

关键词： 专业伦理；专业伦理教育；社会责任意识；思想政治教育

高等教育是建立在中等教育之上的“专业”教育，培养专门人才是高等学校的核心任务之一。在科学技术飞速发展的今天，高等教育被定位于科技第一生产力、人才第一资源、创新第一驱动力的结合点，在三个“第一”中，人才是科技第一生产力、创新第一驱动力的“活”载体，是高等教育服务国家战略发展的“重中之重”。

科技与创新在国家乃至人类发展中的作用越重大，人才的能

* 本文系四川大学2018年研究生课程建设项目“研究生课程思政建设研究”课题研究成果，项目编号：2018KCJS056。

力与素质产生的影响就显得越关键。教育总是为明天培养和储备人才，今天的大学生是承担明天民族复兴、国家富强、人类进步的历史重任的主力军，是科技创新的生力军，他们的能力和素质决定着未来中华民族在世界之林的地位，甚至会影响人类社会发展的走向。学生的学习能力、科研创新能力是学校一再强调和关注的重点，然而纵观人类科技发展史我们可以发现，“科技”历来就是一个“中性词”，是一把双刃剑，科学的发展、技术的发明与应用向来要靠伦理学加以引导和归正。目前，大学生基于专业伦理的素质教育似乎还没有引起高校足够的重视。随着我国经济的飞速发展，全社会对科技创新的资源投入呈指数增长，在载人航天、深海探测、人工智能、高铁技术、移动互联等技术领域我国已经实现了从跟跑到领跑的转变，在我们为自身科技不断取得新突破而欣喜若狂的同时，也应当注意到由此产生的社会危机也在不断增加。因此，加强基于“专业”的伦理教育应成为高等学校深入反思、积极面对的时代课题。

习近平总书记在十九大报告中指出，青年一代有理想、有本领、有担当，国家就有前途，民族就有希望。专业伦理教育就是引导学生在开始接触专业知识时就播下责任意识的种子，明确专业所承载的伦理责任，夯实社会责任意识和担当精神。因此，专业伦理教育作为大学生专业教育、思想道德教育的结合点，是专业教育向思想品德教育的自然、必要的延伸，也是大学生思想品德教育向各专业教育的有效追溯，应系统研究、科学规划，整体有效推进，不断走向深化。

一、专业、专业伦理、专业伦理教育相关概念及内涵

整体而言，除了医学等少数专业，我国高校的专业伦理教育还处于起步和探索阶段。有鉴于此，本文的第一部分将梳理与专业伦理教育密切相关的各重要概念，为后续讨论和研究奠定概念

体系的基础。

（一）专业

“专业”的概念是社会分工的产物。从社会学的视角，“专业”是基于特定的知识和学问形成的特定职业。在英美国家，社会学对“专业”的研究已经发展成一个分支——“专业社会学”（The Sociology of the Professions）：1933 年，美国最高法院大法官路易士·布兰戴斯（L. D. Brandeis）曾经就“专业”概念做出过一个著名的经典描述，即第一，专业是一种将智识方面的训练作为必要的前期准备和就业基础的职业，关涉到大量的知识和深度的学习，这显著地区别于单纯的技能；第二，专业所追求的更多地是服务于他人，而非仅仅为了实现专业人员的自身利益；第三，专业不依靠经济上的回报作为衡量是否成功的标准（Randall J.，2000），随后格林伍德（Greenwood）、库伯（Kurb）、弗雷德逊（Freidson）等学者不断从社会学角度对专业概念和属性做出进一步的阐释，极大地丰富和发展了专业社会学的内涵。中国学者赵康以此为基础引入了专业社会学的理论体系，探索了一般性职业成长为专业性职业（即专业）的历程，并提出了成熟专业的六条标准：（1）一个正式的全日制职业；（2）拥有专业组织和伦理法规；（3）拥有一个包含深奥知识和技能的科学知识体系，以及传授/获得这些知识和技能的完善的教育和训练机制；（4）具有极大的社会效益和经济效益（鉴于高度关注和力求达成客户利益和社会效益）；（5）获得国家特许的市场保护（鉴于高度的社会认可）；（6）具有高度自治的特点（赵康，2001）。而在高等教育学的语境下，“专业”主要指“高等学校的学业门类”，在高校中对应着院系或者教研室这样的实体性机构，大学生进校后在这些实体机构中遵循一定的专业课程组织形式，进行专业知识的学习和专业技能的训练。

从实践看，高校专业设置更多地表现出一种实在性、既存性和实践性，而专业社会学的六条标准的确立使高校的“专业”概念与社会学中的“专业”概念之间相辅相成、互相贯通的关系更加清晰：（1）高校的“专业”是社会学“专业”在教育和人才培养上的需求和反映；（2）高校“专业”学习的内容是社会学“专业”所蕴含的知识特质并且最终将形成专业知识的壁垒；（3）学校对学生所进行的专业教育往往成为他们将来从事专业性职业工作的前提和基础。从人才培养的逻辑关系看，高等教育视角下的“专业”概念是社会学“专业”概念的上游部分，是大学生作为准专业人员为从事专门性职业进行学习和训练，也是为未来的专业职业生涯奠定基础的重要准备。

（二）专业伦理

从以上不同视角对“专业”概念的讨论中不难看出，专业伦理应该是专业教育必须包含的重要内容。尤其是从社会学的视角出发，“专业”随社会分工而出现，每一门专业的产生和成熟都对应着一项重要而独特的社会责任，专业人员不仅享有崇高的专业权威和社会地位，也受到高水平的道德准则和行为规范的约束，还必须深具无私奉献和利他主义的自觉，从而确保专业承载的社会责任得到妥善的履行，尽力避免和救济因专业行为不当造成的损失和危害。可以说，“专业”天生携带着伦理的基因、道德的基因，专业伦理不仅能够帮助专业人员理性、善意地运用他们所掌握的知识与技能，还具有指引和归正专业的发展方向的重要功能，是专业教育中独特的育人资源和不可缺少的内容。

总的来说，专业伦理是根据各专业的特性所发展出的、为保证专业群体恰当履行专业责任的一套伦理标准，既包含外部的伦理规则，即由专业共同体制定并要求全体专业人员共同遵守的专业伦理行为规范，也蕴含着内在的伦理价值，即专业所承载的哲理思想、价值理性和社会责任。

可以说，专业伦理是一种“责任伦理”。因为专业人员掌握专门知识、熟悉专门技能、具有专业权威、享有专业特权，在他们利用自身专业服务公众时处于相对有利的地位，相对强势，也可能制造风险，因此他们必须为自己的专业行为承担更多的伦理责任。从更深层次来看，由于每一门专业的产生和成熟都对应着一项重要而独特的社会责任，专业伦理能够确保这些专业负载的社会责任得到妥善的履行，尽可能地避免和救济因专业的社会责任不当履行造成的损失和危害。

从历史的角度考查，专业伦理学产生和兴起的直接原因，正是专业人员、专业行为违背了其对服务对象应该负有的责任，或是违背了专业承载的社会责任，并且引发了严重的后果和危机。最早的专业伦理可以追溯到公元前406年的希波克拉底誓言，而在第二次世界大战时期，这一古老的医学伦理价值遭到纳粹政府残酷践踏和严重破坏。为了改变这一情况，1945年纽伦堡国际法庭对参加非人道人体实验的科学家进行了军事审判，并在法官的判决书中提出了十条进行人体实验时应当遵循的原则，这也被称为《纽伦堡宣言》，它和随后的《赫尔辛基宣言》《贝尔蒙特报告书》一起被视为当今生物医学领域专业伦理之圭臬，也被看作现代专业伦理的发轫和基础。继医学伦理之后迅速发展的是工程伦理，在19世纪末期与20世纪初期，发展迅猛的工程行业发生了一系列重大的工程灾难事件，例如阿什塔比拉河铁路灾难（Ashtabula River Railroad Disaster，1876年）、泰河桥灾难（Tay Bridge Disaster，1879年）、魁北克桥灾难（Quebec Bridge Disaster，1879年），这些惨痛的教训给工程行业以及工程技术人员巨大的冲击，迫使整个行业直面技术与建筑工作所存在的缺点，严格思考伦理标准是否存在瑕疵（卞煜，杨晨，2014）。随后始创于20世纪二三十年代的生态伦理学、环境伦理学直接针对现代化的生产和科学技术的发展导致生态平衡被严重破坏的现实问题，要求所有环境相关专业放弃算计、盘剥和掠夺自然的传统价值观，转而追求与自然同生共荣、协同进步的可持续发展价值观（许鹏云，2012）。从 20 世纪 70 年代开始，美国工商业蓬勃发展带来经济的繁荣，但经营活动中欺诈行为日益泛滥，行贿受贿、垄断价格、商业欺诈、无视安全等种种行径遭到披露，这促使商业伦理、企业伦理在美国率先受到重视，包括伯克利、哥伦比亚、匹兹堡和华盛顿在内的一些美国领先大学，在企业和社会领域新设了博士学位项目，用来探索这些巨大的经济组织在迅速获取经济、政治和社会权利的同时，应当如何承当相应的社会责任（綦庆福，2004）。

（三）专业伦理教育

专业伦理教育就是将专业伦理通过教育的途径传递给学生或专业人员的过程。高校开展的专业伦理教育主要针对专业的特殊属性，结合专业教育对学生进行专业相关的伦理问题教育。例如，针对医科学生进行医学伦理教育、对化学化工类学生进行环境安全伦理教育、对法学学生进行司法伦理教育、对新闻专业学生进行新闻传播伦理教育等，由于每个细分专业的独特性，专业伦理应该细化、深化其伦理责任。同时，现代知识体系发展的综合性、交叉性等特征又决定了各专业知识之间的关联性，这使得专业伦理教育在一些领域还具有一定的综合性特征，例如，生态伦理、生命伦理、计算机伦理就适用于大类专业学生普遍接受的专业伦理教育。

坦诚地讲，就总体而言，目前我国高校在专业人才教育和培养上对纯粹专业知识教育看得比较重，而对专业伦理教育缺乏应有的重视。就专业伦理教育开展的情况看，医学伦理开展得最为普遍、深入，法学伦理、工程伦理次之，新闻传播伦理、商业伦理、社会工作伦理逐渐受到重视。面对经济社会的飞速发展，一些专业的伦理问题逐渐凸显，而基于具体专业的伦理学还处于起步和探索阶段，更多专业未把专业伦理教育纳入人才培养的视野，也有一些专业伦理教育与职业教育混淆在一起有待进一步厘清和深化。

在国内为数不多的对专业伦理进行深入研究的学者中，罗肖泉教授是较有建树者之一。他从社会工作专业伦理教育研究入手，由从特殊到一般的研究路径，探索建立起适用于广泛专业的专业伦理教育规律和模式。他认为，专业伦理教育应当聚焦于培养学生强烈的社会责任感、利他主义的信念以及对伦理问题的高度关注，学生不可能自然地获得这些重要的素养，必须经过专门的教育和培养。并且，专业伦理的教育和培养必须与专业教育同步，否则学生就不可能意识到专业伦理在专业知识和专业技能运用中的价值导向作用（罗肖泉，2011）。

在笔者看来，专业伦理问题将是伴随专业生涯的问题，而专业伦理教育要在大学生接触专业知识的起点上就“扣好职业生涯的第一颗扣子”。专业伦理教育的首要任务和关键目标是通过专业伦理教育帮助大学生理解专业承载的社会责任和专业人员应尽的义务，洞释社会对专业的功能期望和道德要求，树立起大学生的专业责任意识，发展大学生的专业担当能力，为大学生在未来的专业生涯里自觉遵守专业伦理、成为合乎专业素质要求的合格专业人员奠定扎实的基础。

二、深化大学生专业伦理教育要注意的几个基本问题

专业伦理理论的发展受到本专业发展、国家法律法规、产业政策等诸多因素的影响，特别是在科学技术和经济社会飞速发展的背景下，专业伦理理论自身的发展经常面临新问题和新挑战，专业伦理教育也必然随之面临许多理论和实践方面的问题。因此，在深化大学生专业伦理教育的过程中要注意三项基本原则。

（一）专业伦理教育的核心是使学生做到“求真”与“求善”的统一

所谓“求真”就是以科学精神为内核、以追求客观事实和不断完善专业知识理论体系为表现形式的探索行为；“求善”就是以人文精神为内核、以追求人类可持续发展为终极目标，对科技发展和专业发展进行规范和引导的行为。总体来说，“求真”是专业发展的“发动机”，放弃求真，专业发展就失去了前进的动力；“求善”是专业发展的“方向盘”，忽略“求善”的引导作用会导致人类严重的危机。

专业伦理教育的使命在于我们在激励学生奋勇攀登专业学术高峰的同时，播撒“善”的种子，教育学生为民族复兴、国家富强和人类福祉而刻苦钻研，在学术追求上达到“求真”与“求善”的统一，在未来职业生涯中做到个人事业成就与承担社会责任义务相统一：作为成熟专业技术的应用者，要以用先进专业技术和优质服务促进社会进步、提高人民生活质量为人生事业目标，而不是靠专业知识造成的壁垒欺诈顾客、掠夺性攫取社会公共资源获取个人（或小团体）利益；如果作为学术前沿的开拓者，更应该明确自己肩负的责任，对新的专业进展可能对社会自然资源、秩序、伦理等造成冲击有充分的预见性，知进退，有所为有所不为，自觉成为专业伦理的维护者，例如克隆技术、核能开发、药物开发与使用等都要求专业从业者高度自律。

（二）专业伦理教育要坚持“以我为主”和“积极学习借鉴”的统一

专业伦理是社会伦理的分支，归根到底是意识形态的一部分。我们构建的专业伦理理论体系是在中国特色社会主义建设的大背景下，与现行思想、道德、法律相互激荡、耦合的产物，既有中国传统文化的痕迹，更有现行思想道德意识和法律制度的规约。而从现代专业化和专业教育的历史看，以专业院系为组织基础、以社会服务为导向的专业教育模式肇始于美国（马莹，2014），与之共生的专业伦理理论和专业伦理教育也发轫于西方，特别是随着由专业畸形发展而造成的灾难（或灾难预期）对社会（或专业共同体）的震动加剧，现代专业伦理理论、专业伦理教育在西方社会受到高度重视，得到进一步发展，这些理论包含了人类共同的伦理和道德追求，但也不可避免地折射出西方传统文化、西方价值观、不同国家法律法规的影响，这些影响在不同的专业表现程度不同。

因此，在专业伦理理论发展和教育中坚持“以我为主”和“积极学习借鉴”相统一是我们必须坚持的原则。专业伦理以专业知识和技术为依据和支撑，而专业知识和技术总是呈现出动态发展的趋势，这也意味着专业伦理的内容不是固定的、唯一的，而是发展变化的。目前，随着改革的不断深入，我国不论在自然科学、工程技术领域还是在人文社会学专业领域都取得了突飞猛进的发展，在一些重要领域已经跻身世界先进行列，某些领域正由“跟跑者”向“领跑者”转变，因此应当坚持“以我为主”的自信态度，坚持社会主义核心价值观的引领作用，在解决专业伦理前沿问题中，创造性地进行专业伦理建设和专业伦理教育。这不仅能够使专业伦理教育更好地服务于我国的社会需要，扎根于中国的社会环境，反应当代中国的精神追求，引导大学生从自己的文化和信仰出发，从自己力所能及的学习、工作做起，承担和践行新时期新任务下的社会责任，也有利于我国在国际社会关注和应对专业伦理问题方面做出独特的贡献，承担起应有的大国责任。当然，随着全球化进程的不断深入，专业人员的国际交流与协作、专业服务和产品的跨国供应和流转、专业活动在全球影响范围的扩张使得专业伦理问题不再局限于一国之内，而成为跨越国界的国际社会的共同问题，全球学术共同体以及专业团体往往面临着相同和类似的专业伦理危机。因此，保持客观和谨慎的态度，批判地、辩证地向专业伦理教育取得良好效果的国家“学习借鉴”，无疑有利于我国高校专业伦理教育吸取教训，少走弯路，提高效率，拓宽合作。例如，在构建科研诚信教育体系时我们所学习借鉴的由美国国家科学基金会（National Science Foundation，NSF）和美国科研诚信办公室（Office of Research Integrity，ORI）资助的专门针对研究生进行的负责任研究行为训练（Responsible Conduct of Research Training，RCR Training）项目（李素琴等，2014）就是很好的证明。

（三）专业伦理教育要坚持专业教育与思政教育的有机统一

注重伦理教育的专业教育才是负责任的教育。专业知识的独特性和其对非专业人士的壁垒决定了专业伦理的重要性。对专业共同体来说，专业教育肩负着为本专业可持续发展源源不断地输送高素质后备人才的重任；对社会来说，专业教育肩负着为人民大众提供安全可靠的高质量专业服务、提高生活品质的重任；对国家来说，高素质的专业人才队伍是国家创新发展、协调发展的基础；对专业人才个体来说，专业技术精、责任意识强才能铸就辉煌的人生。

充分发挥专业伦理教育的育人功能，可以实现思想政治教育的有效渗透。专业伦理教育是专业教育的自然延伸，是学生实现学术理想、人生价值的必然要求，与理想信念教育、爱国主义教育、培养责任意识和担当精神同向同行。思想品德教育与专业教育相结合，实现了专业教育与思政教育的有机融合、学生人生观价值观教育与学术理想的结合，使思政教育内容更加鲜活、形式更具亲和力。所以，思政教师要主动与专业教师联手，使专业伦理教育成为思想政治教育与专业教育的有效结合点，成为专业教师和思政教师携手共同发力的着力点。

三、统筹深化大学生专业伦理教育

（一）深化专业伦理教育要以社会主义核心价值观为统领

党的十九大报告指出，社会主义核心价值观是当代中国精神的集中体现，凝结着全体人民共同的价值追求。如前所述，专业伦理是专业特性蕴含的哲理思想、价值理性和社会责任以及由此派生的行为规范，从属性上讲专业伦理是意识形态。面对世界范围思想文化交流交融交锋形势下价值观较量的新态势、国际国内大局深刻变革的大调整以及科学技术飞速发展对社会意识和国家治理带来的诸多挑战，我们只有坚持以社会主义核心价值观为统领，才能有效构建和完善具有中国特色的专业伦理理论体系，在深化专业伦理教育的进程中始终保持正确方向。

社会主义核心价值观为中国特色专业伦理理论体系提供了具体指导。总体言之，专业伦理的核心目标是追求人类长远福祉和社会可持续发展，这在当代中国是一个具体的目标，在国家建设方面追求富强、民主、文明、和谐，在社会发展方面追求自由、平等、公正、法治，这应该成为各专业伦理价值追求的共同目标。以核心价值观为统领，并不排斥以开放的心态对外积极地学习和借鉴，相反，为了实现我们的价值追求，只要有利于促进国家建设和社会发展的一切理论及实践成果都应该成为中国特色专业伦理理论学习、吸收的对象。

专业伦理教育拓展了高校培育社会主义核心价值观的有效途径。以往的思政教育更多强调大学生要从公民层面爱国、敬业、诚信、友善践行核心价值观，而专业伦理教育把国家层面、社会层面的价值追求全方位融入学生思政教育，使学生的人生理想、学术追求与国家建设和社会发展大势有机结合，有效拓展了培育社会主义核心价值观入脑入心的教育途径。

（二）发挥课堂教学主渠道作用

专业伦理是基于专业特质所承载的伦理价值，专业伦理教育是专业教育和相关伦理理论教育的结合，其本身专业性很强，要求很高。所以，基于专业伦理对人才培养的重要性和对专业伦理教育特性的充分认识，各高校应发挥课堂教学主渠道作用，要求各专业针对本科生和研究生适时适度开设专业伦理教育课程，并重视和加强该课程建设。

加强专业伦理教育课程建设，首先应当强化该课程教师队伍建设，选择具有扎实专业基础和伦理学背景的老师开展专题研究，深入专业工作一线，调研现实工作中存在的伦理问题，与活跃在专业科研一线的领军人物共同探讨专业未来发展对社会的影响以及可能带来的冲击和挑战；通过“送出去”“请进来”等方式积极学习和借鉴国外先进经验；与思政教师联合开展学术研究，深入挖掘专业伦理的育人功能。同时，应加强教材建设，鼓励有条件的教师编写独具特色的专业伦理教材，收集实践素材进行案例库建设，保证专业伦理教育课程既具有理论高度又鲜活生动，使学生喜欢学习、能够从中受益。

并且，专业伦理思想应当融入专业课程体系中的每一门课程。专业教育课程作为一个完整的体系共同构成专业的知识特质，专业承载的哲学思想和价值追求作为不可或缺的部分也必然要融会贯穿每一门课程。所以，每一位授课教师都负有对学生进行专业伦理教育的责任和义务，这应成为每一位授课教师的共识，形成专业伦理教育多管齐下、齐抓共管的良好局面。

（三）专业伦理教育与其他思政教育活动统筹规划

专业伦理教育既是知识的学习又是素质的养成，仅仅通过课堂知识学习是不够的，同时，专业伦理教育不是孤立的，要与其他品德教育和社会责任感教育、实践活动有机统一，协同推进。

专业伦理教育强调专业特质基础上的社会责任和担当精神，

在实质上与深深渗透着“家国情怀”“仁爱大义”“自强不息”等优良道德的中华优秀传统文化一脉相承，与追求科学精神和人文精神有机统一的科学道德息息相通，与我国社会主义公民道德建设相辅相成。因此，在规划大学生思政教育时要结合专业特点，既注重基础道德和面上教育的有效推进，又注重专业伦理教育的相互融通，切实增强教育的针对性和实效性。

专业伦理教育作为养成教育，单纯的知识灌输远远不够，要主动与各类实践活动有机融合，使学生在实践中去理解、深化：可以开展专业调查，让学生了解本专业知识和专业伦理在现实生活中的重要作用和独特贡献；可以开展社会公益活动，让学生在利用专业知识为大众服务的过程中体会人生价值和责任担当；还可以组织学生到生产生活一线收集素材编写教学案例，使他们亲自体会在知识应用前沿可能面对的伦理冲突，等等。

总之，强化专业伦理教育、培养高素质专业人才是教育贯彻新时代中国特色社会主义思想，践行新发展理念的具体体现，意义深远。各高校应重视和深化专业伦理教育，使专业教育与理想信念教育、社会责任教育、学生人生规划教育等有机融合，有效拓展思政教育的新领域，切实增强针对性和时效性。

参考文献：

[1] Randall J. A profession for the new millennium [J]. Higher Education Re-formed，2000：154－168.

[2] Greenwood E. Attributes of a profession [J]. Social Work，1957：45－55.

[3] Kurb M. Management consulting：A guide to the profession [M]. International Labour Organization，2002.

[4] Freidson E. Professional powers：A study of the institutionalization of formal knowledge [M]. Chicago：University of Chicago Press，1988.

[5] 赵康. 专业化运动理论——人类社会中专业性职业发展历程的理论假

设［J］．社会学研究，2001（5）：87－94．

［6］卞煜，杨晨．虚拟仿真在工程伦理教学中的应用研究与实践［J］．实验技术与管理，2014（8）：12－15．

［7］许鹏云．生态伦理学视野下的《弗兰肯斯坦》［J］．湖北广播电视大学学报，2012，32（8）：93－93．

［8］绿庆福．企业商业伦理案例分析与建设［D］．北京：对外经济贸易大学，2004．

［9］罗肖泉．高等学校专业伦理教育论纲［M］．北京：知识产权出版社，2011．

［10］马莹．美国专业教育发展的社会与文化基础［J］．清华大学教育研究，2014（3）：73－80．

［11］李素琴，边京京，李淑华．美国研究生负责任研究行为教育最佳实践——RCR教育项目研究［J］．学位与研究生教育，2014（9）：63－68．

关于加强研究生学术道德教育的思考

袁昌菊　李　倩

（四川大学经济学院　四川成都　610225）

摘　要：研究生是推动我国政治、文化、经济等各方面发展的主力军，是我国建设创新型国家的重要力量。近年来，不断出现的学术不端现象给我国研究生学术道德教育敲响了警钟。加强研究生学术道德教育，解决研究生群体学术道德失范问题，对保障我国高校研究生正确开展学术活动、提高高校研究生教育质量具有重要意义。本文在梳理相关历史文献的基础上，对学术道德的概念、学术道德问题的具体表现以及当前高等院校加强研究生学术道德教育的必要性进行了系统性阐述，并研究了我国高校研究生学术道德滑坡、学术失范的具体原因。针对我国研究生学术道德问题产生的原因，本文提出了加强研究生学术道德教育的对策建议。

关键词：高等院校；研究生；学术道德

学术道德（Academic Integrity and Ethics）是指从事科研工作和进行学术活动时所应遵守的道德规范和准则，具有鲜明的职业性和较强的自律性。它是学者在进行学术活动时所表现出来的一种精神风貌，是一种内化的学术道德品质，对学术、高校和社会的发展都具有重要的作用。研究生作为我国学术研究的生力军，是推动我国学术研究建设、不断充实学术队伍的重要新生力量。然而，近些年来，随着我国高等教育的快速发展，高校研究生队伍不断扩大，研究生群体中学术失范、学术不端现象不断滋生。研究生教育领域出现研究生学术道德水平滑坡、培养质量下降等问题，给我国研究生学术道德教育敲响了警钟。

一、研究生学术道德问题的具体表现形式

根据教育部2016年颁布的《高等学校预防与处理学术不端行为办法》（以下简称《办法》），学术不端是指高等学校及其教学科研人员、管理人员和学生，在科学研究及相关活动中所发生的违反公认学术准则、违背学术诚信的行为。《办法》明确指出，高等学校的学术不端行为主要包括：（1）剽窃、抄袭、侵占他人学术成果；（2）篡改他人研究成果；（3）伪造科研数据、资料、文献、注释，或者捏造事实、编造虚假研究成果；（4）未参加研究或创作而在研究成果、学术论文上署名，未经他人许可而不当使用他人署名，虚构合作者共同署名，或者多人共同完成研究而在成果中未注明他人工作、贡献；（5）在申报课题、成果、奖励和职务评审评定、申请学位等过程中提供虚假学术信息；（6）买卖论文、由他人代写或者为他人代写论文；（7）其他根据高等学校或者有关学术组织、相关科研管理机构制定的规则，属于学术不端的行为。我国研究生群体中出现的学术道德问题主要有以下三点：（1）学术失范，即引文、数据、注释等的信息缺失或不完整，或不符合相关规范；（2）学术不端，即伪造或篡改数据、文献，捏造事实；抄袭剽窃；侵吞、篡改他人成果；伪造注释；不当使用他人署名；无贡献署名；一稿多投等；（3）学术腐败，即利用学术资源牟取非正当利益或者利用不正当资源谋取学术利益。学术道德的缺失，一方面会形成学术失信、反向激励的学术氛围；另一方面，学术道德缺失造成研究生水平下降、创新能力下降，长此以往对我国社会经济也会造成巨大损失。因此，分析我国研究生学术道德缺失原因，进而从根源上解决研究生的道德问题十分重要且必要。

二、研究生学术道德缺失的原因分析

论文抄袭、数据伪造、考试作弊、调查问卷造假等学术不端行为频频出现，不仅破坏了高校学风、校风建设，扭曲了追求真理的学术准则，而且严重影响了我国学术质量、研究生教育质量。这些现象的产生一方面是因为研究生自身对学术道德的认识不够，缺乏学术道德自律意识；另一方面，高校相关制度体系的不完善也是导致研究生学术道德滑坡的重要因素。

（一）研究生自身学术道德水平不足

随着研究生入学人数逐年增加，研究生群体道德意识参差不齐。再加上浮躁的社会大环境、激烈的人才竞争和不断增加的就业压力，使得研究生群体中相当一部分人的求学目的趋于功利，找到一份好工作成了研究生在校学生的主要目的，潜心钻研学问反而成了研究生在校期间不看重的一件事。为了尽快取得学术成果，他们放松对学术的钻研，走上了学术不端的“捷径”。甚至有的具有一定学术道德意识的研究生，“对名利的过度追逐导致学术规范的边缘化、淡漠化，传统的学术道德规范体系的道德约束力日益被削弱”（顾越桦，2013）。

（二）高校相关监管机制不完善

高校“学术治理的诸多制度性缺陷是导致学术不端行为产生的关键性因素”（吴宇，2017）。监管制度的缺失，降低了研究生学术不端行为的成本，只要研究生“认为学术不端行为预期收益大于学术不端行为成本，有利可图，他就会铤而走险”（程孝良等，2009）。另一方面，有的高校虽然制定了相关的监管制度和监管措施，但在执行阶段，由于制度的不合理和对监管人员专业知识要求过高，尽管高校采取了相应的防范措施，依然存在学术不端、道德失范的行为。监管不足、监管不合理都导致了学术不端行为成本低，这在一定程度上促进了学术道德滑坡现象在研究生群体中的蔓延。

（三）高校学术道德教育缺失

《哈佛学习生活指南》中最醒目的地方写着“独立思想是美国学界的最高价值”，独立思想、独立学术观点的重要性，是哈佛给新入学学子最先上的一堂课。美国高校严厉禁止盗用别人的观点，甚至在课堂发言中引用的观点都必须说明出处。在美国，高校通过各种途径和方法对学生进行学术道德教育。培养学生的自律意识，规范学生的学术道德。目前，我国许多高校都在想办法加强在校学生的学术道德诚信，例如，四川大学不仅增设了学术诚信课程，而且在每一个考试周到来之前，都会在常用考场周围设立学术诚信展，向学生宣扬学术诚信的重要性。此外，不同的学院也会聘请专业教授开展学术道德教育讲座。但是，我们应意识到，我国高校目前还没有一个系统的、合理有效的学术道德教育体系，来规范和引导学生的学术行为，加强学生的学术道德教育。我国高校学术道德教育目前还处于学习模仿的阶段，加强高校学术道德教育任重道远。

三、加强学术道德教育相关建议

党的十九大报告中明确指出，要加快建设创新型国家。目前我国创新能力还不够强，研究生作为我国创新实力的主力军，他们的创新能力和学术水平关乎我国未来发展的方方面面，是实现我国建设创新型国家的中坚力量。而研究生学术不端，一方面破坏了学术公平，浪费了学术资源；另一方面，更是影响了我国“科教兴国”战略的实施，甚至可能引发社会的信任危机。因此，加强研究生学术道德教育，解决研究生群体学术道德失范问题，对保障我国高校研究生正确开展学术活动、提高高校研究生教育质量和学术水平具有重要意义。

（一）建立完善的学术道德失范的惩处制度

对学术道德失范、学术行为不端的惩罚影响着研究生的科研积极性，有利于研究生的长远发展，合理的惩罚措施也能对研究生起到一定的教育作用。建立健全研究生学术惩处制度，制定流程规范、切实可行的处理方法，加大研究生学术失德成本，将有效预防学术不端行为在研究生群体蔓延。在健全我国学术不端行为惩处制度时，可以借鉴国外高校学术诚信制度的成熟经验，除了制定详尽的处理流程外，还要对具体行为施予具体惩处措施。同时，在制定学术不端行为惩罚制度时，也要保障处理过程的公开透明，合理合法。

（二）健全学术审查监督机制

美国高校惩罚最严厉的不是打架斗殴、夜不归寝，而是学术不端行为。严格的监管制度使学生不得不时刻关注自己的行为是否违反了学术道德。许多国家也拥有政府、高校、社会三方共同制定的学术监督机制，以切实保障学术诚信行为。要加强我国研究生学术道德教育，就必须健全学术审查监督机制。借鉴国际经验，我国在完善高校审查监督机制时，除了政府和高校的主导作用外，还可设立独立的社会团体来进行监督，作为高校研究生学术审查机制的重要补充。此外，高校制定规范严谨的处理程序，并设立专门机构，来监督和执行学校学术诚信制度。例如美国杜克大学设立了学术委员会，华盛顿大学设立了学术诚信实施小组等，来保障学校诚信制度的实施。

（三）完善学术道德教育系统

加强研究生学术道德教育，对培养研究生学术道德自律意识有着重要的意义。高校可从以下几个方面来完善学术道德教育系统：（1）以《关于树立社会主义荣辱观、进一步加强学术道德建设的意见》作为高校开展学术道德教育工作的指导方针，将研究生学术道德教育纳入研究生教育计划，开设学术道德规范课程，有利于规范研究生的学术行为，降低学术失信几率，提高研究生学术能力；(2) 开展学术规范教育，包括请知名教授到校进行学术报告活动、校内外知名学者到校进行道德教育分享活动等，强化学生学术道德意识；(3) 建立研究生个人诚信档案，形成一个长效的诚信跟踪机制，将研究生诚信与自身利益绑定，使研究生切实认识到个人诚信的重要性。

四、结论

随着我国高等教育的不断进步和研究生群体的持续扩大，学术道德滑坡事件频发，已经严重影响了我国高等教育的健康发展和国家文化、科技、创新实力的长足进步，加强研究生学术道德教育刻不容缓。只有从根源上解决研究生群体的道德失范问题，营造良好的外部学术氛围，才能真正改善现阶段研究生学术能力不足，推动学术繁荣，从而提升我国科研学者的创新实力，打造世界一流科技强国，实现我们的中国梦！

参考文献：

[1] 周洁．研究生学术道德现状、原因及对策分析［J］．江苏高教，2014（06）：112－1.

[2] 姚志友，董维春．他律与自律：研究生学术道德教育的逻辑与路径［J］.学位与研究生教育，2018（4）：31－37.

[3] 肖健．研究生学术道德：从规训到自律——来自康德的启示［J］．学位与研究生教育，2016（6）：40－44.

[4] 王文利，何振海．研究生学术道德教育的实施路径——以美国大学为参照［J］．学位与研究生教育，2015（9）：70－74.

[5] 石清云，肖柯．构建研究生学术道德与学术规范长效机制的实践维度［J］.教育探索，2015（6）：77－79.

[6] 吴宇．中美研究生学术道德教育制度比较研究［J］．西南民族大学学报（人文社会科学版），2014，35（7）：214－217.

［7］薛桂波．研究生学术道德教育现状审思与体系创新［J］．教育评论，2014（6）：87－89.
［8］康淑敏．拓宽路径 加强研究生学术道德教育［J］．中国高等教育，2014（Z1）：40－41.
［9］顾越桦．研究生学术道德失范的道德心理成因分析和对策研究［J］．中国高教研究，2013（6）：59－63.
［10］王沙骋．研究生学术道德和学术规范教育长效机制研究［J］．思想教育研究，2011（1）：68－71.
［11］马革兰．研究生学术道德失范的表现、根源及对策［J］．山西财经大学学报，2009，31（S2）：296－297.
［12］程孝良，倪师军，曹俊兴．研究生学术不端行为成因与对策探讨：基于社会学理论的视角［J］．学位与研究生教育，2009（8）：15－19.
［13］研究生教育评估制度研究及体系构建课题组．国外研究生教育评估制度研究［M］．上海：华东师范大学出版社，2015.
［14］朱小平，邬丽莎．当代研究生学术诚信保障体系研究［M］．成都：西南交通大学出版社，2015.
［15］张建功．中美专业学位研究生培养模式比较研究［M］．广州：华南理工大学出版社，2014.
［16］复旦大学研究生院．研究生学术道德案例教育读本［M］．上海：复旦大学出版社，2016.
［17］吴宇．高校学术诚信治理体系研究［M］．成都：四川大学出版社，2017.
［18］杨云霞，高宝营．学术道德规范与知识产权概论［M］．西安：西北工业大学出版社，2016.

高校研究生诉求表达法律对策探究

[1]泽仁卓玛 [2]周 聪

（1 四川大学党委学生工作部 四川成都 610065；
2 四川省成都市郫都区区委办 四川成都 611730）

摘 要：高校研究生诉求表达是高校研究生向学校管理部门及人员提出问题、表达意见与建议的机制。关注高校研究生的诉求表达，对建立和谐校园和形成平稳社会环境具有重要的理论和实践价值。本文针对高校研究生诉求表达方面存在的问题，从法律的视角出发，提出应当确立研究生权利主体地位、建立诉求表达程序机制、构建严格责任追究机制等，以期为高校研究生诉求表达的法律建构提供些许借鉴和启示。

关键词：高校研究生；诉求表达；法律对策

高校研究生诉求表达是指全日制在校研究生借助特定的制度和渠道，围绕高校管理、在校权益、群体或个人要求、权利维护等关涉公民基本权利和研究生受教育权利的各个方面，向学校或者学院提出问题，表达意见或建议，以期实现其合法正当要求和愿望的一种权利，而这些要求和愿望与高校管理、教学、学习、生活等密切相关，并受到一定社会环境和条件的限制。高校研究生诉求表达就时间范畴而言，分为事前表达、事中表达、事后表达，亦涉及即时表达与滞后表达；就空间范畴而言，分为校内表达与校外表达，主要涉及校内申诉、教育行政申诉、行政复议及行政诉讼。

一、高校研究生诉求表达存在的问题及原因

高校“压制型”管理观念的长期存在，使得高校虽不断深化改革并转换管理理念，但传统观念扎根已深，观念的转变确属不易。由于高校研究生群体追求独立、自由、个性，加之生活及家庭环境、知识结构、教育情况、社会接触等因素的影响，导致研究生群体的三观存有差异，因而对不同事物的接受程度、自身权益的保护、心理承受能力、诉求的内容、表达的形式等诸多方面均有不同，诉求呈现多元化的趋势。而就诉求表达而言，主要存在五个方面的问题。

（一）诉求表达需求强烈但付诸实践者少

对新事物接受能力强、信息接收速度快、自由民主意识迅速提升的“90后”研究生，对自身合法权益的维护意识逐渐增强，对自身的诉求呈现出主动性和积极性的表达趋势，但真正进行过诉求表达的人却很少。对不表达诉求的主要原因，研究生认为即使进行了诉求的表达，也不会得到有效的解决，但在少数曾有诉求表达经历的研究生中，大部分学生对学校的处理结果呈满意态度；再者，诉求表达需求的强烈并不必然导致表达的践行，在与自身权益密切相关的诸多方面，部分学生倾向于选择保持沉默、私下泄愤或借助私立救济的方式表达。

究其原因，高校传统“管理与被管理”观念固化，且传统权力结构模式主要为行政权力和学术权力，将包括研究生在内的大学生置于被动的状态而忽视了对权利的保障，或者即便进行了民主法治等改革，但改革不深入、影响不广泛，学校对诉求的解决能力及处理结果仍不能为广大研究生同学所信任，从而导致大学生对诉求的表达及问题的解决存有偏见，而这种偏见又转而影响了诉求表达的践行。同时，也有研究生自身意识方面的原因，如缺乏对权利的实际维护意识、因嫌麻烦或怕遭报复而不愿表达、

自以为表达无用则不予尝试等。

（二）学校机关部门及各学生组织发挥功效小

四川大学有 28 个校级机关部处，34 个学院，还有部分中心、研究所等科研机构，10 大校级组织，100 余个校级学生社团等，然而调研显示，就表达途径及渠道而言，不知如何表达诉求的学生很少，其中由学校宣传和辅导员告知所占比例最大，可以看出学校至少在诉求表达途径及渠道的设置及宣传等方面，并没有以往认知中那么糟，但是就各校院组织机构及人员而言，研究生总体上选择向辅导员进行诉求表达的情况较多，而选择向校院机关部门反映的较少。

各学生组织在突发事件下功用发挥较小，并且在法律意识调查之校院内的维权途径方面，研究生群体选择向研究生会等学生组织反映的不足 10%。各级学生组织既是学校管理者与学生之间沟通的纽带和桥梁，又在一定程度上承担着代表高校学生进行诉求表达的职责，并兼具维护学生权益的功能。然而实践却表明，学生组织至少在研究生诉求表达方面发挥的作用并不大。

当前，高校与学生之间，尤其是与研究生之间已脱离以往单纯的管理与被管理的关系，而是更趋平等的教学与求学的合作关系。对机关部门发挥功效较小而言，既有意识的原因，未将“学生权利”放在工作首位，又有渠道不畅通、学生不信任等因素。而各学生组织的不独立，经常只扮演“下达”而没有“上传”的功效，诟病颇多，使得其发挥功效不大。

（三）表达机制不健全且研究生网络表达的使用率低

诉求表达机制包含很多方面，涉及法律保障、观念意识、负责机构、人员组成、表达渠道、表达程序、反馈途径、解决方式、信息公开、监督救济、责任承担等，然而实践表明诉求的表达存在诸多问题，表达机制不够健全。另外，辅导员在诉求表达方面发挥了积极作用，学生对其工作颇为信任，使得寻求辅导员帮助在研究生看来是一种便捷、有效、快速解决问题的方式。而这种情况的出现，与学校诉求表达渠道不畅、途径受阻、程序烦琐、诉求无果等不无关联。表达机制的不健全，还与构建一套完整有效机制所需人力、物力、财力的庞大、制度的良好设计和运行、监督及救济措施的构建、责任追究体系的完善等息息相关。

同时，基于“互联网+”时代的影响，经观察，绝大多数研究生明确知道可以使用网络途径进行诉求表达，然而经常通过网络进行诉求表达的研究生却不多。而笔者在法律意识方面的调研中发现，在熟悉的校园维权途径方面，通过网络寻求帮助的研究生也较少。究其原因，与学校对网络途径的重视程度和利用情况低、网站日常的运行维护差、透过网络进行表达的实际效果不佳等有关，学生对网络表达持有怀疑态度。

（四）存在偏激的诉求表达方式

“90后”群体多是独生子女，在个性张扬的背后亦包含感性、鲁莽、冲动、自私等性格特征，加之对权利的理解偏差，他们更强调个人权益的保护而忽视了义务的履行及责任的承担。诉求的适当、合理、合法表达是高校研究生的“泄气”“减震”装置，可以避免情绪累积造成恶性事件爆发，但动辄拿起权利当令箭而规避自身义务和责任的做法，不仅使得权利意识过分拔高，权利有被滥用的趋势，一旦诉求不被满足，“90后”群体便极易出现极端情绪，酿成恶性事件。另外，个体的认知差异导致诉求内容和表达方式的不同，总体而言呈分散式，然而情绪的渲染加之“90后”的性格特征，使得这种分散式的诉求表达，在以寝室、班级、年级、学院、民族、各学生组织、学生社团等为单位的影响下，极易出现综合、聚集的趋势，从而引发群体性事件。

高校研究生在学习、生活以及经济困难、心理问题方面，存有部分偏激的诉求表达方式，且多为消极暴力形式，如自杀等，而此种情况的发生，在学校层面，与诉求无门、表达不畅、诉求得不到妥善解决、诉求处理的实体或程序方面存有问题、受到不公正待遇、推诿责任等均有关系；在研究生个人层面，与其自身法律意识、内涵修养、心理偏差、性格缺陷等相关。

（五）诉求表达缺乏严格的责任追究及完善的救济程序机制

包括研究生在内的学生群体与学校之间既存在行政管理关系，又存在民事关系，关涉二者间权利义务的法律规范有：《宪法》《教育法》《行政复议法》《行政诉讼法》《学位条例》《普通高等学校学生管理规定》《集会游行示威法》《高等学校校园秩序管理若干规定》《高等学校校园秩序管理若干规定》《关于加强依法治校工作的若干意见》《高等学校信息公开办法》《高等学校章程制定暂行办法》《教育重大突发事件专项督导暂行办法》等。

然而由于高校诉求表达的研究兴起较晚，因而相关法律保障和制度构建亦较缺乏，虽有以上列举的宪法、法律、法规、规章等对其进行规制，但实践中仍存在法律规定空白、法律法规不明确、规制范围较窄、程序性保障欠缺、教育行政申诉与复议并存使得效率低下且效果不佳、行政复议范围较小、行政诉讼受案范围模糊、下位法违反上位法等问题，尤其是校内申诉制度，其在人员设置、程序使用、机构独立、受理范围、权利享有等方面亦存在问题，使得诉求表达在法律层面缺乏严格的责任追究及完善的救济程序机制，导致出现诉求即使表达也未能收到很好效果的尴尬局面。

二、高校研究生诉求表达的法律对策

在依法治国的不断推进下，高校的教育管理改革和制度建设亦朝着民主、法治的方向迈进，依法治教、依法治校成为构建和谐校园的应有之意。然而，由于对高校诉求表达的实证研究仍较缺乏，加之法律本身具有的滞后性、局限性等特点，使得诉求表达的法律制度建设不甚健全。针对以上问题，笔者认为在加强和改善高校研究生诉求表达方面，有五点法律对策建议。

（一）确立权利主体地位，加强高校民主法治建设

《高等教育法》明确规定高等学校的学生应当按照国家规定缴纳学费。由此，以往高校单一的管理模式被打破，由教育消费合同所形成的民事法律关系日益凸显。在此种契约型关系中，学校与学生是平等的主体，至少在法律层面，学生不再是单纯的被管理者。虽然有大部分学生认为高校与学生之间应是共同管理的关系，但还是有部分学生认为目前大学生在高校管理中有一定的参与权，但是作用甚微。而《普通高等学校学生管理规定》亦规定，学校应当建立和完善学生参与民主管理的组织形式，支持和保障学生依法参与学校民主管理。

由此可见，依法治校日益得到加强和受到重视，研究生参与高校的民主管理也有法律依据，因此高校应当确立并重视包括研究生在内的学生群体的主体地位，树立以他们为中心的意识，不再将处于主体地位的学生客体化，而当以服务的姿态面向学生。对于研究生的诉求表达，尤其是可能存在偏激行为的研究生诉求方面，应予以重视并提前防范，并且继续加强对学代会、团代会、研究生会等的建设。然而，权利与义务是并存的，对学生权利的重视和维护应与其所负义务、所担责任作为对应，因而还应增强学生的责任意识，使之不至于盲目、错误、无序、偏激甚至暴力地进行诉求表达。

确立权利主体地位不仅需要高校从“压制型”管理转向“回应型”管理，还需要加强高校的民主法治建设，不但可以充分利用高校法律咨询处、法学院、法律援助中心、法律类社团等资源，对研究生群体进行普法宣传、矛盾调处、诉讼指导，甚至举办免费诉讼代理等活动，培养他们的权利义务意识，提供法律意见，建立合理合法解决问题的法律观念。同时还要注重并完善他们的参与权，增强校生协商机制、赋予同学们参与制定校规及学

校日常管理的权利。尤其是研究生同学，他们经过硕士或者博士几年的教育，已经具备较为完善的管理能力，如能让他们参与制定校规与学校日常管理事务，将进一步加强他们与学校之间的联系与互动，从而有助于他们积极的诉求表达等。

（二）明确学校机关部门职能，发挥辅导员及学生组织功效

高校的机关部处一般自成体系，上传下达的层级部门设置使得各组织得以良好运转。就四川大学而言，有机关党委，党委下设有学生工作部、研究生工作部、保卫处等，还有教务处、研究生院、校团委、后勤管理处、招生就业处、国际合作与交流处等机关部门，而其中多个部门与学生的利益紧密相关。虽然与研究生群体密切相关的机构乃研究生院、研究生工作部，但是其他机构也并非完全不相关。

然而，尽管学校机关部门的设置较为完善，但诉求表达却没有发挥出其应有的职能。因此，至少应当在学校章程的“软法”方面构建起一套自上而下的、完整且切实有效的诉求表达运行机制，不仅进一步建立和完善诉求的分类机制，明确不同的诉求由哪个机关部门负责第一手的接收，并且为适应研究生诉求内容的日益发展，另设置“兜底”部门，以便在以往设置的机构无法明确区分诉求类型，或诉求类型为以往所未有时，进行诉求的“兜底”接收，然后再经讨论研究，转交给与诉求内容相关的一个或几个机关部门，以免因机构设置的滞后造成诉求表达无门的后果。另外，还可以单独机构或联合办公的部门设置进行诉求表达的接收，由一个窗口集中接收所有诉求，再在内部进行诉求分类后转交各机关部门处理，在人员的安排上，为更便捷、高效、省时、省力，可以以各个部门轮流派员值班的形式实现，以避免各部门之间“踢皮球”情况的发生。需要注意的是，处理诉求表达的部门和诉求内容密切相关的部门不应该为同一机构，以防产生“运动员与裁判员实属同一人”的不公现象。

再者，作为在诉求表达中发挥功效较大的辅导员群体，应进一步发挥其一线作用，不仅继续加强对辅导员的素质培养，尤其法律素质的培养，而且可以开通一条诉求从辅导员直接到学校机关部门的特殊通道，绕过学院这一层面进行诉求的转达，使得研究生诉求得以更及时、更高效地进行表达。另外，各学生组织是研究生与学校相互沟通了解的桥梁，起着“上传下达”的作用，且很多学生组织也设置了诉求表达途径，因而，进一步保障学生组织的机构独立性，且提升学生组织的地位，培育研究生参与管理组织，并以制度的形式发挥其功用，使得诉求可以有更多的渠道得以表达。

（三）建立健全诉求表达及解决机制，充分合理利用网络的积极作用

高校研究生的诉求表达需要制度的保障才能得以充分实现，而一套完整的机制运作需要上下联动才能得以实现。就诉求的表达机制而言，体系的建构主要包括四个方面：一是经由院系到学校；二是经由学生组织到院系或学校；三是直接经由辅导员到学校；四是直接由个人到学校。其中，后两项为诉求表达的特殊通道。因最后的落脚点都在学校，因而学校对诉求的接收，如前文所述，既可以对应各个部门，如院研究生办到校研究生办，亦可以设置一个专门的诉求接收机构。

就诉求的解决机制而言，在由院系到学校的体系下，院系层面分为一般工作组和院系领导工作组。一般工作组包含学工组（含团委书记、辅导员等）、各行政办公室和各学科教研室，负责人为各个单位的书记或主任；院系领导工作组由院系各领导组成，由院党委书记任组长。在院系体系下，研究生的诉求先由一般工作组解决，无法解决时再交由院系领导工作组讨论决定。而在学校层面，除特殊通道外，首先由学校的诉求接收部门接收；其次是接收部门的负责人，为校机关部门的领导工作组或专门机

构的负责人；再次是校领导工作组，由校党委书记任组长。与院系相同，在学校体系下，根据诉求的疑难、复杂程度，分别由诉求接收部门到接收部门负责人再到校领导工作组的模式，层层解决。

在由学生组织到院系或学校的体系下，院系或校级学生组织分别对应院系或学校体系，当院系学生组织无法实现诉求表达时，再将诉求提交校级学生组织，由其牵头进行校级的统一表达。而在特殊通道体系下，辅导员方面不再赘述，对于直接由个人到学校的体系，学校需要搭建直接到访的表达渠道，切实建立起主任、院长、处长、书记、校长等各校院及机关部门领导信箱，同时各领导公开接待日亦需实际开展并做出意见反馈。

另外，诉求表达机制的构建离不开网络途径的充分合理使用，可以通过开通部门机构官方微博、设置公共主页、搭建微信公众号各种新媒体等方式，进行信息的发布、交流、收集、反馈，并进行强有力的宣传，同时派专业人员进行网络平台的运作、管理和维护，但同时不能忽视以网络为主的新兴媒体所涉及的风险和问题，应予以防范并正确引导，值得一提的是，就四川大学而言，学校主页上的书记信箱和校长信箱便是个人表达诉求的最好方式，且这两个信箱做到了每信必复，履行了“为学生服务”的宗旨，在包括研究生在内的学生诉求表达方面发挥了积极的功效。

（四）建立完善的诉求程序机制，注重并加强对权力的监督

高校研究生的诉求表达，既要追求处理结果的公正，又要重视处理过程的正当，因而进一步建立和完善诉求处理程序，保证程序合法，才能更有效地保障研究生的权益。

在表达的方式上，无论是传统方式还是网络表达，都应以书面的形式做出，校院方面应免费提供诉求表达所需的书面纸质表或电子表，其内容应包括但不限于研究生的个人信息、联系方

式、诉求内容、诉求对象、处理时限及程序、权利义务、责任承担、权利救济等。至于研究生的个人信息，以保护隐私为出发点，由其自愿选择是否填写。同时，接收人员应口头提示享有的权利、处理的程序、处理的期限、未予处理或延期处理的救济方式以及责任的承担等。对于未予受理的诉求，也应以书面的形式做出告知，告知内容为不受理原因及救济方式。当然，特殊情况如突发事件下，诉求可以以口头的形式做出，但事后仍需补充书面材料。

在诉求处理的程序机制方面应做到：第一，应实行回避制度，且裁判应公正、公平，不偏听偏信；第二，在做出处理决定前，尤其在做出对他人不利的决定前，应当给予当事人以陈述和辩解的机会；第三，做出处理时要告知当事人理由和依据，做出的处理要事实清楚，证据确实充分；第四，确立听证制度，学校的重大事项、收费制度的变更、拆迁决定的做出、取消学籍等关涉教育权的处罚，当事人有权要求进行听证；第五，确立公示公开制度，高校的各种关涉研究生权益的事项均应予以公示，以保障研究生的知情权。另外，除未满十八岁和关涉个人隐私、学校秘密等不宜公开处理的事件外，其余诉求的处理过程和结果均应公开、透明。

同时，制度的构建不能缺少对权力的监督，在诉求处理的整个过程中，应赋予研究生、家长、教师、法律学者及其他人员以监督权，避免权力的滥用。在诉求处理后，亦可行使此项监督权，对不予处理、处理不公、处理有违程序、处理方式不当等情况，均可提出异议。

（五）构建诉求表达严格责任追究机制，完善诉求表达不能时的救济途径

在诉求的表达过程中，严格责任追究机制分为事前追究、事中追究和事后追究三个部分。事前追究方面，第一是因诉求无门

而无法进行表达的责任追求；第二是校院机关部门不接收诉求的追究，此种不接收，既包括无理由拒不接收、提交申请后不告知是否接收、不接收的理由毫无依据，也包括程序性违规，涉及未以书面形式做出不接收处理决定、不接收处理决定超出规定的时限等；第三是对部门之间“踢皮球”现象的责任追究。事中追究方面，主要涉及诉求解决的实体及程序部分的违规责任追求，包括诉求的处理显失公平、存在重大误解、因处理不及时造成重大损失、未听取陈述和辩解、违反形式要件要求、超过规定时限、违反回避、公示公开、听证原则等。事后追究是处理结果做出且生效后发现存在违法违规等情形，进而进行的责任追究。

目前关涉包括研究生在内的学生群体权利救济方面最为重要的途径便是校内申诉机制①，《普通高等学校学生管理规定》对此进行了较为细致的规定，但仍存在以下几方面的问题：第一，申诉范围狭窄。规定的申诉范围主要涉及教育权，使得其提供的权利保护程度较低；第二，申诉委员会组成人员不合理。规定并未对委员会各人员的构成比例和人数方面进行规范，且组成人员中缺少专家的参与；第三，申诉委员会缺乏独立性。实践中申诉委员会多设置在一些学校部处的机构中，受到学校的挟制，影响居中裁判；第四，申诉委员会权力有限。依据规定，申诉委员会既没有直接做出对研究生产生法律效力的处理的权力，又没有变更原处理决定之权，而只是享有提出建议权，缺乏实质性权力；第五，教育行政申诉与复议存在一定的问题。对校内申诉委员会处理有异议的才能向学校所在地省级教育行政部门提出申诉，其不予处理时，才能提起行政复议，而关于处理后是否还能复议并

① 有学者通过对北京四所高校的校内申诉制度的调研，指出四所高校虽按照规定建立了该制度，但是其规范功能在实践中的表现各有不同，各学校制度运行及案件处理等方面存有差异。参见李泽：《高校校内学生申诉制度的法社会学研究——以北京市高校为研究样本》，载《吉首大学学报（社会科学版）》，2011 年第 3 期。

无明确规定。另外，高校的行政管理行为和自治行为的区分仍难界定，使得在教育行政诉讼中，法院常以不属于受案范围而驳回诉讼请求。

因而对诉求表达不能达成时的权利救济当进一步完善，不仅应以立法或司法解释的方式解决校内申诉机制的问题，还应明确申诉的后续权利救济途径，尤其是区分提起民事诉讼和行政诉讼的情形，在条件成熟时，还可引入独立第三方，即学校社会工作者制度。

参考文献：

[1] 陈树文，张文卿. 新媒体环境下正确引导大学生利益诉求探析［J］. 思想理论教育导刊，2015（6）：120－124.

[2] 陈阳. 高校传统权力结构模式的缺陷及优化研究［J］. 黑龙江高教研究，2012（2）：71－73.

[3] 胡敏. 大学善治视野下学生利益诉求表达机制建构［J］. 高教探索，2015（10）：15－19.

[4] 李泽. 高校校内学生申诉制度的法社会学研究——以北京市高校为研究样本［J］. 吉首大学学报（社会科学版），2011（3）：135－140.

[5] 闵辉. 和谐校园语境下高校学生利益诉求表达机制研究［J］. 现代教育管理，2011（11）：92－95.

[6] 王秋荣. 论现行高校学生诉求表达运行机制的弊端及对策［J］. 赤峰学院学报（汉文哲学社会科学版），2010（9）36－37.

[7] 易钢，肖小霞. 大学生权利救助的第三条道路——论学校社会工作者的介入［J］. 青年研究，2006（4）：14－16.

[8] 张继红. 高校学生群体性事件有效化解的法治路径［J］. 现代教育管理，2014（3）：100－105.

自媒体时代研究生网络媒介素养现状调查

——以四川大学为例*

胡 劼

（四川大学电气工程学院 四川成都 610065）

摘 要：随着自媒体在我国青年群体中全面普及，研究生的网络媒介素养状况逐渐为人们所关注。笔者以四川大学在校研究生为对象，通过问卷调查的形式，从正向动机、批判认同、理性发声和规范德行四个维度对自媒体时代研究生网络媒介素养现状进行调研，以期为高校网络媒介素养教育提供参考。

关键词：自媒体时代；研究生；网络媒介素养

媒介素养，根据美国媒介素养研究中心给出的定义，指人们面对媒体各种信息时的选择、理解、质疑、评估、创造和生产，以及理性的回应能力（穆建亚，2015）。在自媒体已成为重要社交工具的今天，网络媒介素养问题愈发引人关注。而在校研究生作为自媒体领域的活跃群体，调研其网络媒介素养状况对营造风清气正的网络空间有着积极意义。

---

* 本文系2017年四川大学青年教师科研启动基金（思政教师专项系列）项目"网络思想政治教育视域下大学生媒介素养研究"（sksz201801）的研究成果之一。

一、自媒体时代研究生网络媒介素养的评价维度

对媒介素养进行调研，首先要构建恰当的评价维度。近年来，大众媒介素养问题得到社会和学术界的普遍关注，许多学者也对媒介素养水平的评价测量提出了看法。在此，围绕“研究生”和“自媒体时代”这两个限定场域，结合当前研究生具体特点和自媒体发展新变化、新趋势，笔者认为可以从四个维度对自媒体时代下研究生网络媒介素养进行评价。

（一）“正向动机”维度

所谓“正向动机”，是指研究生在使用网络媒介时能够建立起符合自身现实需要和发展目标的意义系统，让网络在研究生成长成才过程中发挥正面作用。当代研究生是成长于互联网大繁荣、大发展的一代，他们当中的绝大多数在进入大学以前就已经接触过网络，因此对他们而言，问题不在于培养使用网络的技能，而在于明确使用网络的目的。近年来，随着互联网在高校的全面普及以及互联网“泛娱乐化”倾向的加剧，网络在研究生业余生活中所发挥的作用越来越大。对于还处于自我管理能力提升阶段的研究生而言，如果不能做到正确使用网络，而只是把网络作为娱乐消遣的工具，便极易导致网络依赖的情况发生，更有甚者可能会走上“网瘾”的道路。因此，笔者认为应该把“正向动机”作为自媒体时代研究生网络媒介素养的首要评价维度，以期通过积极的引导教育，让他们学会利用好网络工具，真正服务于个人发展。

（二）“批判认同”维度

自互联网兴起以来，各类虚假信息就充斥着网络世界。而随着互联网对人们日常生活的渗透，网络谣言、网络欺诈、网络传销等行为所造成的实质性伤害也愈发严重。大多数在校研究生都是社会阅历尚浅的年轻人，他们更容易忽略虚拟世界中暗藏的风

险，容易轻信他人、暴露个人重要隐私，甚至被别有用心的不法分子教唆利用，去做违法之事。因此，能否在纷繁复杂的网络信息中甄别出真实且有用的部分，在批判的基础上形成认同，也应该成为评价当代研究生网络媒介素养水平的一项重要标准。“批判认同”包含两个方面：一是具备辨析网络信息的意识；二是掌握辨析网络信息的能力。对自媒体时代的研究生而言，两者缺一不可。

（三）“理性发声”维度

自媒体时代是一个“人人手握麦克风”的时代，网络和现实的连接也变得更加紧密。对很多研究生而言，网络世界成了现实世界的延伸，他们习惯于在自己的自媒体账号上“晒”现实生活中的所见所闻和所思所想。久而久之，他们甚至会把自己在现实中难以宣泄的感情放到网上，甚至由此导致一些不恰当的言行。尽管自媒体具有较强的自主性，但它们所依托的互联网毕竟是一个公共领域，网络中的每个个体同样应该为自己的言行负责，自觉保障他人、社会及国家的利益。因此，能否在网络媒介中理性发声，是体现研究生网络媒介素养的又一个重要维度。

（四）“规范德行”维度

最后一个评价维度是研究生能否清楚了解并自觉遵守网络相关法律法规和道德规范。首先是在法律法规层面。网络空间是一个与所有人切身利益息息相关的公共领域，近年来国家也出台了一系列相关法律法规，有效弥补了许多由网络兴起而出现的法律灰色地带。这在有效保障我国各网络行为主体合法权益的同时，也要求研究生具备足够的法律知识储备，并自觉依照相关规定严格规范自身网络言行。其次是在道德规范层面。尽管如今各类网站、自媒体平台对言论内容有着比较严格的监管，但从目前情况来看，国内网络的道德规范水平依然有很大的提升空间。尤其是在自媒体高度普及的研究生群体中，网络道德失范现象很容易形成扩散效应，进而对整个校园网络风气产生负面影响，因此，有必要将“规范德行”作为自媒体时代评价研究生网络媒介素养的一项重要内容。

二、自媒体时代研究生网络媒介素养现状——以四川大学为例

为了更好地了解现阶段研究生的网络媒介素养状况，笔者围绕上述四个评价维度，在 2019 年 3 月开展了《大学生网络媒介素养调查问卷》调查研究。此次调研以四川大学在校研究生为对象，问卷问题涵盖学生个人基本信息、网络媒介依赖情况、网络媒介使用动机、自媒体使用情况、网络信息分析评价能力、网络信息发布能力、相关法律认知情况、对校园网络媒介素养教育的认识及评价等若干方面的内容。本次调研一共回收由在校研究生填写的问卷 255 份，其中硕士研究生问卷 229 份、博士研究生问卷 26 份；受访者中男女所占比例分别为 48.24%和 51.76%。在此，笔者将围绕调研结果，从正向动机、批判认同、理性发声和规范德行四个维度对自媒体时代研究生网络媒介素养的主要特点做如下梳理。

（一）正向动机：网络媒介依赖与“意义空心化”普遍存在

从此次调研结果看来，目前研究生在“正向动机”的网络媒介素养培养方面还存在较大不足，其中最突出的问题是网络媒介依赖以及网络媒介使用“意义空心化”的普遍存在。

首先，是网络媒介依赖的问题。一种媒介在人们生活中扮演的角色越重要，人们对这种媒介的依赖性就越强。从目前情况来看，自媒体时代研究生对网络的依赖性已经处于一个较高水平，各种网络媒介也对他们的日常学习生活产生了重要影响。此次问卷调查中，仅有 3 名受访者（1.17%）表示自己每天使用网络时间少于 1 个小时，而 58.43%的受访者每天使用网络的时间在 5

个小时以上（见图 1）；就“你是否在上课和学习的时候会忍不住用手机上网”这一问题，回答“总是”或“经常”的受访者比例为 37.68%，40.39%的受访者表示“有时”会有这种行为，表示“从不”在上课和学习时间使用手机上网的只有 1.18%；此外，有 87.06%的受访者表示自己出现过“在没有网络或者无法使用网络的时候会感到坐立不安”的情况。可以说，网络已然成为当代研究生日常学习生活中的“必需品”，甚至由此产生了从行为到心理层面的依赖。过度的网络媒介依赖无疑会对仍处于成长阶段的研究生产生诸多消极影响，可能会导致他们出现譬如主动思考意识淡薄、抄袭现象严重、学业荒废、心理障碍、缺乏理想、没有责任心、疏离现实人际交往等一系列的问题。

第4题： 你每天使用网络的累计时长大概为 [单选题]

选项	小计	比例
A、从不使用网络	1	0.39%
B、少于1个小时	2	0.78%
C、1到2个小时	15	5.88%
D、3-5个小时	88	34.51%
E、多于5个小时	149	58.43%
本题有效填写人次	255	

图 1　问题“每天使用网络的累计时长”的调查统计结果

其次，是网络媒介使用的“意义空心化”问题。在互联网“泛娱乐化”的背景下，很多研究生把网络看作娱乐消遣的工具，久而久之，他们就会形成一闲下来就想上网的习惯，而且会没有目的地消磨时间。在此次调研中，有 88.63%的受访者表示自己有过“漫无目的地打开手机或电脑上网，但一上就很久下不来”的经历。网络行为“意义空心化”的问题在当代研究生群体中已极为普遍。必须承认，作为网络时代“原住民”的当代研究生，其对网络的依赖程度已经达到了较高的水平，就像“强迫症”一样，而且在很多时候，这种依赖都缺乏积极和正面意义。

（二）批判认同：甄别意识较强，但辨析能力有限

笔者通过调研发现，面对纷繁复杂的网络信息，研究生们普遍持有“适度求证”的态度。从调研结果看来，99.11％的受访者能意识到网络上的信息有真有假，但只有24.31％的受访者表示自己会“总是”或“经常”主动确认网络信息的真实性；在“你通常会用哪些方式来确认网络信息真实性”的问题上，69.07％的受访者选择了“自身经验、主观感受和已有知识”（见图2）。可见当代研究生网络信息甄别意识较强，但其网络信息辨析能力却难以让人满意，尤其是在判断网络信息真伪时仍然会较多地依赖个人经验和外部直观信息，求证的严谨性有待提高。

第23题： 你通常会用哪些方式来确认网络信息的真实性？ [多选题]

选项	小计	比例
A、自身经验、主观感受和已有知识	163	69.07%
B、向长辈、亲友求证	37	15.68%
C、查看他人对此信息的评论情况	124	52.54%
D、查看点赞、转发的数量	24	10.17%
E、根据作者和发布平台的可靠性	143	60.59%
F、查找官方权威信息或专业文献	179	75.85%
G、网上寻找其他同类信息	92	38.98%
H、其它 [详细]	3	1.27%
本题有效填写人次	236	

图2　问题“你通常会用哪些方式来确认网络信息真实性”的统计结果

之所以会出现意识与能力水平相差异的情况，主要是由于海量的网络信息从客观上提高了他们对网络信息的辨析难度。尽管绝大多数研究生都清楚网络世界中含有不少虚假信息，然而，面对如今互联网上“爆炸式”增长的海量信息，他们并没有精力和能力对其进行一一核实。为了提高自身在网络上获取信息的效

率，大多数研究生会选择简单认同的方式，“适度求证”也就成了当代研究生使用网络媒介时的一个突出特点。

(三) 理性发声：普遍理性与个性表达相博弈

在网络社交行为“再圈子化”以及网络实名制的背景下，研究生普遍将网络世界看作现实世界的延伸。此次问卷调查中，笔者调研了研究生对自己在自媒体上展示出来的“人设”与现实中“人设”之间关系的问题，有 56.47%的受访者表示自己的自媒体“人设”和现实“人设”几乎一致；而在认为两者并不一致的受访者中，有 70.27%的人表示更在意自己的现实“人设”，显著多于更在意自己自媒体“人设”的受访者 (29.73%)。由此可见，自媒体时代研究生已经将网络世界和现实世界紧密地联系起来，而在自媒体环境中也不会过度地“释放自我”，他们所关注的主体问题则仍然是现实层面上的问题。可以说，自媒体于研究生而言是一把“双刃剑”，自媒体是一个行为上相对自由但心理上相互制约的网络空间，既可以充分展现自我，但同时也将自己更多地曝光在公众视野当中。

因此，对具有极强个人表现欲的研究生群体而言，如何平衡好理性表达与个性表达的关系，成为他们在自媒体使用过程中时常遇到的问题。在“如果你要在自媒体上发布或者转发信息，选择内容时最重要的依据是”这一问题上，选择“内容的真实性” (29.02%) 的受访者最多 (见图 3)。应该说，如今的研究生网民普遍能够做到理性发声，但偶尔也会出现因个性表达而产生不恰当言论的情况。同样在此次问卷调查中，有 40.00%的受访者表示自己曾经“在网络上发布或者转发过之后被证明是不真实的消息”。这一数字也说明了研究生在网络媒介使用方面，的确需要进一步提高“理性发声”水平。因此，引导研究生以正确的心态对待自媒体，以正确的方式使用自媒体，既能保持理性，又能恰当展现个性，应该成为高校在网络媒介素养教育过程中需要格外关注的问题。

第14题： 如果你要在自媒体上发布或者转发信息，选择内容时最重要的依据是 [单选题]

选项	小计	比例
A、内容的时效性	41	16.08%
B、内容的娱乐性	36	14.12%
C、内容的真实性	74	29.02%
D、内容的实用性	68	26.67%
E、内容的专业性	28	10.98%
F、其它 [详细]	8	3.14%
本题有效填写人次	255	

图 3　问题“自媒体上发布或者转发信息时的最重要依据”的统计结果

（四）规范德行：法律认知和道德素养水平有待提升

基于调研结果以及笔者在高校学生工作中的观察，当前研究生在“规范德行”维度的网络媒介素养水平总体而言也需要进一步提高。

首先，相关法律法规的认知方面存在不足。在此次问卷调查中，只有 0.78％的受访研究生认为自己完全了解规范公民网络行为的相关法律法规，表示自己对其中大部分法律法规有所了解的受访在校生也只占 26.67％；有 7.45％的受访者承认自己完全不了解相关法律法规（见图 4）。显然，当代研究生的相关法律知识储备仍有所不足。之所以会出现这一问题，除了社会、高校、家庭宣传教育不足的因素外，还与研究生在使用网络过程中的自我认知定位有关。研究生无疑是受过良好教育的群体，也普遍具备较高的法律意识，因此他们中的很多人在使用网络的过程中，往往以自身经验或主观想法作为判断自身行为是否合乎相关法律规定的依据，忽略了对国家关于规范公民网络行为法律法规的了解和学习。

第24题：你了解我国颁布了哪些关于规范公民网络行为的法律法规吗？[单选题]

选项	小计	比例
A、完全了解	2	0.78%
B、大部分都了解	68	26.67%
C、不确定	72	28.24%
D、大部分都不了解	94	36.86%
E、完全不了解	19	7.45%
本题有效填写人次	255	

图4　问题“你了解我国关于公民网络行为的法律法规吗”的统计结果

其次，个别研究生在网络媒介使用过程中的道德素养水平不高。根据调研结果，有13.73%的受访者表示自己曾经“发布或者转发过对他人或社会造成不良后果的信息”。这个数字乍一看似乎并不算高，但如果把它放在庞大的研究生网民群体中来计算，依然会成为危害网络和谐秩序的不稳定因素。这是一个存在已久的问题，它的出现，一方面是由于缺少统一的网络道德标准，容易造成网络上的沟通误会；另一方面则是由于研究生年轻气盛且有着鲜明的观点立场，更容易受到各类网络情境的影响，也更有可能会在网络媒介中表达出较为极端化的情绪。因此，如何教育引导研究生在网络舆论事件面前保持定力，在极端化网络情境中稳定情绪，是现阶段高校网络媒介素养教育过程中需要关注的问题。

参考文献：

[1] 丁凯. 自媒体时代高校宣教网络建设研究［M］. 北京：中国人民大学出版社，2017.

[2] 李金城. 媒介素养的测量及影响因素研究［M］. 上海：上海交通大学出版社，2017.

[3] 穆建亚. 自媒体语境下高校媒介素养教育探析［J］. 中国出版，2015（7）：57－60.

大思政背景下高校研究生会管理工作探析

李　宜　姜丹蓉　陈　献

（四川大学高分子科学与工程学院　四川成都　610065）

摘　要：在全国高校思想工作政治会议中，习近平总书记提出要构建高校的大思政格局。高校研究生会作为学生组织，是高校学生工作与思政教育的重要组成部分，发挥的作用与影响力日益扩大，成为高校大思政教育中不可或缺的一环。如何在大思政背景下重新定位高校研究生会，使其更高效、切实地开展高校研究生会的管理工作，更好地推动高校大思政格局的构建是一项重要议题。本文以时事情况为背景，探讨了大思政背景下高校研究生会的发展、存在的不足以及管理工作探析，对高校研究生会及高校思政教育的发展提出了新的看法。

关键词：大思政；研究生会；管理工作探析

一、大思政背景下高校研究生会的发展

高校研究生会是高校思政工作的有效载体，是践行社会主义核心价值观的客观要求（封华，2017）。大思政背景下，要求高校研究生会紧密联系学生，让思政工作与思政教育走入更多研究生心里（杜美瑾，2008）。

（一）研究生会是高校学生工作的重要组成部分

研究生会作为高校学生工作的重要组成部分，秉承为大学生

服务的理念组织和开展活动。研究生会拥有完整的组织架构与规章制度，根据实际需求与兴趣取向举办丰富多彩的活动，形成良好的学习生活环境，促进学生全面发展；提供党政与广大同学联系的渠道，反映并协助解决学生在学习和生活中面临的问题，配合团组织管理社团，形成一体化构架模式（张熙卓，2018）。近年来，数据显示越来越多的研究生参与高校研究生会举办的活动，高校中也涌现出了越来越多优秀的研究生会团体。

（二）研究生会是思想引领的主导者

研究生会是经高校党委领导、团委指导的学生组织，密切关注国家政策方针，并由党委书记、团委书记和各级辅导员带领研究生会深入学习习近平总书记新时代中国特色社会主义思想，并由研究生会组织相关理论学习活动，分级扩散，使学习受众面扩大，并经分组讨论使学习程度加深，丰富提高研究生整体思想政治水平与国家时事关注度（戴志国，2017；赵金秀，2005）。基于学校学院平台，组织或参与学术讲座、学术论坛等专业性强的学术类活动或出国交流分享活动，同时兼顾“线上＋线下”模式，充分发挥互联网信息化时代特色（王萍辉，2003；江雪茹，2016）。研究生会学生干部更要时刻牢记发挥模范带头作用，通过自身精神与实际行动带动其他同学，通过多方面结合，真正达到思想引领的目的。

（三）研究生会是校园文化建设的主体

研究生会除进行思想引领类活动外，同时开展丰富多彩的其他类目活动。开展如篮球赛、乒乓球赛等体育类赛事，合唱大赛、辩论赛等文艺类活动，爱心家教等志愿服务活动，开展学术性社团，航模大赛、科技迷城等科技节活动，职业生涯导航等实践类活动……通过类目繁多的活动，提升研究生整体身体素质、审美情趣、动手能力、团队协作能力，构建丰富多彩的校园文化生活，完善研究生精神文明建设（王郑丰，2006）。

二、目前高校研究生会存在的不足

（一）研究生群体的特点造成研究生会工作开展阻力大

第一，研究生的独立性强。研究生的年龄、背景、阅历不同，人生观、价值观、世界观基本完善成熟，有了明确的目标与方向，更加重视学术科研，学习研究的方向众多，以自主性研究性学习为主要学习方式，独立研究时间多，同学之间共同相处时间少，彼此之间更加独立（赵越，2011）。这导致班级与班级、年级与年级的概念较为淡漠，学生组织的影响力与号召力下降，在组织团体性活动时该特点更为凸显，造成工作开展阻力较大。

第二，研究生的压力大（麦尔旦·吐尔孙，2013）。与本科生相比，研究生需要在更短的学习时间内，由识记性、理解性学习转型成研究性学习，学习更加深入的知识，做更多创新的研究。除学业科研需要有更多人生规划的考虑外，日渐严峻的就业形势带来的是更大的压力。研究生自身意识到参与研究生会组织的各项活动的精力与兴趣不足，积极性不高且难以调动。研究生会学生干部也经常面临学生工作与个人学业科研规划冲突的情况，这对研究生会学生干部也是巨大的考验。

（二）研究生会与本科生会衔接不够紧密

研究生会与本科学生会作为高校校园文化建设的两个主体，虽然承担着不同的工作职能与工作职责，但有着共同的目标宗旨与工作理念。理论上来说，两者紧密衔接能够在多方面形成“1＋1＞2”的效果。本科学生会与研究生会有各自的优点与特点，研究生会的学术性能力更强，思想引领方面更具优势，本科学生会在文体活动方面有丰富的经验；研究生思考问题更加深入全面，本科生思考问题更加大胆创新，在指导老师关注把握下两者紧密衔接，不仅可以减轻工作开展阻力，也能使不同的思想与见地间碰撞出新的火花，为学生工作注入新的活力，同时受众更加广泛。以我院导师制为例，本科生与研究生之间本就存在一定联系，两个学生组织的紧密结合使二者联系更加密切。

三、高校研究生会管理工作探析

（一）从兴趣与需求出发，加大高校研究生会与学生的关联度，让思政教育融入生活

在大思政背景下，高校思政教育应覆盖全体学生，加强研究生思政教育教学、提升思政教育水平是对高校思政工作的普遍要求。高校思政工作在以普遍要求为先的同时，还应加强顶层设计、统一协调，调动高校各组织、各部门、各单位的积极性，努力建构教书育人、科研育人、实践育人、管理育人、服务育人、文化育人、组织育人的大思政工作格局，将育人贯穿高校教育教学工作的各个环节。尤以高校研究生会为例，其承载着丰富研究生课余生活的工作内容。高校研究生会需要举办各项内容丰富、形式新颖的活动，营造良好的学术文化氛围，打造丰富多彩的校园文化生活，为提升学生综合素质搭建平台、创造机会。而从研究生会的管理与发展层面来说，需要更多了解广大研究生的需求，并由此进行广泛而深入的民意调研，了解学生的切身体会和切实需求，是研究生会需要进行的一项重要工作（陈新，2010）。在对学生有深入的了解后再开展工作，将会帮助研究生会更好地赢得人心，减少工作开展的阻力，使研究生会能更好地服务于学生。同时，将思政教育融入研究生会活动，用兴趣做桥梁，以需求为连接，减少传统思政教学泛泛而谈和远离生活的情况，深入到学生中，在娱乐中进行思政教育，在教育中附带娱乐趣味性，让高校思政教育更加深入人心（王坦，2008）。

（二）加强与高校各组织、各部门的联动，拓宽研究生会活动影响力，让思政教育意义深远

高校研究生会不应是一个简单的独立组织，而应作为高校思

政工作面向学生传播的重要一环。高校思政工作的主要任务是对学生进行马克思主义科学理论教育，引导学生坚定崇高的理想信念，树立正确的世界观、人生观、价值观，自觉弘扬社会主义核心价值观，养成独立人格、优良品质和健康心智。同时，应注重培育学生的独立思考能力、文化素养和科学协作精神、创新创业精神，引导他们学会做人、做事。研究生会在其中更应该加强与高校各组织、各部门的联动，如本科学生会、学社联、校党委、青年志愿者协会等组织联合行动，举办出更多优质活动，提升研究生会活动影响力，并且结合不同学科专业的特点，引导学生学好专业知识、掌握专业本领，拓展多方面能力，成为全面发展的人才。联合教育，多点开花，才能让高校思政教育在学生的心中有着更深远的意义（吕晓钰，2016）。

四、结语

习近平总书记在高校思想政治工作会议上着重阐述了要构建大思政格局，而研究生会在全面推动高校思想政治教育工作中具有十分关键的作用。就大思政背景下高校研究生会的管理工作而言，我们要深刻理解“大思政”格局的丰富内涵，积极完善高校“大思政”格局的工作体系（黄爱宝，2015；程晨，2017）；要从研究生的根本需求出发，让思政教育生根发芽；要多方联动，推动高校研究生会的发展，带给思政教育更长久的活力。

参考文献：

［1］陈新. 高校研究生会的构建［J］. 牡丹江师范学院学报（哲学社会科学版），2010（6）.

［2］程晨. 大思政背景下思政教学改革的探索与实践［J］. 山西农经，2017，216（24）：122.

［3］戴志国. “大思政”学生工作模式探索——以广东科学技术职业学院为

例［J］．北京城市学院学报，2017（6）：119－122.

［4］杜美瑾．新时期大思政背景下高校思想政治教育工作的实效性探析［J］.佳木斯职业学院学报，2018，186（5）：158－159.

［5］封华．大思政背景下对高校学生代表大会制度的思考［J］．学校党建与思想教育：下，2017：69.

［6］黄爱宝，高明．高校“大思政”教育教学模式建构的背景分析［J］．中国矿业大学学报（社会科学版），2015（1）.

［7］江雪茹．“大思政”背景下高校思政资源整合机制探究［J］．绥化学院学报，2016（6）.

［8］吕晓钰，王敏，马晓琳．精准育人因群施教——高校研究生会参与研究生培养的创新与实践［J］．学位与研究生教育，2016（6）.

［9］麦尔旦·吐尔孙，冷博峰，齐皓天．组织文化建设：当前高校研究生会工作的发展方向［J］．文教资料，2013（5）：119－121.

［10］王萍辉．关于开展高校研究生会工作的思考［J］．高教论坛，2003（1）：152－153.

［11］王郑丰．高校研究生会工作中存在的问题及对策研究［J］．沿海企业与科技，2006（2）：145－146.

［12］王坦，彭静秋．高校研究生会工作的分析与思考［J］．考试周刊，2008（39）：168－169.

［13］张熙卓，刘洪锋，张蕾．“大思政”背景下全过程、全方位育人措施研究［J］．西部素质教育，2018，4（9）：24－32.

［14］赵金秀，燕红．高校研究生会建设的实践探索［J］．教育发展研究，2005，25（7）：94－96.

［15］赵越，孙晶，刘萌萌．高校研究生会工作现状问题分析及对策［J］．长春理工大学学报：高教版，2011（8）：25－26.

校企合作中存在的问题及对策分析*

郑洪燕　张汉泰　张梦婷
（四川大学商学院　四川成都　610065）

摘　要：校企合作依托学校、企业、社会等多方资源，实现技术、知识、人才的资源共享，从而提升高校人才培养质量，促进企业创新发展，推进产学研融合。本文通过分析我国校企合作现有模式以及存在问题，立足高校企业需求及研究生思维特点，构建校企合作长效机制，培养创新复合型人才。

关键词：校企合作；协同创新；长效机制

校企合作是以高校、企业两者为主体，双方从各自战略目标和发展需求出发，以共同利益、共赢共创为基础，优势互补、资源共享、风险共担，按照一定的机制和规则进行合作，共同开展人才培养、科学研究、新技术的研究开发和应用、信息交流、知识共享等活动，以提高综合优势和争取最佳利益的活动过程。

目前，众多学者对校企合作进行了研究和探讨。从研究校企合作动机上讲，莱茵希尔德·沃格勒（Reinhilde Veugelers，2005）认为企业与高校间能力的“异质性”、垄断知识技术、节约交易成本是校企合作的三大动机。高航等（2018）认为校企合作包括内部驱动因素和外部驱动因素，内部驱动因素包括企业盈利、企业求才、高校发展、学生成才四个方面；外部驱动因素指

* 本文系四川大学中央高校基本科研业务费项目，项目号：XGJPYB201819。

高校和企业以外推动校企合作办学的作用力，包括市场需求、政策引导和科技推动三个方面。从研究校企合作模式来讲，何东花等（2016）着重阐述了产学研协同创新过程中的知识分享。张瑜等（2016）以产业技术创新战略联盟为例，分析了产学研网络型合作利益协调机制。可以看出，基于不同视角，学者对校企合作的动机、模式等进行了分类与研究，取得了一些成果。但是从目标群体上讲，较少研究聚焦研究生学习思维特点，深入探讨校企合作模式；从研究内容上讲，较少学者聚焦校企合作对研究生综合能力提升的研究。据此，本文分析我国校企合作现有模式以及存在问题，立足高校企业需求及研究生思维特点，基于协同创新角度，提出促进校企合作发展的相关对策建议，对构建校企合作长效机制、提升高校培养人才质量、促进产学研协同创新发展具有较强的理论意义和实践意义。

一、校企合作现状及问题分析

随着教育体制改革的推进，我国各大高校与企业通过多维度搭建平台、建设实践基地等方式，不断创新与探索校企合作模式，取得了一些成绩，但目前我国校企合作仍存在合作深度不足、协同性不强、资源对接错位等问题。在校企合作过程中，仍存在一些问题。

（一）校企合作各方主体认识不到位

校企合作主体的认知差异使校企合作实践目标及方式存在较大差异，导致校企双方在深度合作方面存在一些价值观差异，一定程度上阻碍了校企合作可持续发展，如图 1 所示。高校坚持立德树人根本任务，承担着培养德智体美劳高素质人才的重要使命，重点在教书育人和科学研究，以社会利益最大化为追求目标，强调营造平等、民主、宽容的教育教学环境；而企业是社会经济主体，出于储备人才资源、树立企业形象、承担社会责任等需求，以市场需求和市场目标为导向，通过校企合作共享人才、技术、设备、资金、场地、信息等资源追求经济利益最大化，更多依靠市场驱动、创新机制来保持并提升核心竞争力。学生在学校期间更多地思考个人就业机会和能力提升，对校企合作的认识深度不够。

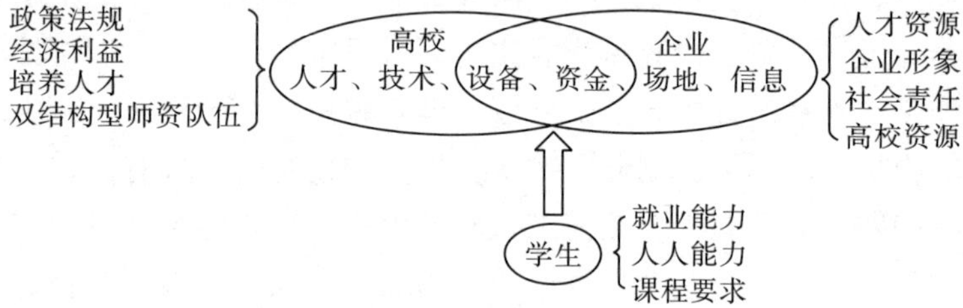

图 1

（二）校企合作各方主体定位不准确

目前，校企合作形式众多，但是各方主体因利益诉求未能实现共赢共创，导致校企合作各方主体定位不准确。对高校而言，通过校企合作可以转化成果，培养人才，但是如何与市场需求充分对接，将人才优势、技术优势运用到产业行业服务，仍是需要破解的难题。对企业而言，高校的人才及服务的供给，与企业行业具体的需求脱节，企业更多地会选择开展短期合作，未能充分发挥企业平台的作用。总的来说，由于未能充分定位合作过程中互惠共赢的利益诉求，导致合作在开展阶段存在合作不稳定、执行方案具体细节不明晰、合作内容计划性不强、合作执行难以落到实处等问题。

（三）校企合作内容不深入

目前，高校与企业合作的模式发展呈多元化趋势，包括单式合作、共建实验室、共建实习实践基地、共建研究中心、共建技术开发中心、联合开办公司等多种形式。但是可以看到整个合作系统的紧密程度和协作程度不高，未真正形成创新生态网络。特别是在大数据时代，校企合作未能依靠现代化技术突破时间、空间的限制，成规模、成体系的开展，更多地在传统思维层面开展合作，形式较为单一，新颖创新程度不够，合作内容不深入。这对高校而言，未能真正发挥智库作用；对企业而言，未能与市场经济紧密接轨；对研究生而言，更多地是被动地参与自上而下的活动，其需求未能被充分重视，思维特质及行为特点未能被充分考虑，主观能动性未能充分发挥。

（四）校企合作制度不完善

目前，国家出台各项政策以保障校企合作健康可持续运行，如 2017 年国务院办公厅印发《关于深化产教融合的若干意见》等。政策的出台为校企合作提供了政策保障，但在政策制定方面，对于校企合作各方主体共赢共创机制支持力度还有所欠缺，包括科研成果转化奖励机制认定、企业开展合作优惠政策等。在政策宣讲方面，渠道较为单一，依然存在高校、企业对政策解读不够深入等问题。在政策执行方面，缺乏责任主体去监督落实，管理体制机制不健全，导致合作项目申请、合作具体执行存在障碍。

总的来说，合作中校企双方存在多种制约校企合作的深度化、持久化发展的因素，如合作时间、合作地点、资源、学科、校企文化等客观制约因素，以及互信度、创新意识、主动性等主观制约因素。不仅如此，对校企合作有着重要指导作用的相关政策法规等也会深刻影响校企合作的发展方向。另外，作为校企合作的重要参与者之一，学生群体是否具备基本社会经验以及相关实践经验、参与校企合作的积极主动性也会深刻影响校企合作质量，如图 2 所示。

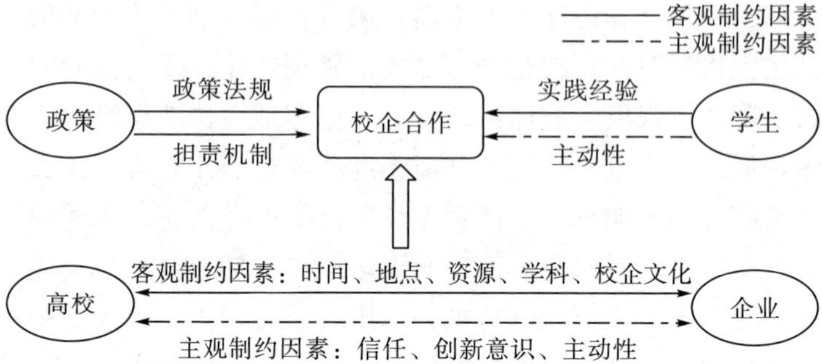

图 2

二、校企合作对策建议

为进一步深化校企合作，实现校企双方利益共享，完成培养创新创业型人才的目标，应在政府、高校、企业等多方联动模式下，构建校企合作长效机制，如图 3 所示。

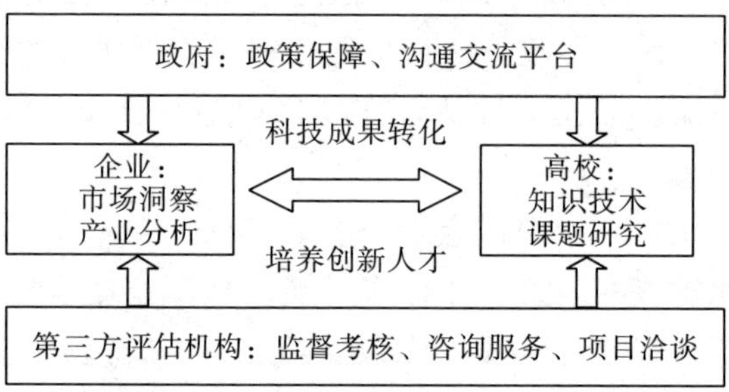

图 3

针对上述校企合作存在的问题，结合校企合作长效机制，提出四点对策建议。

（一）建立校企合作沟通渠道，达成战略合作共识

良好的沟通渠道有利于增强校企合作主体彼此的信任及对共同目标的认同，形成共同愿景。针对校企合作各方存在的认知差

异、文化冲突等问题，一方面，高校应充分利用各类学术会议、论坛、沙龙、座谈等形式加强与企业的沟通，在校企合作方面将企业引进来、让课堂走出去，形成以企业导师与专业教师为核心枢纽的多维协同机制；另一方面，企业应在沟通中认清主体地位，注重合作长远利益，与高校形成共同愿景，通过搭建产学研平台，在人才储备、技术升级等方面共建共享。同时，政府应加强信息建设，创新沟通机制，提供各类高校与企业沟通的交流共享平台。

（二）加强校企合作制度建设，明确合作责任义务

针对主体责任不明确等问题，政府应牵头制定相关的法律法规。一方面，从立法的角度明确政府、企业、高校三方的权利和义务，健全各方主体风险承担机制，突出政府的统筹保障作用，并有效约束企业和高校的行为；另一方面，制定相关的配套奖励，如相关成果转化配套奖励、校企合作税费减免等激励政策，对参与校企创新型科研项目的任课教师、科研人员进行配套奖励或者根据科技成果投资入股，打破传统体制的障碍，加速技术成果的转换，对重视校企合作的企业给予财税支持，从而激发教师、学生、企业相关人员的参与积极性和工作自主性，促进校企合作进一步深化，实现共赢共创。

（三）调研校企合作主体需求，深化校企合作内容

针对目前校企合作内容较为表面化等问题，高校和企业应调研市场需求，结合研究生思维特点和学习习惯，深化教育改革，打造双师型人才队伍，开展“专业+课题”“专业+培训”“专业+实践”等多维教育合作活动。一方面，促进研究生学术专业探索和社会实践工作的有机结合，让研究生的专业技术支撑社会的发展改革，让市场的发展动态引导学生研究的方向，从而培养学生良好的职业素养和个性品质，锻炼学生的社会实践能力；另一方面，通过科研项目市场化机制优化，为高校科研成果转化和企

业人才储备、产业升级提供良好的平台和创新环境，从而深化校企合作内容。

（四）依托第三方服务机构，保障校企合作稳步推进

企业和高校可依托第三方服务机构，通过提供技术服务、运营评估及信息咨询等服务，为合作主体提供大量准确、快捷的信息资源及配套服务。同时，第三方机构依托互联网，定期发布人才信息、征集企业课题及高校科技成果、开展校企项目对接洽谈会等，搭建企业与高校的沟通平台，提高校企合作的效率。通过第三方机构以专业化评估鉴定校企合作质量，将评估结果运用到校企合作的决策中，真正达到提高校企合作质量的根本目的，实现校企合作的长效发展。

三、结语

随着社会的进步及市场经济的发展，校企合作已达成多方共识。但校企长效机制的构建和实施是一个系统复杂的过程，只有政府、企业、高校等多方资源协同联动，拥有共同目标及愿景，通过彼此知识、技术、人才等要素共享共建，才能提升高校人才培养质量，促进企业创新发展，推进产学研融合互动。

参考文献：

[1] 侯施昱. 利益相关者视角下的校企合作管理策略优化研究［D］. 上海：华东师范大学，2018.

[2] Reinhilde Veugelers，Bruno Cassiman. R & D cooperation between firms and universities. Some empirical evidence from Belgian manufacturing［J］. International Journal of Industrial Organization，2005，23（5）.

[3] 高航，胡蔓. 应用型本科院校经管专业校企深度合作机制构建研究［J］. 价值工程，2018，（7）：228.

[4] 何东花，鲁若愚. 产学研协同创新过程中的知识分享［J］. 科技和产

业，2016（6）：71.

［5］张瑜，菅利荣．基于优化 Shapley 值的产学研网络型合作利益协调机制研究——以产业技术创新战略联盟为例［J］．中国管理科学，2016，（9）：36

［6］陈萦．应用型研究生院校校企合作模式的调查研究［J］．高校教育管理，2009，3（6）：42－48.

［7］张兰．校企协同创新创业人才培养体系的研究［D］．哈尔滨：哈尔滨理工大学，2014.

［8］易新河，文益民，陈智勇．我国校企合作研究二十年综述［J］．高教论坛，2014（2）：36－41＋68.

［9］蒋丹．论我国高校校企合作模式的创新［J］．四川师范大学学报（社会科学版），2007（1）：71－75.

［10］马红春，钟守冰，李国治．校企合作人才培养模式与机制创新研究［J］．农业科技管理，2013，32（3）：92－94.

培养与管理

高校研究生创新型人才培养现状及其系统化课程建设研究*

邢海晶

（四川大学马克思主义学院　四川成都　610203）

摘　要：高校研究生教育与本科生教育存在质的区别。高校研究生教育通过理论传授和实践培训来培养研究生在现实中发现问题、解决问题的能力，并使其能够在总结实践经验的基础上进行理论和实践创新。对创新型研究生人才的培养目标则直接反映在研究生创新人才教育教学的课程建设中。高校研究生创新型人才培养——素质拓展课程模块的建构和运用，是研究生创新型人才培养的前提和基础，而系统化的课程模块的建构和运用就成为具有重要教育意义的现实问题。

关键词：研究生；创新人才培养；系统化课程

一、研究生创新型人才培养的现实要求

教育部印发的《2019年全国硕士研究生招生工作管理规定》指出，“高等学校和科学研究机构招收攻读硕士学位研究生，是为了培养热爱祖国，拥护中国共产党的领导，拥护社会主义制度，遵纪守法，品德良好，为社会主义建设服务，掌握本学科坚

*　本文系四川大学研究生课程建设项目资助“高校研究生创新人才培养素质拓展课程模块的建构和运用研究”（2018KCJS043）阶段性成果。

实的基础理论和系统的专业知识，具有创新精神和从事科学研究、教学、管理或独立担负专门技术工作能力的高级专门人才”。这是我国研究生教育最基本的人才培养目标的直接反映。

研究生创新型人才培养是社会发展的现实要求。新时代的中国面临着前所未有的民族复兴之历史机遇，而创新则是推动民族复兴的第一动力，创新性的实践中最为活跃的革命性因素是人。所以说，实现民族复兴最根本的依托是人才资源。创新型人才是实现民族振兴、赢得国际竞争主动的战略资源。创新型人才的培养是关系到民族复兴、国家发展、社会进步的关键性问题，是社会发展的现实要求。

培养具有突出创新能力的高层次人才不仅是当前中国高等教育必须正视的现实要求，也是世界各国高度关注的问题，因为培养具有突出创新能力的高层次人才直接关系到一个国家经济社会的发展潜力，甚至将决定民族国家的前途命运。根据全球最大的人力资源服务商欧洲德科集团（瑞士）的最新研究数据，全球现有7 300 万年轻人处于失业状态，仍有 800 万个工作岗位找不到合适的人选，预计 2025 年一半以上的年轻人将从事当今社会并不存在的全新的工作（赵继，谢寅波，2017），这是新兴行业和领域的人才需求与当前既有人才供给之间巨大落差的现实反映，从本质上凸显出了社会对高校培养创新人才的现实迫切需要。

从中国当前实际出发，根据经济社会发展对产业调整和创新人才供给的需要，2015 年李克强总理在政府工作报告中提出：大众创业，万众创新。2016 年 5 月国务院办公厅印发的《国务院办公厅关于建设大众创业万众创新示范基地的实施意见》，明确提出“高校和科研院所示范基地要充分挖掘人力和技术资源，促进人才优势、科技优势转化为产业优势和经济优势，重点完善创业人才培养和流动机制，加速科技成果转化，构建大学生创业支持体系，建立健全双创支撑服务体系”（国办发［2016］35

号）。而满足市场对创新型人才的需求最根本的还是要落脚在人才培养基地——高校。而中国高校所处的历史发展阶段决定了创新型人才培养的重点在研究生教育阶段。

就创新型人才培养而言，研究生教育不同于本科生教育。在高等教育大众化的今天，本科生教育更多地侧重传授相关专业学科最基本的理论知识以及学科最新成果。本科生教育对本科生基本理论知识的掌握程度要求，是能够按照学科理论要求在实际工作中严格遵照规章流程实践操作。研究生教育则更加注重创新能力的培养。研究生教育要求在本科理论知识传授和实践教学的基础上，更加注重专业理论知识的系统性学习，以深厚而扎实的理论储备为基础，着重训练运用已有知识审视和解决现实问题的能力，并在实践经验的积累中完成理论和实践的创新。

从国家层面而言，对研究生创新型能力的培养是对中国由大国走向强国、实现两个一百年奋斗目标的智力资源需要之回应；从社会层面而言，是对社会有机体结构自身不断进化以适应环境变化的人才结构需要之回应；从个人层面而言，是在社会分工以及社会转型过程中有志于创新的精英人才，对将个人自我价值实现与民族复兴、国家繁荣、社会发展相统一的需要之回应。所以，研究生创新人才培养具有重要的现实意义。

二、高校研究生创新型人才培养课程建设过程中存在的主要问题

党的十九大提出：建设知识型、技能型、创新型劳动者大军。这为高校研究生创新型人才培养指明了方向。在中国社会转型过程中，面对市场的创新型人才需求，高校开启了创新型人才培养探索历程。但是，当前我国研究生创新型人才培养面临诸多瓶颈，其培养质量直接受到影响，其中课程建设不足已成为影响高校研究生创新型人才培养的制约瓶颈。

根据《教育部关于全面提高高等教育质量的若干意见》提出的“全面实施素质教育，把促进人的全面发展和适应社会需要作为衡量人才培养水平的根本标准”的高校研究生创新型人才培养要求，当前各高校都在探索以提升人才培养质量、增强创新能力为核心的研究生创新型人才培养课程建设。鉴于创新型人才培养的综合要求，研究生创新型人才培养课程建设必然是系统工程，并非开设一门研究生公共课程或者专业课程或第一课堂就能一蹴而就的，而是需要围绕培养目标设定、教育模式创新、素质平台构建、课程模块建设、队伍量化推进、社会师资兼聘、自主素质训练、保障条件完善等方面开展研究生创新型人才培养系统化课程建设。

我国高校研究生创新型人才培养课程建设还远未达到系统化建设的要求。首先，研究生创新型人才培养将政治素质放在首位，正如《全国招收攻读硕士学位研究生招生简章》所列：高等学校和科学研究机构招收攻读硕士学位研究生，是为了培养热爱祖国，拥护中国共产党的领导，拥护社会主义制度，遵纪守法，品德良好，为社会主义建设服务，掌握本学科坚实的基础理论和系统的专业知识，具有创新精神和从事科学研究、教学、管理或独立担负专门技术工作能力的高级专门人才。这也是党的十九大提出的“要坚持党管人才原则”在研究生创新型人才培养过程中的反映。只有政治素质过硬，研究生在提升自身创新能力的过程中才能坚忍不拔，勇于挑战，坚持真理，所以这是根本立足点。将马克思主义理论运用于指导各学科的理论创新，才能保证创新实践的正确方向。然而，当前的研究生创新型人才培养中，虽然国家高度重视创新人才的政治素质，但是在实际教学过程中却存在重专业而轻思想的倾向。马克思主义坚持理论与实践相统一，而马克思主义对研究生创新型人才培养课程建设的指导大多停留在研究生的思想政治理论课——《马克思主义与社会科学方法论》《自然辩证法概论》，在教学过程中，课程建设难以真正做到理论与实践相结合。在研究生创新人才培养课程建设过程中，教育模式就难以摆脱单纯的课堂讲授、枯燥的理论论证之窠臼。研究生创新人才培养过程中对形而上理论的执拗，限制了课程建设过程中实践素质模块的拓展，创新素质平台的搭建也多流于形式。研究生创新型人才培养难以在产、学、研的系统化转换中带来社会价值。研究生创新型人才培养不紧跟社会发展需要，却在自我封闭中与社会脱节。高校研究生创新型人才培养的师资队伍更是热衷于精研高深理论，其教育功能定位本身就已经限制了自身在研究生创新人才培养中的效能。

当前经济社会发展对创新型人才的需要，以及高校研究生创新型人才培养课程建设中存在的问题，共同凸显了当前高校研究生创新型人才培养课程模块的建构和运用的重要性和必要性。

三、高校研究生创新型人才培养课程模块的建构和运用

要解决当前高校研究生创新型人才培养课程建设过程中的问题，需要依据当前经济社会发展对创新型人才的需求，立足高等教育规律和研究生创新型人才成长规律，统筹以人为本的专业知识教育体系和促进人的全面发展的思想政治教育体系这两大创新人才培养体系，通过顶层设计、资源整合、院校联动、多元互补、方式灵活、分类指导、双向成长、系统保障的交互模式，围绕培养目标设定、教育模式创新、素质平台构建、课程模块建设、队伍量化推进、社会师资兼聘、自主素质训练、保障条件完善等方面推进研究生创新型人才培养课程系统化建设，从而实现具国际视野的高素质创新人才培养目标。

高校研究生创新型人才培养课程建设要以马克思主义理论为指导，保证创新人才有过硬的政治素质，保证其创新成果能够成为经济社会发展的根本驱动力。还应将马克思主义理论所揭示的

高等教育规律、人才成长规律和知识创新规律相结合，统筹以人为本的专业知识教育体系和促进人的全面发展的思想政治教育体系协同推进研究生的综合素质拓展系统化课程建设。将马克思主义理论对理论创新与实践探索的认识论和方法论贯穿研究生专业知识教育课程。高校要积极推动教育模式改革，将探究式教学、小班化教学、实践教学、网络教学等多种理论与实践创新相统一的教学模式融合，为研究生创新能力提升搭建创新项目申报、创新成果孵化、创新成果转化、创新项目融资等多元平台，为研究生创新型人才培养提供动态服务和管理，对研究生创新能力提升进行动态跟踪和评估，并为研究生群体中具有创新潜力的个体和团队量身定做发展规划。高校研究生创新型人才培养要瞄准市场需要，优化师资队伍，提升创新型人才培养实效。在高校教学队伍推动理论教学的同时，引入社会师资力量，调整教师队伍结构，打通理论教学和实践教学壁垒，在理论教学和实践教学相结合的过程中，增强研究生素质拓展课程选择与组合的自主性和能动性，通过自助式的课程组合提升创新型人才的能力提升效率。高校研究生创新人才培养是“三全育人”系统工程的延伸，是需要辅导员、班主任、党政管理干部、“两课”专业教师、图书馆工作人员、后勤服务人员等高校各职能部门的教学、服务、管理人员协同并进的系统工程，需要健全的制度保障各职能部门及其人员的高度配合以发挥研究生创新型人才培养的最大效能。

参考文献：

[1] 教育部. 2019 年全国硕士研究生招生工作管理规定［EB/OL］. http：//www. gov. cn/xinwen/2018－08/22/content _ 5315581. htm

[2] 赵继，谢寅波. 新工科建设与工程教育创新［J］. 高等工程教育研究，2017 (5).

[3] 国办发［2016］35 号. 国务院办公厅关于建设大众创业万众创新示范

基地的实施意见.（国办发〔2016〕35 号）[EB/OL]. http：//www.scio. gov. cn/xwfbh/xwbfbh/wqfbh/33978/34585/xgzc34591/Document/1478357/1478357. htm

[4] 习近平. 决胜全面建成小康社会夺取新时代中国特色社会主义伟大胜利——在中国共产党第十九次全国代表大会上的报告 [M]. 北京：人民出版社，2017.

“双一流”建设正式启动以来部分重点建设高校ESI排名情况浅析

杨晓龙

（四川大学“双一流”建设与质量评估办公室　四川成都　610000）

摘　要：基本科学指标数据库（Essential Science Indicators，简称ESI）是美国科技信息所（ISI）于2001年推出的衡量科学研究绩效、跟踪科学发展趋势的基本分析评价工具，也是目前世界范围内普遍用以评价高校、学术机构、国家/地区国际学术水平及影响力的重要评价指标工具之一。本文展示了2017年9月“双一流”建设启动以来全国部分重点建设高校ESI排名情况，并对高校如何提升ESI排名提出了一些建议。

关键词：“双一流”建设；ESI；论文被引

世界一流大学和一流学科建设（以下简称“双一流”建设）是中国高等教育事业发展中继“211工程”“985工程”之后的又一重大国家战略工程。2017年9月，教育部、财政部、国家发展改革委联合发布《关于公布世界一流大学和一流学科建设高校及建设学科名单的通知》，正式公布世界一流大学和一流学科建设高校及建设学科名单，这标志着“双一流”建设正式启动。“双一流”建设启动一年多以来，全国各重点建设高校在人才培养、师资队伍建设、科学研究、文化传承和国际合作等方面取得了一系列进展。本文通过分析ESI学科领域表现情况，衡量部分“双一流”建设高校在基础科学研究水平上取得的进展，并对高校如何提升 ESI 排名提出建议，以期为高校进一步扩大学术影响力提供参考。

一、ESI 简介

基本科学指标数据库（ESI）是由世界著名学术信息出版机构美国科技信息所（ISI）于 2001 年推出的衡量科学研究绩效、跟踪科学发展趋势的基本分析评价工具。ESI 所做的分析是基于汤森路透 Web of Science（SCIE/SSCI）所收录的全球11 000多种学术期刊的1 000 多万条文献记录而建立的计量分析数据库，其原理是从引文分析的角度对国家或地区、研究机构、期刊、论文以及科技工作者进行统计分析和排序，主要指标包括：论文数、被引次数、篇均被引次数等。其中，最重要的指标是论文的被引用次数。ESI 学科领域分类与国内一级学科分类有所不同，即 ESI 由物理、化学、环境与生态学、计算机科学、临床医学等 22 个学科领域构成（表 1）。

目前，ESI 定义学术影响力常用的标准是国际领先水平和国际顶尖水平。国际领先水平指某机构在某个学科领域论文近十年被引频次的排序，在 ESI 前 1%。进入 ESI 世界前 1%的学术机构被认为该机构的相应学科领域的学术影响力已经属于世界领先水平。世界顶级高校中，哈佛大学、剑桥大学等大学所有 ESI 学科领域（22 个）均进入全球前 1%，北京大学也有 21 个 ESI 学科领域进入全球前 1%。国际顶尖水平指某机构某学科领域论文近十年被引频次的排序，在 ESI 世界前 0.1%。进入 ESI 世界前 0.1%的学术机构，被认为该机构的相应学科领域的学术影响力处于世界顶尖水平，而这些机构本身通常也是世界上排名前列的顶尖名校和科学研究机构。

ESI 收录的文献记录涉及全球 37 万多个科研机构，是目前世界范围内普遍用以评价高校、学术机构、国家/地区国际学术水平及影响力的重要评价指标工具之一。早在2010年，时任教育部副部长陈希在“985工程”二期国家验收会上就曾指出，ESI是衡量学科建设的重要评价指标，是衡量大学的学科进入世界前100名的重要依据。2012年，在教育部和财政部发布的高等学校创新能力提升计划实施方案（“2011计划”）中，明确将“牵头高校以及主要参与高校，依托的主体学科原则上应进入ESI学科排名的前1%”作为硬性条件，列入“面向科学前沿的协同创新中心”的申请条件。同年1月，中国校友会网大学研究团队率先将我国大学进入世界前1%的“ESI论文总被引频次”作为反映大学学术声誉的指标纳入评价体系，引导大学提高自主创新能力和学术研究水平，并根据2000年1月1日至2010年12月31日的ESI论文统计结果，推出“2012中国大学ESI论文排行榜”，作为评价大学科学研究能力和学术声誉的重要标志。2016年全国第四轮学科评估工作指标体系中，“科学研究水平”二级指标“科研成果”的学术论文质量要求提出ESI高被引论文和扩展版ESI高被引论文（统计至世界前3%）等指标。由此可见ESI排名是国内高校必须重视的一个数据指标。

表1　ESI的22个学科领域

Agricultural Sciences	农业科学	Chemistry	化学
Biology & Biochemistry	生物学与生物化学	Clinical Medicine	临床医学
Computer Science	计算机科学	Economics & Business	经济学与商学
Engineering	工程学	Environment/Ecology	环境科学/生态学
Geosciences	地球科学	Immunology	免疫学
Materials Science	材料科学	Mathematics	数学
Microbiology	微生物学	Multidisciplinary	综合交叉学科
Molecular Biology & Genetics	分子生物学与遗传学	Neuroscience & Behavior	神经科学与行为科学

续表1

Pharmacology & Toxicology	药理学与毒理学	Physics	物理学
Plant & Animal Science	植物学与动物学	Psychiatry/Psychology	精神病学/心理学
Social Sciences，general	社会科学	Space Science	空间科学

二、“双一流”建设启动以来部分重点建设高校 ESI 排名情况

ESI 数据库每两个月更新一次。本文分别取最近一期 ESI 数据（2019 年 1 月）和 2017 年 9 月的 ESI 数据，对比国内部分重点建设高校在“双一流”建设启动以后 ESI 前 1%和 ESI 前 0.1%学科领域数的变化情况，来看高校在学术国际影响力上取得的进展（见表 2、表 3 和表 4）。

表 2　部分重点高校 ESI 总被引次数国际排名

高校名称	2019 年 1 月 ESI 总排名	2017 年 9 月 ESI 总排名	总排名进步位次
中国科学院大学	88	113	+25
北京大学	89	112	+23
清华大学	99	128	+29
浙江大学	109	129	+20
上海交通大学	117	151	+34
复旦大学	160	181	+21
南京大学	203	227	+24
中山大学	212	236	+24
中国科学技术大学	214	226	+12
华中科技大学	273	326	+53

续表2

高校名称	2019 年 1 月 ESI 总排名	2017 年 9 月 ESI 总排名	总排名进步位次
山东大学	289	311	+22
四川大学	295	332	+37
吉林大学	306	346	+40
武汉大学	342	390	+48
哈尔滨工业大学	346	399	+53

表 3　部分重点高校 ESI 前 1%数变化

高校名称	2019 年 1 月 ESI 前 1%数	2017 年 9 月 ESI 前 1%数	ESI 前 1%数变化
北京大学	21	21	—
清华大学	19	16	+3
上海交通大学	19	17	+2
中山大学	19	18	+1
复旦大学	18	17	+1
浙江大学	18	18	—
南京大学	17	16	+1
四川大学	17	14	+3
武汉大学	17	16	+1
山东大学	16	16	—
中南大学	16	13	+3
华中科技大学	15	15	—
厦门大学	15	12	+3
北京师范大学	14	14	—
西安交通大学	14	14	—

表 4　部分重点高校 ESI 前 0.1%数变化

高校名称	2019 年 1 月 ESI 前 0.1%数	2017 年 9 月 ESI 前 0.1%数	ESI 前 0.1%数变化
北京大学	8	7	+1
浙江大学	8	7	+1
上海交通大学	6	4	+2
清华大学	5	5	—
复旦大学	4	3	+1
中国科学技术大学	4	4	—
华南理工大学	4	3	+1
四川大学	3	2	+1
华中科技大学	3	2	+1
天津大学	3	3	—
中山大学	2	2	—
南京大学	2	2	—
西安交通大学	2	2	—
东南大学	2	1	+1
哈尔滨工业大学	2	2	—

由表 2 可见，国内部分重点建设高校 ESI 排名整体得到提升：中国科学院大学、北京大学、清华大学首次进入 ESI 全球前 100 名；上海交通大学、华中科技大学、四川大学、吉林大学、武汉大学、哈尔滨工业大学进步明显，特别是华中科技大学和哈尔滨工业大学，排名均提升了 50 位以上。

由表 3 可见，国内部分重点建设高校在 ESI 各个学科领域的表现均有所提升，特别是清华大学、四川大学、中南大学和厦门大学，在一年之内分别有 3 个学科领域进入 ESI 前 1%，可见

“双一流”建设启动以来，国内各高校在各个学科领域均取得了发展，国内越来越多的学科进入世界领先水平。

表 4 展示了国内部分重点建设高校 ESI 前 0.1%的情况。一般而言，进入 ESI 前 0.1%的学科领域已经进入了世界顶尖水平。从表 4 可以看出，北京大学、浙江大学已经有 8 个学科领域进入 ESI 前 0.1%，可以说这两所高校的学术影响力已经非常接近世界一流大学水平。其他高校也在发力，有越来越多的学科领域进入 ESI 前 0.1%。但对比世界最顶尖的高校如哈佛大学（20 个学科领域进入 ESI 前 0.1%）等，国内高校的差距还非常大。

综上所述，“双一流”建设启动以后，国内高校 ESI 排名取得明显进步，学术影响力上升势头良好。但是也应该看到，国内高校距离世界一流水平还有差距，“双一流”建设任重道远。

三、提升 ESI 排名的建议举措

ESI 排名的核心指标是文章的被引次数，而提升文章的被引次数的根本在于提升学校基础科研水平，构建国际一流科研创新体系，产出标志性一流科研成果。除此之外，还有一些提升文章被引数的建议举措可供高校参考。

第一，与世界一流大学发表合作署名文章。与国内高校更加强调“第一作者”“第一单位”不同，ESI 的论文被引次数会将论文所有署名单位计算在内。因此，尽量与世界一流大学发表高水平合作署名文章是提升 ESI 论文被引数的一个较为可行的办法。

第二，鼓励学校科研人员在前沿热点研究方向上发表文章。前沿热点研究普遍受到关注，其被引次数一般较高。ESI 数据库本身就有分析各学科领域高被引论文、热点论文和研究前沿的功能，高校可以充分利用这个功能随时追踪各领域研究热点并分享给学校科研人员，利用制订奖励政策等方式鼓励其在前沿热点方向上发表文章。

第三，积极组织、参加国际学术会议，扩大高校学术影响力。“酒香也怕巷子深”，好的研究也需要适当地“推销”以扩大影响力，而这一点恰恰是国内高校科研工作者并不擅长的。建议国内高校积极组织筹办各种国际学术会议，出台鼓励政策引导科研工作者积极参加各级国际学术会议，在国际学术舞台上宣传自己的成果，扩大高校的学术影响力。

总之，ESI 是一个受到广泛认可的学术水平及影响力评价工具。各大高校应利用好这个工具，切实做好数据监测，同时深度挖掘数据背后的意义，为指导学校“双一流”建设提供决策依据。

参考资料：

ESI 数据库，https：//esi. incites. thomsonreuters. com/

培养大数据驱动研究生管理创新的探索与实践*

——以四川大学博士研究生为例

杜 菁 任良科 申 文

（四川大学研究生院 四川成都 610064）

摘 要：研究生管理创新是研究生教育改革的重要内容，而大数据技术为管理创新提供了重要方法和手段。本文以四川大学博士研究生为例，简要分析了近年来博士研究生学籍信息构成变化以及四川大学在研究生管理上的探索与实践，并对高校利用好研究生培养大数据这一宝贵资源提出了相关思考与建议。

关键词：研究生管理；大数据；创新

一、研究生管理创新是教育现代化的必然要求

为全面建成小康社会，到2020年，我国将基本实现教育现代化，迈进人力资源强国行列。研究生教育是我国教育体系的最高层次，最能代表教育发展前沿和发展水平，是优质人力资源的重要输出源。近年来，研究生报考人数不断创新高，很多高校研究生在学规模已基本与本科生规模齐平。取得研究生学历文凭，习得科学的研究技能，正成为莘莘学子的梦想。近十年来，研究生教育取得了

* 本文获四川大学研究生课程建设项目资助，项目编号：2018KCJS052。

巨大成就，体制改革、教学改革、科技创新能力、服务社会能力、对外开放和交流能力都获得了很大提升。以四川大学为例，十年间，硕士生招生规模增加了约53%，博士生增长了近50%，研究生总量大大增加。但一个不可忽略的事实是，人民群众对研究生学习效果不断增加的热情期盼与高校研究生培养效果之间还存在一定差距，研究生教育大量培养输出的学生与国家、社会所需要的高素质、创新型、复合型人才不足之间还有矛盾。研究生教育改革任重道远。未来，研究生培养的核心任务是提升培养质量，为人力资源强国建设做出贡献。为此，我们需要进一步在结构、管理、质量、特色等方面下功夫，进行改革创新。

教育信息化不断建设与发展，为研究生培养的改革创新提供了重要支撑。大部分高校都建成了研究生信息管理系统。研究生的招生入学、课程培养、科研训练、论文发表和毕业、授位等流程都需要在管理系统中实现，由此积累了大量研究生培养数据。新时代研究生的成长环境不同于以往，具有明显的个性特点，对互联网依赖较重，信息素养普遍较高。研究生管理的大数据时代已经来临，如果管理者还停留在以前的管理模式，将这些具有很大利用价值的数据束之高阁，那高校势必不能使培养模式适应学生的发展，不能完成提高培养质量的重任，也不能培养出符合社会需求的优秀人才。研究生培养大数据是学校的宝贵资源，是对研究生培养过程真实记录的第一手资料，是研究生教育管理部门改革创新效果的重要评价材料。我们应充分利用这些数据资源驱动管理创新，在宏观和微观上为学校研究生的培养工作提供重要保证（顾明远，2013）。

二、研究生培养大数据技术驱动研究生管理改革创新

牛津大学维克托·迈尔－舍恩伯格（Viktor Mayer-Schönberger，2013）教授提出，大数据开启了一次重大的时代

转型。大数据带来的最大冲击是变革思维，人们认为数据不再是静止和陈旧的，而应该是为我们的工作、生活带来更多价值的资源。首先，分析学生现状，研究培养问题不是靠抽样和局部数据而是全体研究生数据。多年的研究生信息系统建设积累了很多届学生的各种信息数据，包括入学信息、学籍信息、论文信息、课程活动信息、科研活动信息、社交活动信息等。其次，还可以从微博、微信和论坛等媒介上获取可利用的数据。不同于本科生以专业为单位的集体行动，研究生培养大多是在导师指导下的小班化、分散化、自主化行为，产生了大量差异化的数据资源。目前，在倡导启发式、探究式、讨论式、参与式教学手段下，培养过程的数据更呈迅猛增长之势。现代教育要求以育人为本，倡导因材施教的理念，遵循教育规律，尊重学生的个性发展。所以，每个学生的成长都应被完整记录。

目前，已有许多人员和高校认识到大数据在研究生管理上的重要性，从多种角度利用大数据技术为研究生教育改革做了有益探讨和尝试。武汉理工大学张凌云（2018）基于发达国家实践的考察，提出了大数据时代研究生教育管理的趋势，呼吁优化大数据环境、激发高校作为。陕西师范大学赵立莹（2016）基于《全球研究生教育行动指南》研究在大数据时代我国研究生教育的变革路径，提出建立符合大数据特征要求的研究生教育数据库，提高研究生管理效力，便于对研究生教育的研究和分析。张伟等（2018）基于大数据技术构建的研究生教育管理系统，成功将大数据技术应用于研究生教育质量评价、研究生教育资源配置、研究生教育供给侧结构性改革、研究生教育趋势分析与指导以及研究生教育教学内容创新。李芬等（2016）利用大数据对研究生教育检测评估进行了研究。张东海（2019）利用问卷形式调查全国30 多所高校的专业学位研究生学习需求，以期促进专业学位研究生培养方案调整与培养模式改革。

不管是基于大数据库或本校研究生信息管理系统，还是采用问卷调查形式，研究者都在尝试利用大数据技术掌握最新的、实时的研究生教育状态，为研究生事务管理和科学决策提供数据证据，以驱动研究生培养、管理工作的创新。

三、四川大学博士生数据分析及在管理创新上的实践

近年来，四川大学博士生招生规模不断增加。无论是学科之间，还是性别占比和硕士学校类别等，博士生组成结构发生了变化。博士生的培养也需要做出相应调整。综合利用这些数据资源，四川大学在管理上创新，相继推出了一系列改革举措，如加强研究生导师队伍建设、启用研究生信息管理新系统、贯通硕博士培养方案、增加博士生选课自由度、改善博士英语教育模式、增加博士申请考核制名额、减小在职不脱产攻博人员比例、调整博士授位条件等。这些举措普遍取得很好的成效。图 1 是对川大博士生部分学籍信息的分析。

1. 博士生规模变化

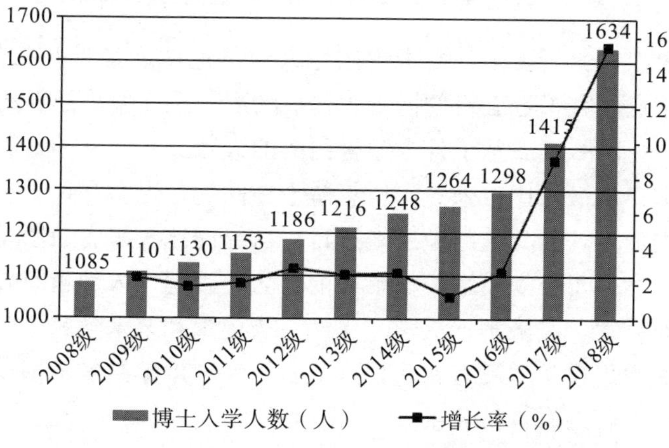

图 1　四川大学 2008 至 2018 级博士生规模情况及相应的人数增长率（图中为入学报到人数）

如图 1 所示，2008 至 2018 年，四川大学每一年级的博士生人数都在不断增加。最初几年，人数规模增加缓慢，增长率不超过 3%；从 2017 年开始，博士新生突破1 400 人，比 2016 年增长了 9%。而 2018 年博士生新生又创了新高，比 2017 年增加了 15%，达到了 1 634 人。

2. 各年级各学科博士人数情况

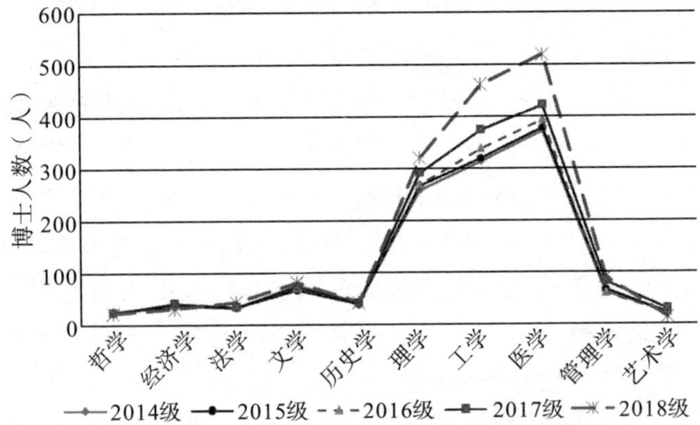

图 2　2014 至 2018 级各学科门类博士生人数情况

由以上分析可知，博士生招生人数迅速增加是近几年的事，以下重点研究了近五级的博士生构成情况。图 1 给出了各级博士总人数，图 2 则展示了各个学科门类的人数分布。从图 2 我们可以获知，从横向比较来看，历年博士在医学、工学和理学三个学科门类最多，而其他门类还未过百；从纵向比较来看，医学、工学和理学是每年规模增长贡献的前三名，管理学人数也有较小增加，而哲学、经济学、法学、文学、历史学和艺术学六个学科门类的博士规模基本没有变化，这与四川大学近年来实行博士招生指标动态管理有直接关系。

3. 各年级博士年龄构成分布

研究表明，现代许多科学家重要研究成果的发表年龄正呈年轻化趋势。20世纪上半叶科学家发表重要著作的平均年龄是34.9岁，比16世纪时年轻了15岁。现在，年轻的研究者正成为各行业研究工作的主力。综合2014至2018级各个年龄的博士人数发现，近几年来，四川大学博士生开始读博的平均年龄基本没有变，都在28岁。但从图3可以看出，读博峰值人数的年龄2015年后比2014年大了1岁，即2015年后在26岁开始读博的人数最多。这似乎与人们对读博的学生年龄逐渐变小这一印象不符。以国家自然科学基金青年科学基金项目申请要求35岁以前测算，最短读博时间三年，32岁以下开始读博者，各年级占比都在80%以上，且有占比逐年增加的趋势。

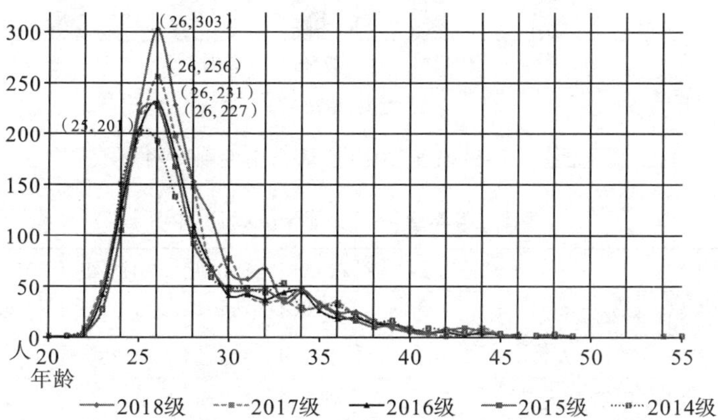

图3　2014至2018级博士生入学时各年龄人数分布

4. 各年级博士性别构成与未婚比例

在进行博士学籍信息分析时，我们发现一个有意思的现象，即四川大学各个年级博士生性别比例发生了变化。如图4所示，从2014到2017级，男性博士生比重都比女性博士大得多，而2018级博士中，女性数量首次超过了男性。进一步分析发现，五年来，未婚男博士在年级总人数中的比例呈下降趋势，而未婚女博士的比例呈增加趋势，如表1所示。在各年级中，未婚男博士和未婚女博士在各自性别类中占比基本超过70%。值得注意的是，在女博士中，未婚博士增长较快。女生读博受传统观念影响，面临很多压力，高校应认识到这一问题并对其给予关心。

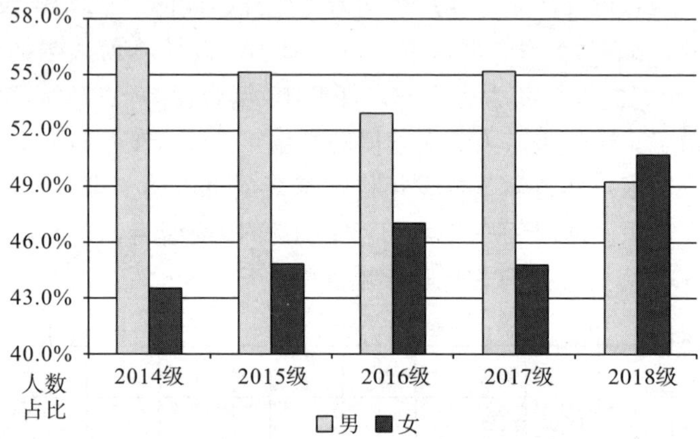

图4　2014级至2018级博士生性别比例

表1　各年级男、女博士未婚比例

	2014级	2015级	2016级	2017级	2018级
男未婚/年级总人数	0.404	0.398	0.394	0.413	0.361
女未婚/年级总人数	0.304	0.309	0.341	0.336	0.378
未婚人数/年级总人数	0.708	0.707	0.735	0.749	0.739
男未婚/男博士人数	0.716	0.722	0.744	0.748	0.733
女未婚/女博士人数	0.699	0.690	0.725	0.751	0.745

5. 各年级博士生生源质量情况

为实现建设高等教育强国的目标，我国正加快建设世界一流大学和一流学科。2017年9月，教育部、财政部和国家发改委联合公布了首批137所“双一流”建设高校。一流大学建设是教育现代化的重要组成部分，国家对其投入了大量物力财力。虽然对一流大学的定义还存在一些不同的认识，但普遍的内涵已获得共识，其中一条就是拥有一流的生源，能够吸引高质量的学生。对近五年来四川大学每一级博士生的硕士毕业（学位）学校进行分析，结果如图 5 所示。从图 5 可以看出，来自教育部公布的 42 所一流大学建设高校的博士生每年占比都在 70%左右，这其中包括大量的四川大学本校的硕博连读生和提前攻博生。来自一流学科建设高校的博士生基本不超过 10%，仅排在第三位，明显比普通院校少。普通院校是指在中国除 137 所“双一流”建设高校之外的高等院校。图 5 还展示了四川大学的部分博士生来自境外大学和其他如研究所或研究院一类的教育机构，但比例不大。要提高博士生源质量，一流学科建设高校是可以扩大生源数量的部分。

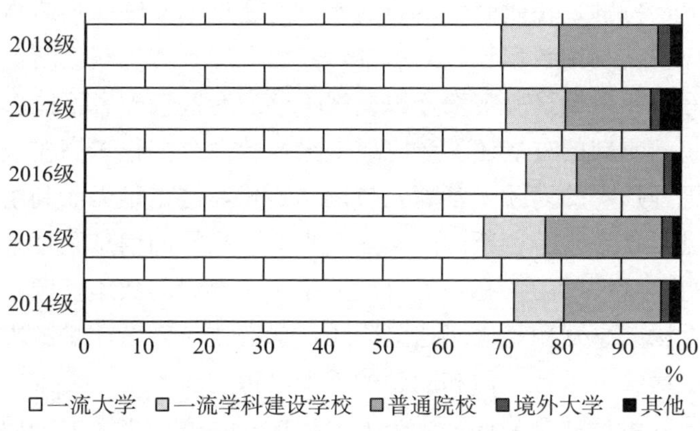

图 5　2014 至 2018 级博士生生源来源构成百分比情况

以上分别从博士生规模，各学科博士生人数、年龄构成、性别组成和硕士毕业（学位）学校五个方面对四川大学近年来的博士生学籍数据进行了简要分析。大数据时代，数据的价值不仅在于提供现时的状态，更在于预测出发展的趋势，为决策提供指导。本文只是从宏观层面做出分析，大数据带来的改变应该更细化，更关注全体而不仅仅是其中某一部分。利用大数据资源还可以进行很多有益的研究。每个学校的培养模式不同，可以对其中优秀的博士生进行大数据研究，总结提炼出本校优秀博士生成才之路。同样，现在高校中也有很多超期退学的博士，研究他们的情况也可以总结出未能按时完成学业的原因，警醒正在读博的研究生。采用大数据对博士生、博士生导师和学院等直接管理部门可以产生预警效果，对不好的、不利于人才培养的表现及时采取阻断措施，确保所有在读博士都能得到科学的培养，找到适合他们的成长模式。

四、大数据资源驱动研究生管理创新的建议

大数据思维和技术尽管已在商业和企业中有较多应用，但在教育上，特别是在研究生培养的普及上还远远不够。很多高校管理者还缺乏利用数据管理的思维，停留在经验和主观判断上，对利用好培养数据这一宝贵资源重视不够。有些管理者不能主动寻求变革，驱动的方式还靠政府或上级行政命令。很多高校缺少大数据管理技术的人才，管理人员偏老龄化，这也是无法利用数据资源进行管理改革创新的一大现实难处。高校的信息管理系统分散，每个管理部门都有一套自己的系统。部门间数据资源壁垒严重，无法共享互用。面对这些问题，只有改革创新才是解决现实研究生培养中各种矛盾和问题的根本之道。

研究生被社会公认为优秀人才，被社会寄予极大的期望，这也给硕、博士们带来了极大的心理压力。大量学生期望通过读研、读博改变个人命运，创造幸福生活，他们对优质教育有越来越强烈和迫切的渴望。促进学生健康成长是学校一切工作的出发点和落脚点。众所周知，教育工作的内容和效果具有一定的滞后性，高校应主动适应经济和社会发展，坚守育人为本的底线，首先在研究生管理的理念、方式和手段上应推陈出新，顺应时代进步。而大数据技术为这种改革创新提供了很好的路子。许多高校

对研究生的管理采用校院两级模式，学校层面整体整合全校信息化建设，负责宏观大数据的研究，预测整体趋势，做出政策性规定，把控研究生教育质量（王雅静，2019）；而学院更应针对研究生个体运用大数据技术进行管理和指导。

现阶段的研究生，特别是博士研究生，是高校的稀有资源，对其进行大数据管理相对比较容易。高校研究生管理部门应对博士生们的“过去”“现在”“将来”建立起追踪记录机制，形成数据库。这不仅会对导师更好地进行个性指导产生积极作用，对学校学院在管理上做出改革产生用处，也会对预测教育的发展以及及时调整学校学科发展战略产生有利作用，更有利于国家人才发展与人力资源储备。

参考文献：

［1］顾明远，石中英．国家中长期教育改革和发展规划纲要（2010—2020）解读［M］．北京：北京师范大学出版社，2013.

［2］维克托·迈尔－舍恩伯格，肯尼思·库克耶．大数据时代［M］．盛杨燕，周涛，译．杭州：浙江人民出版社，2013.

［3］张凌云，陈龙．大数据时代高校研究生教育管理的变革［J］．学位与研究生教育，2018，6：33－37.

［4］赵立莹．大数据时代我国研究生教育的变革路径［J］．学位与研究生教育，2016，9：65－68.

［5］张伟，程颖．基于大数据技术的研究生教育管理系统构建与应用［J］．贵州大学学报（社会科学版），2018（4）：134－138.

［6］李芬，王战军．基于大数据的研究生教育监测评估研究［J］．学位与研究生教育，2016，7：15－19.

［7］张东海．专业学位研究生学习需求的调查研究［J］．研究生教育研究，2019，2：45－52.

［8］王雅静，田庆锋，晁小荣．我国高校研究生院组织变革探思［J］．研究生教育研究，2019，2：75－79.

交叉学科研究生招生存在的问题及对策研究*

许海青　刘　立　江虎维

（四川大学研究生院　四川成都　610065）

摘　要：世界一流大学和一流学科建设的核心落脚点是建设高水平学科，交叉学科是学科建设的重点领域之一，甚至会在众多学科领域中异军突起、成果突显。研究生招生作为交叉学科建设及其人才培养的关键一步，对交叉学科的发展起到重要作用。然而，交叉学科研究生招生却面临着综合性困难，必须充分探索在现行条块分割学科格局下交叉学科研究生的招生途径，革新交叉学科研究生招生机制。

关键词："双一流"建设；交叉学科；研究生；招生机制

交叉学科是指在两种或两种以上单一学科基础上，由不同学科领域、部门和分支学科相互联系、相互作用、彼此融合而形成的一类学科，包括本专业交叉、跨专业交叉等多种形式（李红兵，2007）。交叉学科伴随着科学研究的探索创新及处理复杂实际问题的迫切需求而生，是当前科学研究发展的必然趋势，是科研创新的重要阵地，是重大科研突破的重要源泉，形成了新学科和科技创新的增长极，必将成为提升学科实力、推进"双一流"

* 本文系四川大学2018年研究生课程建设项目"一流学科建设背景下交叉学科人才选拔与评价机制研究"，编号：2018KCJS055。

建设的突破口。

交叉学科具有前沿颠覆性、多学科交叉性、研究对象复杂性等特点，培养的人才应该具有扎实的理论基础、宽广的知识储备和开阔的视野，具备融会贯通的本领、团队合作的精神、创新思维与浓厚的研究旨趣等培养潜质。招生作为研究生培养体系的第一步，是决定交叉学科招收的研究生能否满足学科特性和实现人才培养目标的重要环节，但目前又面临着综合性困难，在单学科发展模式下形成的招生机制已难以满足交叉学科的招生诉求。

一、交叉学科研究生招生面临的综合性困难

（一）历史原因的局限

思想观念的固化。我国的学科分类和发展模式深受苏联的影响，经过长期的发展，已经形成了条块分割的学科格局，学科之间泾渭分明。学者们在所属学科领域内从事科学研究，形成“学术圈子”，取得重大研究成果的则被尊称为“专家”；而从事交叉学科研究的学者却得不到学术界的认同，被认为是“杂而不专”。学术成果的认定与评价需要得到所在领域专家的评判，而交叉学科缺乏同领域的专家，成果往往得不到认可甚至遭遇打压。导师缺乏交叉学科所需的完整知识体系，指导交叉学科领域的学生颇为勉强，甚至限制了学生从事交叉学科领域的学术研究。

交叉学科地位的缺失。我国的学科目录设置受条块分割的学科格局影响，2011 年最新修订的《学位授予和人才培养学科目录》共设 13 个学科门类、110 个一级学科。仅有少数已经发展非常成熟的交叉学科零星分布于各学科门类中，学科代码的编码规则与传统学科相同，未能体现出交叉学科的特殊性。同时，传统学科领域仍然处于强势地位，交叉学科发展的空间相对狭小。

管理体制的制约。我国高等院校的院系布局以学科类别为基础，相同或相近的学科领域组成教研室和院系等单位，导师人事

关系依据研究领域归属到某个院系，能够在学位委员会批准其导师资格的学科专业进行招生。由于学科之间存在壁垒，科研设备与资源归属单一院系，不便于共享使用，各院系独立进行教学和科研，院系之间的导师缺乏学术交流研讨的平台和机会，有意向探索交叉学科的导师没有在其导师资格以外的领域招收学生的资格，不能招收其所需的研究交叉学科的学生。

（二）顶层设计的局限

交叉学科的学科设置不科学。国务院学位委员会、教育部2009年发布的《学位授予和人才培养学科目录设置与管理办法》（以下简称《管理办法》）和教育部办公厅2010年发布的《授予博士、硕士学位和培养研究生的二级学科自主设置实施细则》（以下简称《实施细则》），赋予了交叉学科专属代码（“99JX”共四位，前三位固定，第四位“X”是顺序号）。交叉学科参照增设目录外二级学科的程序进行设置，以基础理论相近原则在所交叉的学科中选择一级学科进行挂靠。这样的学科设置往往不能体现交叉学科所涉及的众多领域，表面看来与传统二级学科无异，甚至部分交叉学科的归属有失严谨性和科学性。《管理办法》同时还规定，同一个一级学科下一般不超过2个自主增设的二级学科，这也影响了交叉学科的兴起，限制了交叉学科的成长规模。

交叉学科招录模式有待改进。我国的招生方式包括统一招考和非统一招考，统一招考包括全国统一考试、联合考试、单独考试，非统一招考包括优秀应届本科毕业生推荐免试攻读硕士研究生、本硕博连读、硕博连读、提前攻博、三年级优秀研究生攻博和博士生申请考核制。非统一招考的考核方式灵活、约束条件较少，能较好地适用于交叉学科，但由于报考生源少，且规定推免生数量不得超过硕士招生计划的50%、直接攻博的比例一般不超过本专业招生人数的20%，因此非统一招考对交叉学科招生的贡献有限。

交叉学科招生考核体系不合理。统一招考仍然是研究生招生的主体途径，由初试、复试两阶段考核构成。关于初试，教育部关于编制研究生招生专业目录的文件规定了各一级学科的硕士初试科目和考纲，无法考查考生是否具有多学科知识，也增加了跨专业报考的难度。关于复试，面试考核时间短，考评专家多为传统学科领域的教师，很难充分考查考生的跨学科知识储备、创新能力、研究旨趣等培养潜质。

（三）招生政策的局限

研究生招生政策经过传统学科多年的实践与修订，能够基本实现传统学科的招生诉求，体现公平公正原则。但是，招生政策对各环节都严格统一规定，忽略了学科的特性和个性化需求，使其对交叉学科的适用性和科学性大打折扣，缩减了学科的自主权。

调剂政策。调入专业与报考专业相同或相近，报考专业与调入专业的初试科目相同或相近。因此，交叉学科只能从其挂靠的一级学科内相近的二级学科进行生源调剂，无法调剂所涉及的多学科考生。然而，统一招考中多数专业均未限制考生的毕业专业，非统一招考同样允许跨专业招生，这与调剂政策存在着明显的冲突。

录取政策。考生通过复试后确定拟录取专业、研究方向和导师，招生单位上报录取信息。入校后一年到一年半进行中期考核分流，但筛选力度不大，加之转专业机制不健全，研究生“一考定终身”，专业几乎不会发生变化。交叉学科由于考核体系不科学、生源数量少且质量相对不高，一般需要通过调剂才能完成招生指标，招收的部分研究生不具备交叉学科研究的基本条件和研究潜力，无法达到学科要求，对学科发展毫无贡献，但是考虑到淘汰成本也唯有勉强继续培养。

（四）公众认知的局限

高校和考生对交叉学科缺乏认知。我国高校实行专业化教育，从本科阶段开始，学生按照各专业既定的培养方案学习公共课程、基础课程和专业课程，缺乏了解其他专业（尤其是交叉学科）的机会。特别是对于本科生而言，过早地强调专业教育，缺乏对本专业以外知识的摄取，忽略了通识教育和综合能力。高校对交叉学科的发展缺乏鼓励与引导，政策与资源缺乏支持与倾斜。因此，交叉学科发展具有非成熟化和不确定性的特征，相较于传统学科的吸引力和竞争力不足，考生主动报考交叉学科的意愿低；同时，考生缺乏多学科知识背景，符合交叉学科招生诉求的生源数量少。

社会对交叉学科缺乏认知。传统学科已深入人心，社会普遍了解各专业的研究领域和就业去向；交叉学科却鲜为人知，缺乏认同；考生家长不鼓励甚至阻挠考生报考交叉学科；“同行评议”的专家不认同交叉学科的研究成果，论文评审难通过；用人单位招聘“专业对口”的毕业生，交叉学科毕业生难以选择到理想的工作。

二、交叉学科招生的对策研究

我国部分综合性大学高度重视交叉学科，从资源和政策等多方面扶持交叉学科，取得了明显成效。但是，部分高校，尤其是体量较小的科研院所等，在交叉学科的思想观念、招生体系等方面认识不到位、思考不全面。因此，研究现行招生机制下交叉学科的招生对策意义重大。

（一）改变思想观念和管理体制，促进交叉学科报考与招生

鼓励导师跨学科招生。倡导导师结合课题项目和学术动向在所需学科招收学生。首先，招生单位应打破惯用的人事管理模式。将招生指标与导师挂钩，在经过学位委员会备案后，允许导

师每年根据科研需求将招生指标投放到相应专业，灵活招收科研所需学科背景的生源。其次，鼓励导师成立课题组，以课题组名义共同招生。导师根据交叉学科研究需要，联合跨学科导师成立专项课题组，招收多学科的研究生，针对课题开展联合研究。再者，加强导师跨学科学习。鼓励导师跨学科学习课程知识，定期举办学术交流、学术讲座等，由学校或导师提出研究主题展开学术讨论，拓宽导师多学科知识面和思维方式，更好地指导学生和进行交叉学科研究。最后，完善考核评价体系，在科研经费、分配制度、激励制度、任务考核和晋升渠道等方面给予交叉学科教师政策上的倾斜。

鼓励考生跨学科报考。首先，应保障交叉学科研究的基本需要，原归属于单一院系管理的实验设备等应作为公共资源予以共享，任何院系和个人均可根据需要申请使用。其次，资源向交叉学科倾斜。增加交叉学科的招生指标，降低考录比和报考难度；适度划低初试分数线，让较多学生有机会进入复试考察环节；提高奖助金比例，切实减轻研究生的生活负担；加强合作交流，提供更多在国内外高校、行业交流学习的机会。

（二）改善交叉学科招生体系

合理设置招生专业目录。教育部对招生目录中的一级学科和二级学科设置有严格的规定，但是三级研究方向的设置给予了招生单位自主权。交叉学科，尤其是刚起步的交叉学科，在编制招生专业目录中，一方面可以挂靠一级学科设为二级学科，另一方面可以在所涉及的各一级或二级学科下设置三级研究方向，导师既可按学科招生，也可按研究方向招生，初试科目则按照相应学科命制，避免初试选拔结果完全取决于对单一学科知识的考察，充分体现交叉学科的多学科属性。

改善复试考核体系。初试科目只能考察交叉学科所属一级学科的专业基础知识，这对于交叉学科是远远不够的，那么必须在复试环节增加考察力度。复试内容应该避免考察对知识点的单纯记忆，重点考察对交叉学科学术动态的了解，综合运用知识发现、分析和解决问题的思维模式和能力，是否具备开展交叉学科研究的多学科基本理论知识、实践能力、研究旨趣、团队合作精神、创新精神与能力、科研潜质等。复试考核的形式不局限于笔试、面试，可以考虑引入团队讨论和表现性评价。团队讨论，一定数量的考生为一组，针对交叉学科的某个前沿问题进行自由讨论；表现性评价，对考生完成具体任务过程中的表现进行评价，直接、客观展现考生的综合能力（周文叶，2009）。

（三）充分利用招生路径

充分利用非统一招考类招生方式。非统一招考方式能够根据学科特色和发展需要提出相应入门条件，基于考生现阶段已取得的学习成绩和科研成果，充分考查考生的专业素养、培养潜力和研究旨趣等，考虑专业知识与综合能力，择优选拔（赵红军，2015）。推荐免试和博士申请考核制招生方式省去了普通招考方式中的初试，从而避免单一学科在入门考核环节中的决定性作用，降低报考难度，吸引相关学科背景的考生报考，是交叉学科较理想的招生方式。因此，在交叉学科招生指标分配中，应适当扩大推荐免试和申请考核制的占比，突破硕士推免生占比不超过50％的限制。

充分利用调剂环节。公众对于调剂的理解，普遍理解为一志愿未上线或一志愿复试淘汰考生争取第二次录取的机会，但是，调剂也是生源不足学科补充生源的机会。交叉学科应尽早发布调剂公告，转被动为主动，提前联系可调剂学科的合格生源，争取调剂先机，提前复试、录取适合交叉学科的调剂生源。

三、交叉学科招生的改革建议

2013 年，教育部、国家发改委、财政部印发的《关于深化研究生教育改革的意见》强调，积极推进考试招生改革，建立与培养目标相适应、有利于拔尖创新人才和高层次应用型人才脱颖而出的研究生考试招生制度。针对交叉学科的特殊性，为满足其基本需要并促进快速发展，应因地制宜积极推进招生机制改革。针对交叉学科可进行以下改革。

（一）革新顶层设计，贯穿交叉学科培养渠道

改革学科目录，体现交叉学科的重要分量。交叉学科虽然已列入学科目录，但其地位仍低于传统学科，其重要性得不到凸显。为了使交叉学科独立于传统一级学科，可以在 13 个学科门类中各设置一级学科作为交叉学科的集合，预留相应的一级学科代码，体现交叉学科与传统学科的平等性。此外，可以考虑将交叉学科设置为第 14 个学科门类，将真正涉及多个学科门类、意义重大、成果重要性突出、发展迅猛的交叉学科纳入其中，并作为学科建设的重点之一。交叉学科下二级学科的设置，参照《管理办法》和《实施细则》中目录外二级学科的设置办法，由招生单位自主审核设置并报教育部备案执行，原挂靠于传统一级学科下的交叉学科可撤销并挂靠交叉学科一级学科重新设置二级学科。从而扩大招生单位的办学自主权，遵循学科发展的规律，形成新的学科增长极，建成色彩鲜明的交叉学科群。

推行本科通识化教育。改革本科教育理念和教育模式，推行通识化教育，有助于培养具有一个主修的学科专业领域和多学科基础知识与思维方式的综合性人才（娄延常，2005），为交叉学科提供更多的合适生源。

（二）改革招生录取模式，形成配套机制

改革录取和培养模式，突破研究生培养过程中不允许变更专业和研究方向的限制。将中期分流考核提前至研究生入学半年至一年期间进行，根据学习和科研的考核结果，将不适合研究生阶段学习、无法完成研究生学业的学生予以淘汰，对于能够在相关

学科完成学业的学生予以变换专业。同时，吸纳相关学科同年级中在交叉学科领域取得一定研究成果或有突出研究潜力的研究生，补充交叉学科研究生队伍。这需要相关配套政策的完善支持，构建交叉学科研究生的调出与调入渠道，实现交叉学科研究生的动态管理。

（三）改革招生考核内容与政策

改革初试考试科目与内容。交叉学科初试需要考查考生是否具备所涉及的多学科专业基础知识，初试内容考察范围不应局限于单一学科。初试科目内容可以选用必答题和选答题的组合模式，其中必答题为交叉学科的公共基础知识，选答题则针对不同学科背景分别命题。考核内容应以开放性试题为主，侧重考查学生利用已掌握的多学科知识分析、解决问题的思维方式和能力，形成具有交叉学科特色的自主设置初试科目与内容。

改革调剂政策。与交叉学科相同或相近的学科很少，调剂的生源也仅限于单一学科。应满足交叉学科对多学科生源的诉求，取消交叉学科调剂对学科的限制，允许交叉学科向其设置备案时所涉及的所有学科进行调剂。同时，希望传统学科予以大力支持，鼓励交叉学科调剂优先，构建畅通的交叉学科调剂渠道。

参考文献：

[1] 李红兵，闫卫华．加快交叉学科建设提升高校有效竞争力［J］．中国高教研究，2007（1）：44－46.

[2] 周文叶．学生表现性评价研究［D］．上海：华东师范大学，2009：25.

[3] 赵红军，陈薇，陈谦明．“精英化教育”语境下博士招生制度的选择——对博士研究生招生“申请—考核制”的思考与探索［J］．研究生教育研究，2015，（5）：31－35.

[4] 娄延常．跨学科人才培养模式的多样性与理性选择［J］．武汉大学学报（人文科学），2004（2）：232－236.

水利类研究生创新人才培养模式探索与实践*

胡飞君　骆　红　向治华　谢红强

（四川大学水利水电学院　四川成都　610065）

摘　要：水是生命之源、生产之要、生态之基，事关中国社会主义现代化建设全局和中华民族长远发展重大而紧迫的战略任务，是保障国家粮食安全的迫切需要，是转变经济发展方式和建设资源节约型、环境友好型社会的迫切需要，是保障和改善民生、促进社会和谐稳定的迫切需要，是应对全球气候变化、增强抵御自然灾害综合能力的迫切需要。本文以培养应用创新型、研究创新性、复合创新型研究生为导向，以分类、分层、分级为研究生培养途径，建立一套适应于水利工程领域的创新教学与课程、创新研究平台、质量评估与监控、跟踪调查与反馈所构成的现代水利研究生培养模式和体系，加强水利工程领域创新型研究生的培养，加强水利水电队伍建设，全面提升水利人才队伍素质，切实增强水利水电勘测设计、建设管理、生产经营和依法行政能力。

关键词：水利类；研究生；创新人才培养

一、概述

中华人民共和国成立以来，始终把水利建设作为经济社会发

* 本文系四川省2014年研究生教育改革创新项目，立项人：陈建康；项目编号：2014－JY－039。

展战略的重要组成部分，将其摆到了国民经济基础设施建设的首位，投入大量资金用于三峡工程、南水北调工程等一大批重大工程，江河治理成效卓著，我国水利工程规模和数量居世界前列，水利工程体系基本形成。但随着经济社会持续快速发展，我国水资源形势深刻变化，水安全状况日趋严峻，人均水资源量不足世界人均水平的1/3，近2/3城市存在不同程度的缺水情况，地下水超采区面积达19万平方公里，还有近2亿人口饮用水不安全，有一半以上耕地缺少基本灌排条件。因此，加快水利改革发展是关系中华民族生存和发展的长远大计。

然而，我国当前水利人才队伍现状还不能满足水利事业发展的需要，人才队伍整体文化水平仍然偏低，专业技术人才层级结构不尽合理，高层次领军人才、创新人才不能满足水利现代化建设需要，水利重点领域急需人才明显不足，基层水利专业人才尤为短缺，贫困地区水利人才严重匮乏，与水利跨越发展的要求还有很大差距。以水利类研究生教育为例，主动服务国家大局的体制机制仍不完善，培养模式还不适应经济社会发展的多样化需求，学生创新精神和创新能力尤为不足，主要表现为：课程体系僵化，创新性课程缺乏；创新能力欠缺，实践能力差；培养模式缺乏激励机制；后评价体系不完善，特别是创新能力欠缺已成为研究生质量提升的制约因素，影响了拔尖创新人才和高层次应用型人才的培养。

因此，水利人才培养，尤其是层次、创新性水利人才是推动水利改革发展的首要任务，必须着眼于水利事业发展的需要，培养造就一支具有“献身、负责、求实”的水利行业精神，数量充足、布局合理、结构优化、富有活力、勇于创新的水利人才队伍，从而为水利改革发展提供强有力的人才保障和智力支持。特别是在高端水利类研究生人才培养上，要突出创新精神和创新能力，培养适应我国经济建设和社会发展需要，掌握扎实的基础理论和专业技能，富有创新能力的高级专门人才，为实现行业创新驱动发展和提高核心竞争力提供人才支撑。

二、研究基础与研究目标

（一）研究基础

四川大学水利学科有着悠久的历史和很好的国内外声誉，学科资源优良，师资队伍雄厚，教学、科研设备优良。拥有国家重点实验室、两个省重点实验室、两个国家重点学科、两个博士学位授权一级学科；有教职工 189 人，正高级职称 53 人，副高职称 65 人，博导 31 人，教育部创新团队 1 个，同时聘请国内外知名大学与企业的专家、教授为兼职教授，联合培养研究生。四川大学地处水电资源富集的西部，大型水利水电工程众多，具有实施联合培养水利工程创新人才的独特地域优势，与多个大型水电开发公司、设计及施工企业有良好的合作关系，签订了共建研究生培养基地协议。基地依托单位均为水利水电行业龙头单位，在技术、管理等方面代表国内最高水平，其软硬件条件均能满足研究生培养需要，为建立研究生国内协同创新培养基地提供了良好基础。

（二）研究目标

依托综合性大学多学科平台和西部地区基础设施建设的行业优势，以“985 工程”“211 工程”科技创新平台为支撑，以国家重点实验室、省部级重点实验室为依托，以培养应用创新型、研究创新性、复合创新型研究生为导向，以分类、分层、分级为研究生培养途径，研究建立一套适用于由水利工程领域的创新教学与课程、创新研究平台、质量评估与监控、跟踪调查与反馈构成的现代水利研究生培养模式和体系。研究成果将有力加强水利工程领域创新型研究生的培养，构建研究生创新发展平台，增强研究生职业发展能力，全面提升研究生的培养质量。研究成果可在高校中起到示范作用并推广采用。

三、研究内容及成果

建立创新教学与课程、创新研究平台、质量评估与监控、跟踪调查与反馈“四位一体”的研究生创新培养体系。

（一）创新教学与课程体系

以“分层（博士、硕士）、分类（必修、选修）、分级（一级学科、二级学科）”为改革与建设的思路，优化现有的教学与课程体系，按模块化方式设置课程，包括基本知识模块、专业基础模块、工程实践模块（校内、校外）、创新研究模块（校内和校外）、交叉学科模块、国际前沿模块、人文素质模块等。按应用创新型、研究创新性、复合创新型三类拔尖创新研究生分类制定培养目标，并进行模块化课程选择与组合，分别设置三类研究生中选修与必修课比重、学时等。为规范课程内容要求，优化课程体系结构，建立教师聘任制，杜绝重复设课；同时，加强课程体系实验和实践教学环节，营造良好的创新环境。

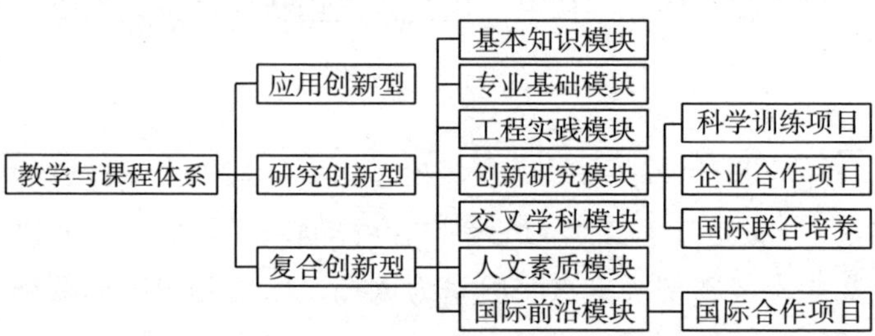

图 1　教学与课程体系研究成果图

（二）创新研究平台建设

整合校内外国家省重点实验室和“211 工程”“985 工程”等学科平台，在现有校外实践基地的基础上，构建研究生创新研究平台（见图 2）。

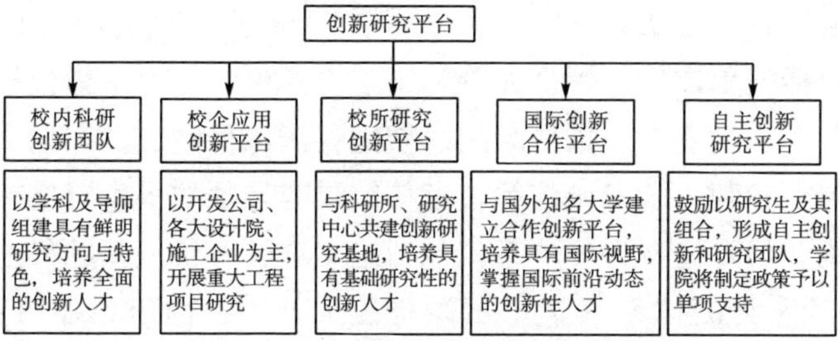

图 2　创新研究平台成果图

创新研究平台包括五个层面。一是校内科研创新团队。学科及导师组建具有鲜明研究方向与特色的校内科研团队，培养具备独立从事科学研究、解决一定科学问题能力的创新人才。二是校企应用创新平台。以水电开发公司、大型设计及施工企业为主，服务国家战略，培养具有开展重大工程项目研究能力的拔尖创新人才。三是校所研究创新平台。与科研所、研究中心，如中科院山地所、中国水科院、南京水科院、武汉岩土所等共建创新研究基地。四是国际化创新平台。与国外知名大学建立合作创新平台，如目前已合作的英国诺丁汉大学、德国克劳斯特尔大学、澳大利亚蒙纳士大学等，培养具有国际视野、掌握国际前沿动态的创新性人才。五是自主创新平台。鼓励研究生及其组合组成自主创新和研究团队，高校制定政策予以单项支持。

（三）质量评估与监控体系

按照一级学科和专业学位类别分别制定博士、硕士学位基本要求，学术学位注重学术创新能力评价，专业学位注重职业胜任能力评价，构建完善的研究生质量评估与监控体系。该体系包括课程评价体系、导师评价体系（包括校内导师和企业导师）、论文评价体系、学术诚信评价、外部监督体系以及质量预警系统五大方面（见图 3），具体包括：（1）课程评价体系，包括学生课堂评价、学院督导评价及校外督导评价，评价指标包括教材、教学态度、教学方法、教学效果、考试改革等；（2）导师评价体系，包括学生评价、管理评价和第三方评价，评价指标包括研究生毕业率、就业率、指导时间、承担科研项目数、发表论文、获奖、授权专利、学术诚信等，考核结果与导师的招生资格、招生数挂钩；（3）论文评价体系，包括论文选题评价（开题科技查新等）、论文评阅体系（学术不端检测、外审、内审、随机评阅、盲审、跟踪评阅等）、答辩体系（预答辩、正式答辩、专家库）等；（4）外部监控体系，该体系由各学科推荐国内外知名高校、行业专家组成，主要职能包括对课程与导师的评价、论文的评语、答辩（答辩委员会委员应按一定比例从专家库随机抽取，避免由导师自行确定委员会）及学术评价等；（5）学业质量与预警系统，该系统在建设在学研究生学业信息管理系统的基础上，完善研究生教育质量信息分析和预警机制。质量评估及监控体系研究成果见图 3。

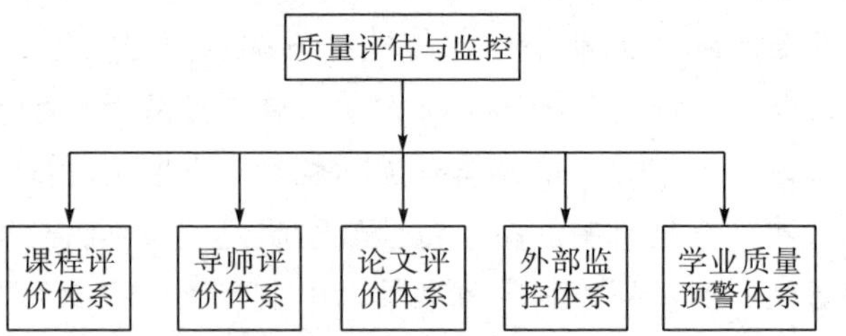

图 3　质量评估及监控体系研究成果图

（四）跟踪调查与反馈体系

构建毕业研究生管理系统，建立毕业研究生信息库，通过研究生自我评价和用户反馈评价，以持续改进原则，全面分析各类、各层次研究生综合素质，包括思想素质、知识结构、工作能力、工作业绩 4 个一级指标和政治态度、职业道德、工作态度、人际关系、心理素质、基础知识、专业知识、学科知识、工具性知识、实践操作能力、创新能力、分析解决问题能力、组织管理能力、职称晋升、科研能力水平、受表彰情况等16个二级指标等方面的情况，为优化研究生培养体系提供基础数据。其中用户反馈评价包括座谈会、问卷调查等形式。

四、研究成果应用保障体系

为提高水利类研究生创新能力，需要提供制度、管理、经费等方面的保障（见图4）。

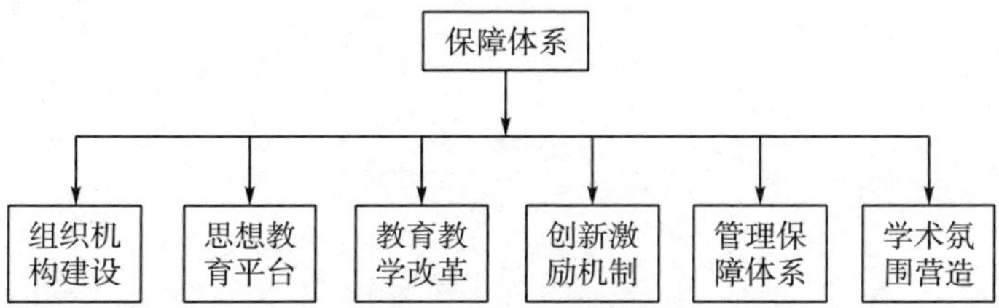

图4　研究成果应用保障体系图

以塑造研究品质为目标，打造以提升创新能力为基础的思想教育平台；以修订人才培养方案为切入点，创新教学内容、课程体系和教学方法；以培养研究生创新意识为导向，健全科研创新激励机制，建立创新教育管理及保障体系；以提高导师素质和优化结构为重点，加强导师队伍建设，提升导师队伍整体水平；以强化科研训练和实践应用为抓手，提高研究生创新精神和科研实践动手能力；以优化软硬件环境为保障，营造自由宽松的学术氛围。在落实科研创新能力培养的实施保障条件下，将基于科研创新能力建立的新培养模式在研究生培养中进行实践。

五、结语

水利类研究生创新人才培养模式改革与实践是当前国内水利类研究生教育改革的重点，本研究通过建立创新教学与课程、创新研究平台、质量评估与监控、跟踪调查与反馈“四位一体”的研究生创新培养体系，形成应用创新型、研究创新性、复合创新型三类拔尖创新研究生分类制定培养目标和模块化课程体系，搭建国际合作和国内协同的创新研究平台，新建多个国内协同创新研究平台和国际合作创新平台，构建完善的研究生质量评估与监控体系、学生自我评价和用户反馈评价相结合的后评价机制，在研究生培养上不断应用和创新研究再应用，研究生创新精神和创新能力得到明显提升，在同类高校起到了积极示范作用。

统筹管理背景下非全日制研究生培养问题与思考*

张 丽

（四川大学研究生院 四川成都 610065）

摘 要：在统筹管理背景下，国家要求非全日制研究生教育及全日制研究生教育坚持同一质量标准，保证同等教育质量。在新形势下，如何在相同标准的要求下有差异化、有针对性地提高非全日制研究生教育质量，是每个培养单位需要积极面对的问题。本文基于非全日制研究生教育生源结构复杂化、学习目标多元化的特点，以及培养模式缺乏针对性、师资力量不足、社会认可度不高等问题，从调整培养模式、修订培养方案、质量保障以及建立网络信息平台等方面来提高非全日制研究生教育质量。

关键词：非全日制研究生；培养质量；统筹管理

经过多年的发展，非全日制研究生教育已经成为我国研究生教育的重要组成部分，特别是2016年9月教育部办公厅下发了《关于统筹全日制和非全日制研究生管理工作的通知》一文，文件明确界定了全日制研究生与非全日制研究生的含义，以及统筹管理后对培养单位在招生方面、培养环节、学位授予等方面的具体要求。至此，对两种学习方式的研究生教育在各个环节都提出

* 本论文研究成果受“四川大学研究生课程建设项目”资助，项目编号：2018KCJS050。

了同一质量标准的要求。

然而，在2017年全日制研究生和非全日制研究生统筹管理后，与全日制研究生相比，非全日制研究生教育在各方面均存在很大差距，要想改变现状，只有对非全日制研究生教育实施改革，提高教育质量，培养出与全日制研究生相同质量的人才，才能改变社会对非全日制研究生的印象，提高其社会地位。本研究主要就非全日制研究生培养中存在的问题提出若干思考，以期提升非全日制研究生的教育质量。

一、非全日制研究生教育的特点

（一）录取生源结构复杂化

自2017年起，应届本科生也可以和在职人员一起报考大部分非全日制研究生专业，不再受年龄限制，非全日制研究生教育不再仅仅是在职人员的福利。非全日制研究生生源结构的复杂化体现在以下几方面：第一，生源年龄跨度大，有刚刚走出校门的应届毕业生，尤其是工程硕士专业学位，由于统筹管理后考试难度的增加，使得大部分在职人员落榜，录取生源绝大部分是从报考全日制研究生的考生中调剂过来的，以四川大学为例，工程硕士录取的考生大多数是调剂生源（见表1），也有具有一定工作经验且年龄跨度较大的在职工作人员；第二，社会阅历不同，非全日制研究生本身就是来自各行各业的在职工作人员，具有不同层次的工作经验和社会阅历，再加上刚出校门的应届生，致使非全日制研究生的生源更加复杂化。

表1　四川大学非全日制研究生招生及录取生源情况分析

年份	报名人数		录取人数	
	应届生	在职人员	应届生	在职人员
2013年（统筹前）	22	1 719	10	940

续表1

年份	报名人数		录取人数	
	应届生	在职人员	应届生	在职人员
2014 年（统筹前）	10	1 816	5	749
2015 年（统筹前）	39	2 261	21	733
2017 年（统筹后）	19	366	182	189

（二）学习目标的多元化

生源结构的复杂化直接导致了非全日制研究生目标需求的多元化（高一华，2018）。不同的专业要求、不同的年龄层次、不同的社会阅历使得非全日制研究生具有不同的学习目标。有的学生是为了提高专业技能；有的学生是为了利用业余时间学习更多的知识；有的学生是为了探究学科前沿技术，开阔视野；有的学生只是单纯为了前途而追求高学历。

二、非全日制研究生教育现存问题

（一）培养模式缺乏针对性

在统筹管理后，有些培养单位持观望态度，将非全日制研究生教育依附在全日制研究生教育之上，在培养模式上沿用了全日制研究生教育的课程设置、培养方案及学位授予方法，在教学方式上也基本照搬了全日制研究生的教学大纲、培养方案和教学计划（周文松，朱爱红，2010）。面对新形势，非全日制教育如果仍沿用全日制的培养方案、授课方式、考核方式，将无法满足多元化需求的非全日制学生，阻碍了非全日制研究生教育的进步。

（二）师资力量不足

随着近年来全日制研究生招生规模越来越大，大部分高校将满足全日制研究生的需求摆在首位，往往忽略了非全日制研究生。有的导师分配学生太多，分配到每一个学生身上的时间相对较少。其次，有的非全日制学生学习主动性差，往往又和导师沟通少，这更影响了非全日制研究生的培养效果。

（三）社会认可度不够

目前，社会对非全日制研究生教育的理解，还普遍停留在培养质量不高、仅有学位证书的单证非全日制研究生教育上，用人单位对非全日制研究生的接受度也不高。2019 年我国将迎来第一批具有毕业证书和学位证书双证的非全日制学生，社会的认可度对他们将来的就业方面影响巨大。在未来一段时间，政府、高校需从多方面着手改善非全日制研究生教育，努力提高社会及用人单位对非全日制研究生的认可度，努力解决教育出口问题，保障非全日制研究生获得同等的社会地位，否则会对非全日制研究生教育产生不利的影响，形成恶性循环。

三、对非全日制研究生培养的建议

（一）调整非全日制研究生的培养模式，修订培养方案

统筹管理后，国家从培养方式上区分了全日制研究生和非全日制研究生，但要求研究生培养单位根据培养要求分别制定培养方案，坚持同一标准，保证同等质量。同样的培养目标，需要借助具体的培养方案实施，既不能降低要求，又要符合实际兼具可操作性，结合非全日制研究生的特点及现存的问题，在非全日制研究生的实际培养过程中，我们可以尝试从四个方面来进行改善。

第一，根据现今非全日制生源结构特点，非定向就业的应届毕业生成为非全日制生源的重要组成部分，根据这一现状，其培养方式不能再单一采用之前的授课方式，在授课时间的安排上应更加灵活，根据培养单位自身情况及考生需求，以学分制为中心，设置可选择的多样性的培养方案，以满足不同学生的需求。

第二，加强课程设置的灵活性，提倡小班教学，保证授课质

量（杨彦海等，2017）。因生源结构的不同，同一专业的学生对授课方式的需求自然不同，小班授课的方式正好可以满足不同学生的需求。课程设置上可以考虑参考全日制研究生培养方案设置必修课程，使两种学习方式的研究生具有相同的理论基础，同时兼顾非全日制研究生的需要，增加多种选修课，使其更好地适应社会需求。鼓励非全日制的学生带着实际工作中的项目进入学校、进入课堂，使其更好地将学习和工作相结合，协调两者的关系。同时采取灵活的教学方式，如课堂中多安排讨论、案例分析、专题讲座及先进的教学手段等，以提高非全日制研究生的积极性和主动性（张海军，王爽，2014），加强师生之间的沟通，真正做到导师在培养过程中的全方位指导。

第三，重视加强非全日制学生的学籍管理。在统筹管理背景下，非全日制研究生教育面临的新情况是学籍管理的出现，与以往相比，加大了管理工作人员的工作量。以往因为没有毕业证，无需对单证学生进行学籍管理。自 2017 年以后，非全日制研究生具有双证，即毕业证和学位证，因此，管理工作人员应该严格按照国家文件要求进行学籍注册，规范化管理。

第四，完善非全日制研究生教育管理的制度。首先，高校自身应提高对非全日制研究生教育的认识，不断改善非全日制教育的管理模式，激励导师从事该类学生的教育、指导工作；同时，加强非全日制研究生的管理工作，由于生源结构复杂化，研究生管理工作人员应采取相应措施，针对不同生源，采取相应的管理办法，制定一套针对非全日制研究生来说行之有效的管理办法，并严格执行。

（二）非全日制研究生培养的质量保障

若要提高社会对非全日制研究生的认可度，在非全日制与全日制统筹管理后，研究生教育各个环节坚持同一质量标准，提高非全日制研究生的教育质量就成为重中之重，是教育改革的核心问题。

由于非全日制研究生与全日制研究生存在各方面的差异，要得到同等教育质量，就必须有与之相应的评估与监督机制。首先，强化过程管理，明确非全日制研究生各个阶段的质量标准，严格把控培养过程中的各个环节，对各个阶段培养目标及时加以考核和评估，构建非全日制研究生教育质量保障体系，促进非全日制研究生教育健康持续发展。同时，严把论文质量关，尤其是在非全日制研究生的学位论文被纳入抽检范围后，严格按照全日制研究生的要求，非全日制研究生须通过开题答辩和中期检查合格后，方可申请论文答辩。培养单位学位评审委员会按照全日制研究生同一标准进行审定，合格后方可授予硕士学位。

（三）非全日制研究生教育网络信息平台的建立

大多数非全日制研究生不住在学校，导致非全日制研究生较全日制研究生更分散、难管理，沟通不及时，针对这一问题，学校应建立与学生之间一个成体系的联系平台，在非全日制研究生培养过程中起到积极作用。

1. 有针对性地实时传递信息

学校通过网络信息平台实时发布信息，学生接收信息不受地域和时间的限制，能够及时了解到第一手资讯（徐岩等，2016）。同时，网络教育平台只推送与此相关的资讯，可以有效提高学生与学校、导师、管理人员之间的联系。

2. 完善授课模式

因非全日制研究生的工学矛盾和生源地域的分散性，充分利用非全日制研究生教育网络信息平台、网络资源、网络教学，在未来非全日制研究生教育的发展过程中将成为一种重要手段。

3. 增加互动性

在充分利用网络教学的基础上，增加平台的互动性，可以更好地提高教学质量，学生可以通过平台随时随地和任课教师沟通，及时解决课程学习过程中遇到的问题。同时，网络教育信息平台还可以加强学生与导师之间的沟通，使学生得到导师更多的指导。网络教育信息平台还可以加强学生和管理工作人员的联系，最大限度地避免沟通不畅导致的一些问题。

四、结语

要做到非全日制研究生教育的可持续健康发展，就必须深化改革，掌握非全日制研究生教育的特点，严格执行教育部文件的相关规定，严把质量关，以提高非全日制研究生教育质量为核心目标，提高非全日制研究生教育的社会认可度，努力解决非全日制研究生教育的出口问题。

参考文献：

［1］周文松，朱爱红．关于我国非全日制研究生教育改革的建议［J］．江苏社会科学，2010（增刊）：51－54.

［2］高一华．关于新政策下非全日制研究生教育发展的现状及建议［J］．高教学刊，2018（9）：191－193.

［3］杨彦海，张旭，杨野．非全日制研究生教育现存问题与对策分析［J］．沈阳建筑大学学报（社会科学版），2017 19（5）：530－535.

［4］张海军，王爽．非全日制专业学位硕士研究生培养模式探索与建议［J］.继续教育研究，2014（1）：70－71.

［5］徐岩，李会勇，张铱晗．非全日制研究生教育网络信息平台探索与应用［J］．中国校外教育，2016（27）：28－29.

外语专业研究生学术能力培养：现实与途径

戴　姗　杨敏慧

（四川大学外国语学院　四川成都　610064）

摘　要：学术能力是研究生培养的重中之重，外语专业研究生受学科性质影响，学术能力的培养任重而道远。外语专业研究生侧重外语技能方面的提升，学术能力的培养常被忽视，这是导致外语专业研究生学术能力培养存在较多问题的一个重要因素。研究生学术能力的培养是一个复杂的过程，受多重因素影响，本文在分析外语专业研究生学术能力培养现状的基础上，从研究生、教师和学校三个层面，总结了外语专业研究生学术能力培养中存在的问题，阐述了外语专业研究生学术能力培养的途径和方法。

关键词：外语专业；研究生；学术能力；途径

随着高等院校研究生扩招，硕士研究生的规模出现大幅增长，而研究生的培养质量也越来越受到社会各界的关注。研究生的学术能力是衡量研究生培养质量的重要因素，是研究生教育的核心，提高研究生学术能力是研究生培养的重要环节，是适应经济发展和社会进步的必然要求。外语专业研究生作为弘扬本民族文化和吸收外国先进文化的桥梁，在提高国家软实力、强调文化自信方面意义重大。同时民族文化的国际影响力也不断扩大，因此，外语专业研究生在学术科研方面大有可为。不可否认的是，我国外语专业研究生学术研究能力比较薄弱，还存在一些问题。本文拟对外语专业研究生学术能力培养现状进行分析，提出可供参考的途径。

一、外语专业研究生学术研究能力培养现状

外语专业研究生教育经过长期的发展，已经收获颇丰，为我国经济发展、国际交流、文化传播和教育事业培养了一批又一批专业的外语人才。然而，相比于外语专业研究生专业能力培养取得的累累硕果，其学术研究能力培养现状却不容乐观。

王雪梅（2014）指出，研究能力、语言能力与知识能力共同构成学术能力。外语能力和母语能力所构成的语言能力是学术研究的基本前提，而知识建构和知识应用能力为学术研究打下了扎实的基础。由于受到功利主义的想法或传统外语专业研究生教学的影响，外语专业研究生在研究生阶段依旧把学习重心放在提高听、说、读、写、译等外语基本技能上，重视语言能力的提高，忽视知识的建构和知识应用能力的提升。关秀娟（2013）在相关研究中提到，不管是外语专业研究生还是教师，都没有把研究生的学术能力培养放在研究生培养的突出地位，这是外语专业研究生学术能力培养不容忽视的事实。

相比于其他专业的研究生，外语专业研究生对学术研究缺乏兴趣，对学术知识缺乏积累，对学术研究没有深刻的认识，缺乏问题意识，对学术研究的认识含混不清。许多外语专业研究生从本科阶段起，就把大量时间花费在提高外语口头表达、实用翻译等技能训练上，学术意识从本科阶段起就落后于其他学科，学术能力培养起点低，学术意识薄弱。

一些研究显示，学术研究缺乏创新，在高校研究生导师对研究生论文进行评价时，只有少部分学生能得到较好评价，主要原因在于论文立意缺乏新意，观点缺少深度。随着现代电子设备的

发展，碎片化阅读成为时下非常流行的阅读方式，受阅读中滋长的急躁情绪和功利主义驱动，很多研究生倾向于利用微信公众号或豆瓣等互联网平台进行“走马观花”式阅读，无法静下心来深度阅读大部头经典文学名著，外语学术论著更是少有人问津。

然而，知识体系的建构和学术知识的积累离不开大量阅读。近年来，学术不规范问题在社会上引起广泛关注，“翟某某学术不端事件”为我们敲响了警钟。李莉、张铁军和李天普（2014）在研究英语专业研究生学术论文规范能力现状时发现，英语专业研究生对学术规范能力未给予足够重视，对学术研究的理解不透彻，没有养成规范学术操作的习惯。

二、外语专业研究生学术研究能力培养存在的主要问题

外语专业研究生学术研究能力培养存在很多问题，这些问题是多方面的。总的来说，既有学生自身方面的问题，也有教师方面的问题，还有学校管理方面的问题。

从外语专业研究生本身来看，其学术动机和自我认知不足。郭继民和韩静（2012）认为，任何一门科学或学术研究皆需要“好奇”，由好奇到问题到困惑到解释到探索，再到重新产生好奇，这就是人类学术研究的一般模式。学术研究的起点是动机，动机源于好奇和兴趣，而这正是大部分“务实型”外语专业研究生所缺乏的，他们认为练习语言技能才是外语专业研究生的学习重心。

关秀娟（2013）认为，外语专业研究生一般可分为回避就业型、再次就业型、科研兴趣型三类。第一、二类占大多数，他们往往只是为了逃避就业或奔着研究生文凭来选择深造的，自我认知不足，学术意识欠缺，学术视野狭窄，缺乏学习动力和长远目标。此外，部分有科研兴趣或学术兴趣的研究生，由于急功近利或受电子产品碎片化阅读的影响，缺少经典文学名著或外语理论

著作的阅读，导致学术论文流于形式，缺乏深度。文秋芳（2008）提出通过开设“文献阅读与评价”课程对英语专业研究生高层次思维能力即思辨能力进行培养。这虽然在一定程度上可以帮助学生提高阅读量，但从长远看，并不能解决问题。此外，学术不规范也是一个很严重的问题，当前学术不端行为层出不穷，一些研究生对所学知识缺乏深入理解，加上阅读量小，思辨能力缺乏，自身学术能力不强，又缺乏严谨的学术态度，学术规范意识弱。

从教师方面来看，研究生教师大多也是本科生教师，在两个不同学历阶段学生的教学过程中，教师并没有在教育方式上作多大区分，具有研究生学术能力培养意识的教师并不多。研究生教学形式有待改进，应有别于本科生的侧重语言基本技能的教育，而是以培养学生问题意识、学术兴趣及批判性思维为重心，这也正是以教授为主导的研究生教育所缺乏的。

除此之外，韩佶颖和于书林（2012）在相关研究中发现，目前我国外语专业硕士研究生科研动力不足，科研兴趣不高，科研成果数量有限而质量不高。由于近年来高等院校研究生大量扩招，分给每位导师的学生也相应增多，很多导师都觉得分身乏术，没办法根据研究生的个人兴趣或特点因材施教，给予研究生个性化的指导。

从学校管理方面来看，学校对外语专业研究生的学术资助不多，大量科研资助流入工科专业，外语专业导师能申请到的课题明显少于工科专业，外语专业导师没有课题便没有科研资助，外语研究生能获得的学术资助少之又少，很多外语专业研究生只能另谋他路，利用本该静心坐下来看文献的时间去做家教、当代课老师，以获得生活和学习的费用。罗晖（2009）在研究英语专业研究生个人学习投入情况时，发现英语专业研究生兼职情况较为普遍，一半以上学生生活开支主要来自校外兼职收入。兼职活动过多，直接影响研究生学术能力的提高。

此外，研究生学术环境和研究氛围也有待改善。外语专业学术交流机会本来就不多，缺乏开阔学术视野的机会，研究生从事社会兼职无疑也会占用学术研究和交流的时间。因此，外语专业研究生学术能力的培养就无从谈起。学校对教学质量的评估机制也不完善，研究生培养质量参差不齐，对研究生学位论文的管理流于形式，而缺乏行之有效的监管，学术不端问题屡见不鲜，严重影响学术研究的严肃性。

三、提升外语专业研究生学术研究能力的主要途径

肖川和胡乐乐（2006）认为，学术能力指的就是研究能力，是对学问进行系统理论研究的能力，包括思辨能力、实践能力和敏感力等，具体体现在问题的发现与提出、文献的收集与整理、概念的生成与厘定、学术命题的提出、研究过程的设计以及对学术前沿的把握等方面。外语专业研究生学术研究能力的培养是一个复杂的过程，需要研究生自身、教师和学校三方的共同努力。为了进一步提高外语专业研究生学术研究能力，结合学习过程中的实际情况，本文总结出三个主要途径。

（一）注重研究生学术研究兴趣的培养，夯实研究生知识结构

研究生首先应该明确自己的学术动机，分清主次，将学习重心从提高语言技能转到提高学术能力上来，并找到自己感兴趣的研究方向。不过，研究生学术潜力的发掘离不开导师和教师的参与。通过课堂教学改革，将教师主导型课堂转变为研究性课堂，教师在课堂中要善于观察和引导研究生，并在这个过程中捕捉学生的学术兴趣点，引导学生拓展学术兴趣点，激发学生对学术研究的热情，帮助其学术成长。导师应引导研究生在一定时期内，对其所学课程或所阅读的相关文献中感兴趣的内容进行深入研究

并提供学术指导，培养学生的学术敏感度和对学术问题的捕捉能力。

针对外语专业研究生缺少对经典名著和理论著作的深度阅读，过度依赖网络碎片化阅读的现象，郭继民和韩静（2012）认为，直扑经典并试图在经典中发现问题，本身就意味着学术研究站在高的起点，倘若从二流、三流的著作入手，就注定了学问很难做到极致。阅读对人文社科专业研究生的意义不言而喻，阅读是学术灵感的重要源泉，没有一定量的阅读，写出来的文章必然是无水之源、无本之木，外语专业研究生没有大部头经典名著的熏陶和学术理论著作的积淀，其学术能力也就可想而知。导师应言传身教，指导学生阅读经典，鼓励学生带着批判性思维去阅读，并做读书笔记，及时记录阅读过程中的感悟和灵感，这种学术训练可以帮助研究生夯实知识体系，无形中促进了研究生学术能力的提高。

（二）加强外语专业学术研究环境建设

首先，学校应尽力提高外语专业研究生学习和生活保障方面的投入，使大部分研究生可以通过学术成就获得经济收入，从而减少其从事社会兼职的时间，有更多精力致力于学术能力的提升。

此外，限制研究生招生人数，侧重研究生的培养质量而不单看重研究生数量；严格导师的遴选和考核，发挥导师在研究生学术成长过程中的引导作用，完善导师指导制度，保证导师对学生的悉心指导。

相较于工科专业，外语专业没有专门的研究场所，学术交流机会较少，而学术沙龙、学术会议等学术交流活动有助于思想的碰撞，有助于外语专业研究生掌握前沿的研究方法，拓展学术研究视野，甚至在交流过程中发现解决问题的新途径，从而激发学术研究的灵感，促进学术创新能力的发展。学校应提供相应的科研资助，使外语专业研究生有经费邀请高水平的专家学者，举办学术讲座和提供研究生到校外参加学术交流的机会。

（三）培养学术研究意识，提高研究生学术规范能力

语言和文化现象纷繁复杂，外语专业研究生应具有专业敏感性，有意识地在平时的学习和生活中发现可行的研究问题，并掌握足够的研究方法和前沿知识进行有效的学术研究。

教师在研究生教学中也应侧重对研究方法的总结和梳理，提升研究生的学术研究意识，培养具有外语和母语敏锐观察能力、具有问题意识和思辨能力的研究生。

近年来，我国学术界对学术风气建设十分重视，尊重学术、端正态度成为共识。在培养外语专业研究生学术规范能力方面，学校应加强学术规范教育，一方面，帮助学生了解学术研究中的具体规则，如文献引用规则、引证标注规则及论文格式规则；另一方面，强化学生学术制度规范意识，使学生熟悉本专业的学术规范，遵守学术道德，同时加大对学术不规范行为的惩罚力度。

四、结语

外语专业研究生学术能力的培养和提高，存在各种亟待解决的问题，应给予足够重视。外语专业研究生学术能力的提高，需要研究生本身、教师和学校的共同努力。研究生应分清主次，培养学术兴趣，明确学术研究动机；教师要关注学生的个性特点，因材施教，悉心指导；学校应营造学术氛围，改善学术研究环境，提高研究生学术规范意识。

参考文献：

［1］关秀娟. 外语专业研究生科研能力“三位一体”培养模式探索［J］. 学位与研究生教育，2013（9）：27－30.

［2］韩佶颖，于书林. 外语专业研究生科研能力发展现状分析及培养建

议［J］.科研园地，2012（3）：7－10.

［3］郭继民，韩静．研究生学术研究入门发凡［J］．学位与研究生教育，2012（6）：1－5.

［4］李莉，张铁军，李天普．英语专业研究生学术规范能力培养途径探析［J］.东北农业大学学报，2014（3）：96－100.

［5］罗晖．英语专业研究生培养质量调查研究［J］．教育与教学研究，2009（7）：62－66.

［6］王雪梅．外语类院校英语专业研究生的研究能力现状调研［J］．解放军外国语学院学报，2014（2）：18－23.

［7］王雪梅．自主学习理论与英语专业研究生学术能力发展［J］．解放军外国语学院学报，2008（5）：15－20.

［8］文秋芳．论外语专业研究生高层次思维能力的培养［J］．学位与研究生教育，2008（5）：29－34.

［9］肖川，胡乐乐．论研究生学术能力的培养［J］．学位与研究生教育，2006（9）：1－5.

研究生招生现状分析及应对策略初探

——以高分子科学与工程学院为例

刘　丹

（四川大学高分子科学与工程学院　四川成都　610065）

摘　要：随着研究生招生制度改革的持续推进，在保证研究生招生数量的同时，进一步优化研究生生源结构以及提升优质生源的比例，成为研究生招生工作的重要内容。本文认为，应强化研究生招生宣传工作，加强学科建设和师资队伍建设，有效利用本院“导师制”培养模式，提升研究生培养质量，发挥“引进来”的招生模式，尽力吸引更多优质生源。

关键词：研究生；招生；推免生；优质生源

研究生教育作为高等教育体系的顶端层次，承担着培养高层次创新人才的重任，是构建创新型国家的核心要素。自 20 世纪初我国开始实施研究生扩招政策以来，十年间，我国硕士研究生招生规模从 2007 年的 36 400 人扩大到 2016 年的 517 200 人，招生规模增长近 42%，其中，2010 年招生规模增幅最大，为 13.7%（国家统计局，2007；2017）。随着研究生教育与招生制度改革的持续推进，高校研究生招生工作所面临的生源结构与生源质量的矛盾日益突出，如何在招生规模不断扩大、录取率不断提高的形势下，保证生源的质量，成为研究生招生工作中必须思考的问题（郑建彬，2013）。

优质生源是高校提高研究生培养质量的重要基础，招生的关键就在于能够选拔和招收优质生源。本文以四川大学高分子科学与工程学院研究生招生情况为例，分析了本院研究生招生的现状和存在的问题，提出了扩大研究生优质生源招生的解决办法。

一、我院研究生招生现状

（一）我院研究生生源分布情况

研究生扩招政策实施以来，我院研究生招收规模不断扩大。为了更清晰地分析我院研究生的生源结构，笔者统计了近年来我院研究生的来源分布。图 1、图 2 分别是近 3 年来我院硕士、博士研究生的生源分布图，我院硕士、博士研究生主要由“双一流”建设高校的生源组成，其次是来自其他高校的生源，近三年其他高校生源数量逐步提高，学缘结构发生变化。就具体高校而言，硕士研究生主要来自四川大学（占比最大）、郑州大学、湖南大学、中南大学等几所“双一流”建设高校，以及武汉理工大学、合肥工业大学、太原理工大学、西南交通大学、北京化工大学等一流学科建设高校。博士研究生主要来自四川大学。我校地处西部，城市经济发展水平与沿海一带以及一线城市相比存在明显差距，受就业压力等因素的影响，学生在选择高校时更倾向于选择经济发达地区的高校，我们能吸引到的生源也主要来自国内内地区域。

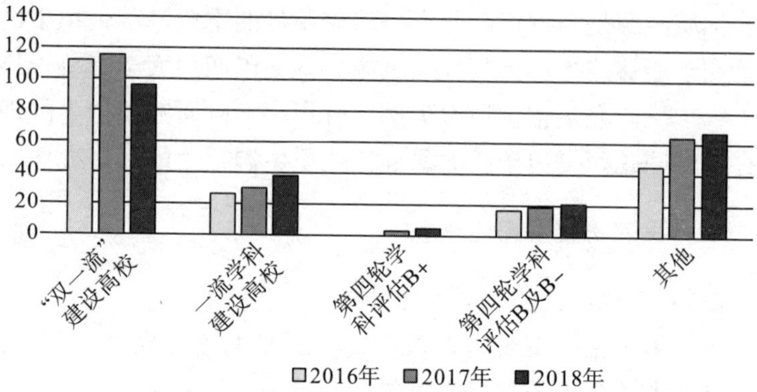

图 1　四川大学高分子与工程学院硕士研究生生源分布

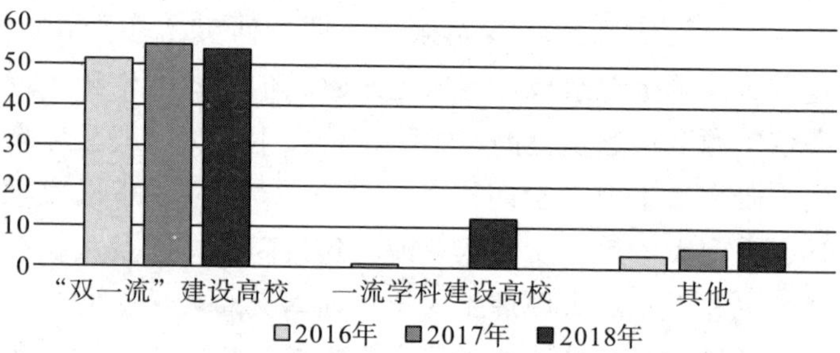

图 2　四川大学高分子与工程学院博士研究生生源分布

（二）优质生源比例出现下滑

以生源分布数据为基础，进一步分析本院近 3 年优质生源招生比例（见图 3），得出的结论是优质生源比例下滑较为明显，硕士生优质生源比例下滑 8%，博士生优质生源比例下滑达 10%。研究生招生规模在逐年扩大，但优质生源绝对数量几乎保持不变，学院吸引到的更多是一些非“双一流”建设高校、非一流学科建设高校的学生，这导致优秀生源比例逐年下滑。分析本校生源留校情况来看，硕士、博士研究生中本校生源数量均出现不同程度下降，硕士生本校生源从 2016 年的 86 人下降到 2018 年的 72 人，博士生本校生源在 2017 年出现小幅下降后，2018

年本校生源人数与2016年持平。

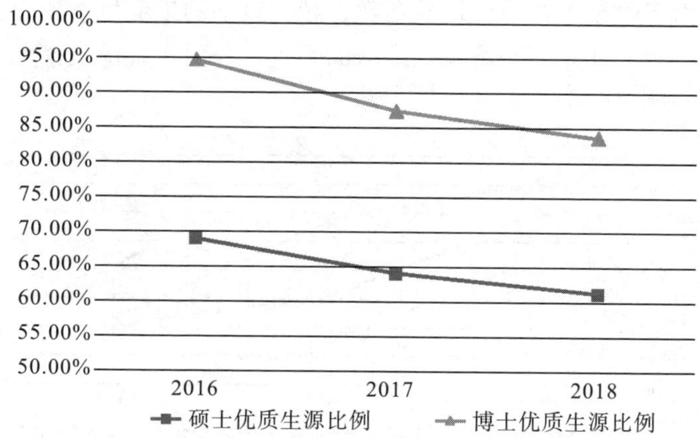

图3　四川大学高分子与工程学院优质生源比例

（三）推免生流失情况加重

根据本院获得推免资格的本科生数据以及实际录取为硕士推免生的数据，分析本院优秀学生的流失情况（见图4）。本院具有推免资格的本科生中每年有约一半以上的学生留在本院继续深造，但总体比例呈下降趋势。本院本科生中位于综合成绩排名前10名、综合成绩排名前30名的学生流失非常严重，其中，2016年综合成绩排名前10位的推免生留校深造的比例为60%，2018年降到20%；综合成绩排名前30名的推免生留校深造的比例从2016年的70%降到2018年的23.33%。2014年，教育部办公厅下发《关于进一步完善推荐优秀应届本科毕业生免试攻读研究生工作办法的通知》（教学厅［2014］5号，以下简称《通知》），针对推免工作做出了重大改革调整。《通知》中明确要求保障学生自主报考权利：推荐高校要充分尊重并维护考生自主选择志愿的权利，不得将报考本校作为遴选推免生的条件，也不得以任何其他形式限制推免生自主报考。推荐高校也不得对本校推免名额限制学术学位与专业学位报考类型，不得自行设置留校限额或名额。由于学校不再设置留校名额，越来越多的推免生选择了去上海、广州、北京等经济发达地区的高校，导致本院优质推免生生源出现明显的流失。

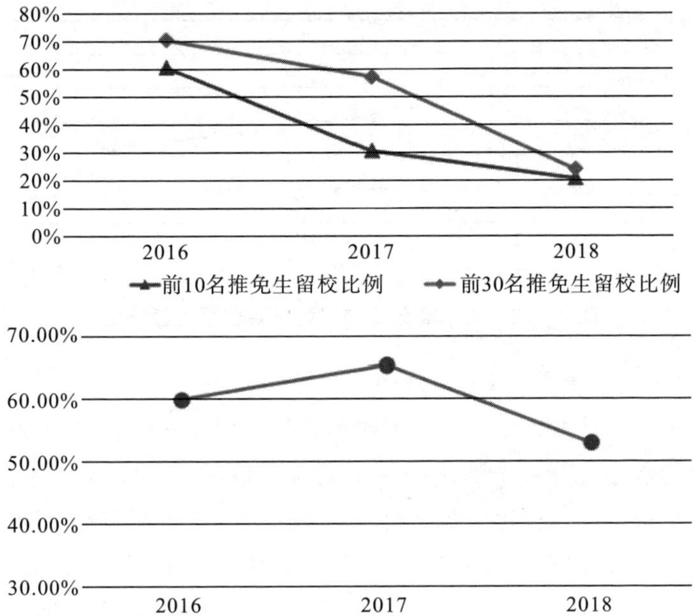

图4　四川大学高分子与工程学院推免生留校比例

二、研究生优质生源招生策略

（一）加强招生宣传，制定精准定位、具有针对性的宣传策略

通过对考生报考学校的主要考虑因素的调研发现（镇志勇，2013；徐岩，2015），学校的科研水平、声誉、就业前景等都是影响学生报考的因素，导师实力是吸引学生的最主要的因素。赵文鹤等人（2016）的研究表明，工学考生在择校时首先看中的是

导师实力，排名第二位的影响因素是学科实力，排名第三位的是学校环境和文化氛围。在传统观念中，考生择校时较为关注的影响因素“地理位置”和“学费奖助”在调研中权重排名却相对靠后。目前，我们的招生宣传手段主要还是比较单一的网页宣传，主要包括招生专业设置、招生计划指标、招生具体安排等政策性内容。从各类研究报道中可以看出，考生非常希望能了解到学科相关导师的信息，具有较高学术造诣又有影响力的导师往往会吸引优质生源慕名而来。因此，在招生宣传工作中要充分发挥导师的作用，凸显学科特色。首先，要加强导师的自我宣传意识，鼓励导师在网络上多途径及时更新研究方向、科研成果、课题组情况及联系方式等相关内容；其次，建立起学院、学科和导师的联动宣传效应，就考生报考所关心的影响因素，结合本院学科特色，制作精彩的宣传短片或宣传 PPT，在适当的时机进行传播宣传，招生宣传工作不应再限制于某一特定时间。学院要改变单向向考生传播信息的模式，可以在网站上借助多媒体交互技术建立考生与导师沟通的信息通道（陈谦，2017），使考生能够通过信息交流平台与导师交流，能更直观地了解导师、学科的信息，坚定报考信心。

在宣传模式上，不仅要保留原有的网页进行宣传，还应采用更“接地气”的语言及文风，通过微博、微信等新媒体把我们的招生信息实时地传播给广大学生。我们可以借鉴学习欧美高校的生源争夺模式，在社交平台上设立公众号，通过接收好友邀请，建立目标群组，将信息通过指定传播通道散播到特定人群中。

同时，本院要认真做好招生数据收集整理工作，根据历年招生数据分析本院招生宣传信息的覆盖面，找出宣传信息扩散的短板，有针对性地到目标地区高校进行招生宣传，展现学院风貌、学科特色及导师特色，扩大学科的影响力。

（二）加强学科建设及人才队伍建设，提升优质生源吸引力

导师队伍、学科实力是吸引优质生源的重要影响因素，我们要通过加强学科建设及人才队伍建设，提升优质生源吸引力。学院在已有的优势和特色的基础上，瞄准国际科学前沿和国家重大需求，提出建设以先进高分子与特种功能材料为特色的学科建设方案，旨在提升学科综合影响力，增强对优质生源的吸引力。在师资队伍建设方面，学院针对学科发展需要，积极引进和培养院士、“千人计划”“长江学者奖励计划”“杰青基金”等高端专业人才，拟建成一支满足国家重大战略需要、结构合理的学科领军人物和创新团队为核心的高水平师资队伍。加强师资队伍建设，培养高水平拔尖创新人才，吸引更多的优质生源来我院学习深造。

（三）充分利用“导师制”培育模式，留住本院优秀生源

我院本科生从大二开始实行“导师制”，应当充分利用这一培育模式，让优秀本科生提前参与导师的科研工作，培养学生的科研兴趣，挖掘具有科研潜力的学生，鼓励他们留校继续深造。同时，导师应加强与学生的学术交流，引导学生建立起对学院、对学科专业的高度认同感，激发学生的科研热情，增强学生的创造力，让学生对自我发展方向有清晰的认知，为他们理性选择深造去向奠定良好的基础。辅导员在学生的培养过程中也应注重培养学生的自我认知及学院自豪感，为学生选择深造方向提供指导和帮助。高质量的本科教育是推荐免试硕士研究生留校深造发展的强大动力因素之一，同时良好的研究生教育也为本科招生创造了具有吸引力的条件（赵文鹤，2016）。学院要加强本科生与研究生的衔接，建立本—硕、本—硕—博连读的有效培养机制，为本院学生留校深造提供清晰的发展路径，并提供强有力的师资力量及奖学金资助保障。

（四）提高研究生培养质量，重视口碑宣传作用

研究生培养质量关系到社会和考生对学校的认可度以及学校对优质生源的吸引力，因此要加大对研究生培养的投入力度（吕营，2018）。在学校实行校园二级管理的背景下，学院为了加强对研究生的培养管理与质量控制，制定了《研究生招生、培养及学位申请管理办法》，加强对研究生培养的全过程管理，严把研究生“出口关”，提高研究生培养质量，提升社会和考生的认可度，通过优秀学生的口口相传，作为招生网络宣传的补充，提升招生宣传的可信度。同时，我们可以充分利用优秀校友资源宣传招生信息，校友分布在全国各地，对母校有着深厚的感情，对母校的学科优势也有较全面的了解，由他们切身说法来进行招生宣传，更具有说服力，往往能取得较好的宣传效果。

（五）必不可少的“引进来”招生宣传模式

新媒体的发展为学院提供了便捷、快速的招生宣传途径，但仍不可忽视“引进来”的传统招生宣传模式对优秀生源的吸引力。让学生走进校园，切身感受学科实力和特色，加深学生对学科的喜爱，同时也能促使导师及早与优秀学生见面交流，对锁定优质生源无疑具有积极的推动作用。我院坚持举办“高分子学科优秀学生暑期夏令营”活动，取得了较为显著的效果，对吸引优质生源起到了积极作用。应继续坚持举办夏令营活动，形成具有高分子特色的夏令营招生宣传模式，与网络招生宣传相互补充，全力打造复合的研究生招生宣传体系。

参考文献：

［1］国家统计局．中国统计年鉴［M］．北京：中国统计出版社，2007.

［2］国家统计局．中国统计年鉴［M］．北京：中国统计出版社，2017.

［3］郑建彬．提高研究生生源质量措施探析——以北京工业大学为例［J］．中国校外教育，2013（7）：29.

［4］镇志勇，张学文. 新时期研究生招生宣传实效性的探索［J］. 华中农业大学学报（社会科学版），2011（3）：128－131.

［5］徐岩，张云，李若凡，范津燕，陈咏梅. 北京协和医学院基础学院研究生报考因素调查［J］. 基础医学与临床，2015，35（6）：860－863.

［6］赵文鹤，孙信丽，谢士琴，何艺玲，赛江涛. 农林院校研究生考研动机与考研择校影响因素研究——以北京林业大学为例［J］. 高等农业教育，2016，2（2）：90－94.

［7］陈谦. 互联网技术支持下的研究生招生宣传模式革新［J］. 学位与研究生教育，2017（9）：31－34.

［8］赵文鹤，何艺玲，王亚栋. 我国推荐免试硕士研究生制度改革的影响及其应对措施——以北京林业大学为例［J］. 中国林业教育，2016，34（3）：44－47.

［9］吕营，陈佩赓，宋若桢，杨进涛. 浅谈研究生优质生源招生的影响因素及应对策略［J］. 北京化工大学学报（社会科学版），2018（2）：111－115.

对博士研究生招生实施“申请—考核”制的思考

骆 红 向治华 刘 潇

（四川大学水利水电学院 四川成都 610065）

摘 要：博士研究生教育是我国高等教育的最高层次，“申请—考核”制的设立，旨在探索发挥博士研究生指导教师和招生单位在博士研究生选拔及培养中的主导作用，逐步建立和完善在公平公正基础上的更加科学的人才选拔机制。不断完善博士研究生“申请—考核”制实施办法，有助于选拔出真正有培养潜力的博士生。

关键词：博士生；“申请—审核”制；招考方式

博士研究生教育是我国高等教育的最高层次，是高层次专门人才特别是拔尖创新人才成长的重要途径，对实施“科教兴国”和“人才强国”战略，实现中华民族的伟大复兴具有重大意义。现有的博士生招生制度难以全面、综合地评价考生知识、能力和素质（周善宝等，2015）。教育部、国家发展改革委和财政部联合下发的《关于深化研究生教育改革的意见》（教研［2013］1号）明确提出：建立博士研究生选拔“申请—审核”机制，发挥专家组审核作用，强化对科研创新能力和专业学术潜质的考察。

一、现状

四川大学博士研究生招生现有本硕博（“3+2+3”）、硕博连读（提前攻博）和普通招考三种方式。其中本硕博（“3+2+3”）是从具有推免资格的优秀应届本科毕业生中进行选拔，申请人需要参加研究生院组织的面试；硕博连读是从优秀的一年级硕士生中进行选拔，这两种形式都有指标分配。普通招考面向符合报考条件的人员进行考试选拔，考试分初试和复试，初试包含外国语、专业基础课、专业课三门。为了提高博士招生人才选拔质量，2016 年四川大学开始在部分学院拿出部分名额进行“申请—考核”制招生试点，申请条件由学院确定，资格审核由学院负责。考核办法则全部由学院自行确定和组织。

二、不同招生方式的招收情况

（一）本硕博招生

为进一步落实《国家中长期教育改革和发展规划纲要（2010—2020）》，探索拔尖创新人才培养的新模式，切实提升研究生培养质量与水平，学校 2013 年开始实施本硕博（“3+2+3”）连读计划，建立贯通式培养机制，支持优秀学生更好地发挥潜能，促进拔尖创新人才的涌现。

符合推免条件的学生可向所在学院提出申请，并填报四川大学本硕博连读计划申请表；各学院组织面试进行筛选并报研究生院；研究生院汇总审核，并组织专家对申请者进行面试，最终确定本硕博生名单。

由于本科和硕博士阶段在培养目标、培养方式上的差异性，本科生对硕博士阶段的学习没有很多的了解，对未来的考虑还不清晰。而硕博连读、提前攻博有两年的硕士阶段作为过渡，能够在一定程度上缓解这种适应上的压力。博士生招生的三种方式各有优势和不足（闵韡，2018）。

导师选拔本硕博（“3+2+3”）学生，更看重本科期间的课程学习情况，对学生是否有科研潜质考察不够，同时部分申请的学生也不确定未来攻博从事的专业方向及兴趣，导致读博期间成绩平平。

（二）硕博连读、提前攻博招生

在导师指导效果上，硕博连读（提前攻博）显著高于普通招考；硕博连读是硕士生入校时申请，按一定指标择优录取。从硕一考试就进入导师的科研团队，可持续地从事导师确定的研究方向，成果取得也高于其他同学。学生在二年级时可以申请提前攻博，除了学业成绩达到一定要求外，还需以第一作者身份发表高水平文章，这类学生一般学习目标明确，科研潜质显现，导师们也愿意招收。

（三）申请-考核招生

“申请-考核”制是四川大学博士研究生招生方式之一，主要由考生申请、招生单位考核拟录、研究生院录检上报等环节组成。通过申请-考核制的考生不再参加学校组织的博士研究生入学考试。申请-考核制的设立，旨在探索发挥博士研究生指导教师和招生单位在博士研究生选拔及培养中的主导作用，逐步建立和完善公平公正基础上的更加科学的人才选拔机制。博士生申请-考核制招生工作本着公平、公正、公开的原则进行，招生单位须按招生学科（专业或指导教师）成立考核小组，考核小组由招生单位通过认可的 9 名或 9 名以上高级职称相关专家组成，有招收申请-考核制考生任务的指导教师应进入考核小组。考核小组负责考生材料评估结果使用，确定考生复试考核的具体内容、评分细则、程序，并具体组织复试考核。

申请材料采取盲评方式进行评估，由招生单位工作小组负责申请材料盲评。盲评给分标准和各项权重由招生单位给出，盲评成绩以百分制计算。盲评专家数量不应低于 5 名，可在校内外选择。盲评材料包括：申请者硕士阶段学习成绩、硕士阶段学术成果水平、科研计划书水平、综合素质。考核小组对通过材料评估的考生进行复试考核，重点考查申请者已有学术成就、专业创新能力、专业发展潜力，判断其是否具有真才实学。考核内容应涵盖申请者的专业基础情况、现有学术成果水平、专业创新能力、专业志向和兴趣，同时考查申请者的健康状况和其他综合素质。

录取按照“德、智、体全面衡量，择优录取，保证质量，宁缺毋滥”的原则进行。考生总成绩＝材料评估成绩×0.5＋复试考核成绩×0.5。依据考生总成绩按照录取口径由高到低依次录取。申请考核制拟录取规模不得超出研究生院核算后下达的指标数。

（四）普通招考

普通招考是面向所有符合报考条件的考生进行公开招考选拔博士研究生的招生方式。已经获得硕士学位的人员及应届毕业硕士生可以报考。能够在一定程度上有效避免学术上的近亲繁殖，让学生能够接触不同的学术观点与研究风格。近2年报考博士的生源数量越来越多，生源质量也有所提高，导师们可以有更多的选择；但另一个问题也显现出来，报考博士的生源中有一部分是以前本学院毕业的学生辞职报考的，他们并非想从事学术研究，只是想换个环境。目前普通公开招考更多以英语考试成绩划线，这明显地制约了导师选拔有培养潜力的优秀学生。

为提高水利工程学科高层次拔尖创新人才培养能力和科技创新能力，充分利用四川大学水利水电学院与南京水利科学研究院在水利工程学科功能和资源等方面的优势，实现战略合作，着力造就能够把握世界科技发展趋势、承担国家重大科技攻关任务的科技领军人才；通过科教结合，促进双方在水利工程学科进行高起点的科学技术研究合作与交流，搭建新的科技创新平台，开展重要的战略课题研究，催生有重大影响的创新成果。高校与科研院所深度合作以实现共同目标，共享各方的项目资源，参与各方承担的国家重大前沿课题，共享优秀师资（刘贤伟等，2016）。

自2017年开始，四川大学和南京水利科学研究院每年联合招收博士生10名，这个合作调动了双方导师合作的积极性，也吸引了双方更多的优质生源。但实质性的科研合作还有待加强。

综上所述，统一考试偶然性较大，难以全面衡量考生的专业知识，导师和学院自主权不够，缺乏积极性、主动性，部分研究能力突出但不善于考试的考生会被拒之门外，难以充分考察出创新能力和研究潜力。

表1　近五年本学院博士生招生情况

年级 招生方式	2014级	2015级	2016级	2017级	2018级
本硕博	4	3	4	6	3
硕博连读	14	12	9	14	16
申请-审核			0	3	6
招生总数	33	27	37	38	52

从表1可以看出，申请-考核招生开始后，非公开招考的比例逐年增加，学院2019年拟招收博士生53人，其中硕博连读17人，申请-考核11人。

三、“申请—考核”制实施中出现的新问题

2016年，四川大学开始试点博士生招生“申请-考核”制，水利水电学院的申请条件包括：硕士阶段英语考核成绩优良、毕业于高水平院校、硕士阶段学习成绩优良，科研能力强，在某一领域或某些方面有特殊学术专长及突出学术成果、对科学研究具有浓厚兴趣，有较强的创新意识、创新能力和专业能力。

考生不必参加学校统一组织的入学考试。通过几年的试点探索，不断完善和总结。目前存在的问题包括：（1）通过“申请-

考核”方式入学的博士研究生规模偏小，有望以后全面放开；（2）目前的考核方式对学生的测试不充分，导师对应承担的责任认识不够。全面推行“申请－考核”制改革要充分并规范地发挥培养单位、专家组和导师的作用，否则将影响质量和效率。尊重导师招生权不等于置程序、公平性要求于不顾（宋朝阳，2017）。

目前申请条件是申请者必须来自“双一流”大学或学科评估B+以上的学科；申请者至少有一篇以第一作者身份发表的SCI论文；满足申请条件的仅10余人，淘汰率也比较低；如果博士招生全面实行“申请－考核”制，申请条件就应该相应做一些调整。既然选择了“申请—考核”制作为博士普通招考方式的选拔渠道，就不应当对申请者提出特殊的限定条件，只要满足原普通招考方式中“统考制”博士人才选拔模式的基本报考条件，就理应被允许接受其申请，对知识和能力的选拔应置于后续考核环节完成（陈谦，2019）。

四、优化“申请—考核”制的思路与举措

“申请—考核”制的核心要务在于以高效、灵活的方式来实现精准选拔优秀博士生，其初衷是实现对申请考生的精准选拔（陈谦，2019）。

入学统一考试是招考单位对考生掌握专业基础知识和能力的基本考查，是考生进入某个科研领域的敲门砖和试金石。推进博士生招生制度改革不能以一种招生模式全盘否定另一种招生模式，要保留其合理的部分，完善不适宜的部分。不断改进优化招生模式，才能有效提升博士生招生质量（宫新栋等，2018）。

首先需进行申请材料审核。由院研究生办、各二级学科行政负责人组成，负责审核申请人的材料，包括硕士培养单位的水平，申请人成绩，发表论文数量和刊物的水平，攻读博士学位期间的研究方向、探索思路和计划，参加社会公益活动的情况等。

材料审核通过的申请人进入下一环节。

博士招生“申请−考核”制试行以来，学院针对本学科特点及生源情况，以“公平、科学、有效”为目标，不断完善相关申请条件及面试程序。为了尽快全面推行博士生“申请−审核”制，学院调研了清华大学、武汉大学、天津大学等相关学校的博士生“申请−考核”制做法，同时结合本学院的实际，在2019年的博士生“申请−考核”的面试选拔工作中，进行了较大的改革，避免面试仅在本学科点进行，规避了一些隐患。面试成立了3个考核专家组，每个考核专家组由不少于5名专家组成。每位申请人须参加3组面试，面试重点考查考生的学术志趣、科研素质、学习成绩及英语听说能力。专家组每位成员根据考核情况对每位考生按照A、B、C、D顺序打分。面试过程全程录像。三个组侧重以下不同的方面：(1) 申请人向考核专家组汇报本人科研经历、科研成果，拟从事研究的学科领域及对研究方向的认识、研究思路和展望的报告（PPT形式）；(2) 考核专家组以面试形式对考生基础知识、综合运用所学知识分析问题、解决问题的能力及学术研究的敏锐度、道德品质等综合素质进行全面考察；(3) 英语听力口语测试。

博士生“申请−考核”办法（2019年）试行以来，参加面试的导师普遍都觉得比原来单一的测试要好，认为面试过程能够有效考查考生的专业水平和科研能力、求学动机、考生的研究兴趣或方向等，确实能优选出有培养潜力的“苗子”，也极大地减轻了导师的“人情”压力。同时，实施办法的科学性、合理性还需要不断地完善。比如，初选有必要保留学校统一组织的外语综合水平考试；审核材料应有清晰的评价指标；对学术水平审核组的面试专家组成有一定的要求；培养潜力组对申请者考核点有明确的要求，等等。通过对申请人的材料审核和多组不同学科专家的面试，挑选出真正有培养潜力的博士生。

参考文献：

[1] 教育部，国家发展改革委员会，财政部. 关于深化研究生教育改革的意见［Z］. 教研［2013］1号.

[2]《四川大学博士研究生申请考核制招生实施办法》（修订），2017.

[3] 周善宝，马广富，季景涛. 博士生招生“申请-考核”制的思考与实践［J］. 研究生教育研究，2015（2）：44—47.

[4] 闵韡. 理工科博士生招生方式对培养效果的影响——基于35所研究生院理工科博士生的调查［J］. 研究生教育研究，2018（2）：36—41.

[5] 陈谦. 博士招生“申请-考核”制发展路径优化研究［J］. 研究生教育研究，2019（1）：27—32.

[6] 刘贤伟，马永红. 高校与科研院所联合培养研究生的合作方式——基于战略联盟的视角［J］. 研究生教育研究，2015（2）：10—15.

[7] 宋朝阳. 博士生招生实施“申请-考核”制的几点思考——以武汉大学为例［J］. 学位与研究生教育，2017（3）：10—14.

[8] 宫新栋，杨平. 我国博士生招生制度系统特征与改革着力点［J］. 研究生教育研究，2018（3）：50—54，83.

以"申请一考核"制为切入点的博士研究生招考改革初探

——以四川大学化学工程学院为例*

李　根　毛　静　唐盛伟

（四川大学化学工程学院　四川成都　610065）

摘　要："申请一考核"制是国际上通用的博士研究生招生方式，是近年来我国招考制度改革的热点，与传统的普通招考相比具有许多优点，但也存在只顾形似而忽略内涵的情况。本文从博士研究生"申请一考核"的国内外现状、基本工作模式和实践探索等方面分析讨论，为"申请一考核"制的进一步发展和完善提供实践依据。

关键词："申请一考核"制；招生制度改革；博士研究生

博士研究生教育是我国高等教育的最高层次，担负着培养高层次专门人才尤其是创新型高端人才的重任，是建设创新型国家的基础工程，为实现中华民族伟大复兴提供坚实有力的支撑。2016年，我国博士研究生招生人数已达7.7万人，比2007年增长33.7%（中国教育在线，2018年）。党的十九大从新时代坚持和发展中国特色社会主义的战略高度，做出了建设教育强国的重大部署，明确指出继续深化我国高等教育改革是新时期的工作重点。博士研究生招生制度改革作为高等教育体系改革的重要组成

---

* 本文系四川大学研究生教改项目。

部分，是博士研究生培养的首要一环，是博士研究生教育质量提升的先决条件，其重要性不言而喻。北京大学、复旦大学等国内一流高校都对现有博士研究生招考方式进行了改革，其中“申请－考核”制尤为引人关注。“申请－考核”制能不能选拔出专业能力突出的人才？是否更加吸引优秀生源？本文拟从国内外博士招生的现状、基本工作模式，“申请－考核”制的优点与基本问题和实际工作中的探索实践等几个方面进行探讨，为博士研究生招考方式改革提供借鉴参考，同时对“申请－考核”制的进一步发展和完善提供实践依据，助力院校“双一流”建设。

一、国内外博士招生的现状分析

（一）国外情况

“申请－考核”制是国际通用的博士研究生招生方式，但申请材料和考核方式因各国国情差异而有所不同。国外高校的办学自主空间较大，大部分高校可依据自身现状和学科发展规划，确定本校招生的规模及考核方式，同一国家的不同高校、不同院系、不同学科的申请流程和考核方式不尽相同，但总体上分为两个环节：资格审查环节和复试环节。

在资格审查环节，申请者一般需提供已取得的最高学历及授予单位和 GPA 成绩、专家推荐信、攻读博士学位的研究计划书等，其中美国高校还要求提供 GRE 考试成绩，且本国以外的申请者还需提供 TOEFL 或 IELTS 等英语成绩证明。美国、日本、新加坡等国的大学博士研究生招生一般有固定的申请时间和流程要求，一部分大学由研究生院首先审核申请材料，然后将合格的申请材料分发至各个学院进行再次审核，还有一部分大学由各个学院直接审核申请材料并确定合格的候选人名单。但德国大学传统的学位制度较为特殊，很多大学甚至没有固定的申请时间和申请流程要求。一般情况下，导师在有需要时会在相关网站公布博士研究生岗位招聘信息，申请者按照要求向导师提出申请（陈学飞等，2002）。与其他国家差异较大的是，申请者需将材料按照要求直接寄给导师，由导师进行资格审定。由于德国的大学通常是导师对博士研究生提供科研及奖学金资助，所以博士研究生是否能被录取完全由导师个人决定。

在申请资料中，起关键作用的是申请者的毕业学校和已取得的学历、GPA 成绩、攻读博士学位的研究计划书。导师首先要考核申请者的专业和研究背景与导师课题的相关性，很多申请者往往因为专业不匹配而被淘汰；导师也非常看重申请者的 GPA 成绩，认为其能反映申请者以往的专业基础和学习能力。一般而言，GPA 成绩越高，学生完成课题研究，获得学位的可能性就越大；研究计划书也很重要，它反映了一个申请者攻读博士的动机、科研规划能力和培养潜力，可以帮助导师选出对科研有想法的申请者，筛查出仅仅是“为了读博而读博”的申请人。国外有学者利用数学回归分析得出结论：申请者的毕业学校和已取得的学历、GPA 成绩、研究计划书可以一定程度地预见是否可以顺利取得博士学位，以及该生在以后的学术生涯中学术成就的产出情况（Grove A，2007）。

资格审查合格的申请者即可进入复试环节。各国高校采取的复试方式灵活多样，大部分欧美高校没有统一的复试，而是直接录取资格审核合格的申请者，部分高校则要求进行复试。复试大多以导师面试或电话交谈为主，主要考察申请者的情商与人际沟通能力。在确定录取时，通常没有固定的标准，录取依据也因申请学院、学科和导师不同而有所不同，主要以学院招生委员会或导师的主观评价为主要参考依据。由于国外博士研究生在读博期间基本由导师进行资助，所以导师在确定录取资格上有一票否决权。日本的大学博士研究生招生申请材料与欧美大学类似，只是在复试环节比较特别，日本的大学复试环节多采用统一的“笔试

+面试”形式，笔试由各学院自行组织入学考试，考试科目也根据学科要求有所不同。

（二）国内情况

目前，我国的博士研究生招生方式有三大类：普通招考、硕博连读（含提前攻博和研三转博）和直接攻博。普通招考是指面向符合报考条件的人员进行考试选拔的招生方式，由初试和复试组成，是我国最传统的博士研究生招生方式。初试为笔试，考试时间由教育部指定，具体考试由各大学自行组织，考试内容由各个招生单位拟定，考试科目包含1门外国语和2门业务课。虽然普通招考有材料审核环节，但由于没有相应的评分实施细则，所以初试分数仍是获得录取资格的决定性条件（邵凯祺，2013）。初试合格后考生进入复试环节，复试由各招生单位组织，一般为面试，个别学校会加考1门业务课，面试主要重点考查考生的专业基础、科研素养以及表达能力等。硕博连读（含提前攻博）是从优秀在读硕士生中进行选拔，直接攻博是从具有推免资格的优秀应届本科毕业生中进行选拔，这两种选拔方式规定了明确的申请资格，考核方式由招生单位自行确定（陈谦，2013；茶世俊，2010），可以将后两种看作特殊形式的“申请一考核”制。

普通招考是一种公开的选拔性考试，其招考模式和高考并无本质差别。随着经济社会的发展，高层次人才的需求呈现多样性趋势，普通招考制度逐渐暴露出诸如初试制度过分强调公共科目成绩、复试流于形式、缺乏吸引优秀生源的机制等诸多弊端，难以真实准确地反映考生的知识背景、研究能力、综合素质和培养潜质，不利于选拔有科研潜质的优秀人才，导师的招生自主权大大受限，不利于某些学科的发展，“唯分数”论情况严重，俨然将分数置于专业能力之上（陈声玥，2013）。为此，2013年教育部发文强调：各博士研究生招生单位要积极推进招生制度改革工作，逐步建立动态选拔考核机制，发挥导师选拔精英的作用，强化对科研创新能力和专业学术潜质的考察（教研［2013］1号）。

2007年，复旦大学医学院作为国家试点学院，首次在博士研究生招生中推行“申请-考核”制。2012年，清华大学、浙江大学等国内知名高校的部分专业相继实行了“申请-考核”制试点（陈亮，2014）。2013年，西安交通大学、华中科技大学等高校在所有专业全面实行“申请-考核”制。据不完全统计，到2018年，全国共有80余所高校不同程度地试行了“申请-考核”制，这些高校均是“211工程”院校，其中“985工程”院校占比超过半数。

二、“申请-考核”制的优点与面临的挑战

（一）“申请-考核”制的优点

只有充分理解大学学术社区到底需要什么样的人，才能在录取时做出明智的决定（黄全愈，2010），对于大学科研中坚力量的博士研究生来说更是如此。“申请-考核”制作为世界一流大学通行的博士研究生招生方式，其优点主要为：（1）充分体现出不同高校、不同学科、不同导师对生源的差异化需求，有利于选拔出具有创新思维、研究专长等符合本学科属性的高素质人才，做到优中选优；（2）有利于促进学生释放潜能，培育出具有个性化特征的优秀人才，美国的一项研究表明个性因素对高等教育层次的学习者来说更为重要，与学生未来学术发展紧密相关（GOH，1978）；（3）有利于落实导师在博士研究生培养工作中第一责任人的主导地位，给予导师更大的自主权；（4）有利于发挥学科特色和优势，既能保障选拔的科学性、公平性，同时又能提高选拔的质量和效率，促进研究生招生标准与授位标准的无缝对接。

（二）“申请-考核”制的基本模式

学者陈亮（2015）分析了国内高校“申请-考核”制的基本

模式：（1）考生资格，大部分学校要求申请者必须毕业于“985工程”院校、“211工程”院校或国家重点学科，且毕业不能超过三年；（2）导师资格，大部分学校要求招生的导师必须拥有国家级头衔，如院士、长江学者特聘教授、国家杰出青年科学基金获得者、国家千人计划等，且教授岗级不得低于三级；（3）外语水平要求以考试种类分为：雅思6.5分以上，大学英语六级425分以上（个别高校要求英语六级500分以上）；（4）提交材料，所需材料与国外基本相同；（5）考核流程，首先是资格审核，然后将资格审核通过的申请者材料送至评审专家组进行考核打分，确定复试名单进行复试，复试多为面试，一般为在规定时间内PPT展示个人基本信息和研究计划。

考核办法全部由学院各学科点自行确定和组织，需要明确的是，“申请-考核”制并非简单放弃笔试，而是各学院依据自身情况在复试时组织部分课程进行“考核+面试”的模式。实践表明，这样的综合选拔模式不仅没有降低选拔难度，反而提高了选拔的有效性。一些研究也表明，在多种选拔方式中，专家组面试是保证公平前提下最有效的方式（FURMHA A，2010；MOSCOSO S，2004）。

（三）“申请-考核”制的基本问题

确保教育公平，实现教育法治的内在旨趣。从目前大部分高校“申请-考核”制的实施情况来看，主要问题为：（1）对申请者的资格要求过高，有损机会的均等性。例如大部分高校对考生的身份做出了明确的规定，包括硕士学位授予学校的类别、毕业年限等，将广大普通院校的毕业生挡在了门外，此外还有不少学校规定了外语成绩的最低分数线；（2）对申请材料进行规范的、科学的评价体系和实施细则还有待进一步完善，如目前的评价指标过多强调科研论文、成果，对学生的诚信、道德等考核不够，教育部下发的《2017年招收攻读博士学位研究生工作通知》中

第一条明确规定：招生单位要把思想政治素质和品德考核作为博士研究生招生考核的重要内容和录取的重要依据。学生没有良好的价值观，很容易出现学术不端行为，对学生、导师乃至学校造成恶劣的影响；（3）导师的选拔权约束机制缺失，易导致招生权的私权化；（4）内部监督机制和学生申诉复议机制有待完善。

三、实践探索

四川大学化学工程学院（以下简称学院）在总结兄弟院校经验的基础上，根据学院和学科特色制定了相应的工作模式和选拔标准，具体有四个方面。

（一）丰富翔实的申请材料，更全面反映申请者素质

学院在四川大学要求提交的材料基础上提出了自己的要求：首先，学院要求两份专家签字推荐信，其中一份必须由拟报考导师出具，让导师选择符合自己要求的申请者进入候选名单，尊重导师的招生自主权，但每名导师至多可以推荐三名学生参加申请考核制（须扣除已招收的直接攻博、硕博连读名额）；其次，2 000 字以内的攻读博士学位期间的研究方向、探索思路和计划，可以反映学生的写作能力和科研素养；再次，原创性成果和说明，往届生须提供学位论文，以便审核学生的学术水平和学术诚信。

（二）建立完善的工作流程和机制，合理配置选拔权

学院成立招生领导小组负责制定和落实相关工作程序，确定各二级专业考核专家组构成。考核专家组在双盲状态下对考核材料进行审核，为了更加公平，学院规定同一专业的申请材料全部由同一专业的专家组进行审核，使专家可以对该专业所有申请者进行横向比较，做出更合理的判断，这样初审的合格名单就是由导师和专家组共同筛选出来的。同时由导师和学科分委会共同组成复试专家组，通过集体决策确定最终录取名单，这样既保证了

导师的权力，也充分发挥了专家组的作用，规范了导师选拔权的边界，杜绝了权力寻租现象的出现。

（三）建立完善的准入制度，保障公平正义

第一，适度放宽学生申请资格限制，打破“名校读名校”的惯例，只要拥有一定水准的科研成果，经学院考核后认定具备培养潜质的申请者都可以获得申请资格，让制度惠及更多学生；第二，外语成绩只做参考，不再作为硬性的考核指标，学院结合申请者研究生阶段的英语成绩、是否已发表英文文章以及复试时的英文表达能力、书写能力进行综合判断；第三，对参加“申请–考核”制的导师实行动态管理，只要是未超龄的导师，在科研经费充盈的情况下，都可以招收学生，适度向近三年内承担国家自然科学基金、重大研发专项获横向课题大于1 000 万（不含外协费）的导师倾斜，打破唯头衔论。

（四）拓宽监督与申诉途径

学院成立专门的仲裁委员会受理考生的申诉，在招生简章上公布仲裁委员会的办公电话、办公邮箱，同时将复试流程面向社会公布，复试环节所有评分表均不得涂改，复试环节全程录音录像，复试结束后，评分表和录像全部密封存档，且由专人保管备查。并且，学院定期召开招生导师反腐倡廉教育工作会，明确有权必有责，失责必追责。

四、总结

“申请–考核”制能够较好地解决博士研究生创新型高素质人才的选拔问题，是落实中央全面深化改革会议强调的深化招生制度改革的积极举措，但我们也要认清“申请–考核”制并非用之四海皆准的“圣药”，如果在实施中生搬硬套，难免事倍功半。只有真正理解“申请–考核”制的内涵，切实结合本单位和学科实际，才能不断完善制度设计和优化实施细则，并通过与研究生教育其他环节的有机衔接，共享共振形成提高培养质量的合力，实现本单位、学科更有效率、更有质量的博士研究生培养，为“双一流”建设提供动力。

参考文献：

[1] 中国教育在线. 2018 年全国研究生招生数据调查报告 [EB/OL]. (2018—04—30). http: https: //www. eol. cn/html/ky/2018report/index. shtml.

[2] 陈学飞，等. 西方怎样培养博士：法、英、德、美的模式与经验 [M]. 北京：教育科学出版社，2002.

[3] G rove Wayne A. w u Stephen. The Search for Talent: Doctoral Completion and Research Productivity of Economics [J]. American Economic Review. 2007 (97): 2.

[4] 邵凯祺，余卫华. 现行博士招生制度存在的问题及建议 [J]. 研究生教育研究，2013 (5): 58—62.

[5] 陈谦. 深化博士生招生机制改革刍议 [J]. 江苏高教，2013 (1): 96—97.

[6] 茶世俊. 研究生教育制度渐进变迁 [M]. 北京：北京大学出版社，2010.

[7] 陈声玥. 浅谈我国博士研究生招生申请考核制改革 [J]. 文学教育，2013 (12): 38.

[8] 教育部，国家发展改革委员会，财政部. 关于深化研究生教育改革的意见 [Z]. 教研 [2013] 1 号.

[9] 陈亮. 公平正义诉求下的博士招生“申请–考核”制探微 [J]. 现代教育管理，2014 (12): 107—111.

[10] 黄全愈. 你离美国大学有多远：高考在美国 [M]. 北京：中国人民大学出版社，2010.

[11] GOH D S, MO RE C M. Personality and academic achievementin three educational levels [J]. Psychological Reports, 1978, 43 (1): 71—79.

［12］陈亮，陈恩伦. “申请-考核”制博士招生改革制度优化路径探究［J］. 学位与研究生教育，2015（4）：49－55.

［13］FURMHA A，CHAMORRO—PREMUZIC T. Consensual beliefs about the fairness and accuracy of selection methods at university［J］. International Journal of Selection and Assessment，2010，18（4）：417－424.

［14］MOSCOSO S，SALGADO J F. Fairness reactions to Personnel selection techniques in Spain and Portugal［J］. Inter national Journal of Selection and Assessment，2004，l2（1－2）：187－196.

立德树人　提升内涵　加快“双一流”学科建设*

——研究生课程“文学专题研究”教材建设初探

韦足梅　方小莉

（四川大学外国语学院　四川成都　610064）

摘　要：随着学校“双一流”建设日益深化以及教育部对研究生培养过程、培养质量的把控越来越严格，国内研究生教育逐渐呈现出多元化、国际化的新趋势。本文尝试在国家战略的指导下，关注理论创新，在即将出版的教材中实现理论与各类文本的有机结合，以理论推动实践，又以实践检验理论，进而推进理论发展。

关键词：研究生课程；文学专题研究；教材建设

作为我国学科门类的重要组成部分，外国语言文学一级学科（以下简称外语学科）对培养外语人才、提高国民外语素质、促进社会经济发展发挥着不可替代的作用（彭青龙，2016）。但长期以来，国内英语专业文学类相关教材的发展始终徘徊在偏“文”与偏“语”之间（胡壮麟，2009），无法给出一个清晰的定位。这种情况导致研究生教学的培养方案和培养理念存在偏差。在上一轮（第四轮）一级学科评估中，人才培养质量、学术引领

*　本文系四川大学研究生教育人才培养质量和教学改革项目“文学专题研究教材建设”阶段性成果。

性、社会贡献度和国际影响力在学科评估指标体系中占据重要位置，相应的培养目标和教学方法有待改进。因此，注重过程培养、提高研究生教育质量应提上重要日程。2019 年 2 月 26 日，教育部下发《关于进一步规范和加强研究生培养管理的通知》，明确指出：突出立德树人根本任务和要求，严格执行培养制度。加强培养过程管理和学业考核，确保培养方案的严格执行。教育部早在 2018 年 1 月 17 日下发的文件《关于全面落实研究生导师立德树人职责的意见》中就强化了研究生导师基本素质要求，按照因材施教和个性化培养理念，统筹安排实践与科研活动，强化学术指导。这些通知和意见明确表示外语学科建设的核心不再是简单的语言技能的训练，而应该加强英语专业本身的文学文化内涵。虽然教学手段不断提高，教材建设“一纲多本”，多媒体、网络等教学手段日益更新，但人才培养理念、培养目标和培养模式方面的特色不够明显，在进行教学评估时，如何根据不同高校、不同外语专业、不同层次等实际情况做出科学合理的评价等问题，尚需认真思考。外语教育的投入与产出所出现的“费时低效”这一情况（戴炜栋，2009），还有待进一步改革。研究生课程“文学专题研究”教材建设已经取得了一定的发展，但仍然有很大的推进空间。

一、国内外同类教材情况分析

纵观国外的同类教材编撰，一方面，国外的文学类教材研究已经发展得较为成熟，建立了一整套理论体系。但现有的同类教材侧重理论研究，单篇文章对理论的文本应用较多，缺乏理论与文本实践系统结合的教材；另一方面，国外的文学专题教材研究，特别是叙述学方面的教材，鲜有将符号学与叙述学相结合的研究，相关的文本实践就更少了。反观国内的同类教材：（1）文学类教材研究专著颇多，叙述学方面的教材却很少。国内虽有大量的叙述学研究文章发表，但没有教材就无法形成系统的教学模式，无法有效传授学科知识；（2）国内的符号叙述学研究偏重理论研究，而文本实践尚待进一步开发，知识体系尚未发展成熟，还有巨大的可推进空间。为解决上述两方面的矛盾困境，一方面需要英语专业的教育工作者准确把握教育部关于外语教育政策、外语教育改革思路、战略部署等相关政策；另一方面需要基层教学管理者根据教育部有关精神，结合本单位实际情况，理清思路，践行相关的政策与方针；同时总结经验，提出反馈意见，编撰出符合本校学生实际水平的教材。在教材的编撰过程中，需要将专业知识教育与思想政治教育结合，以激发学生学习兴趣和潜能为目标，进一步深化教学改革，全面提高学生的社会责任感、创新精神和实践能力。

因此，本文认为全面推动英语专业文学专题研究的教材建设与改革应从两方面着手。首先，从建设、打造和锤炼精品教材和精品课程开始。其次，把教材逐步推广到兄弟院校试点，调查学生的满意度，验证专业课程设置的合理性等。具体而言，微观上，改善教学模式，提高学生的辩证思维能力，培养学生的创新能力；宏观上，根据院校的学科定位和社会需求，考虑人才的素质结构、能力结构、知识结构，提高教学质量，保障学科合理发展，为“双一流”建设助力。

二、研究生课程“文学专题研究”教材建设的研究内容

英语专业文学专题研究教材建设结合本校研究生的特点和学院的学缘结构，更偏重叙述学方面的建设。因为叙述学已经建立起相对完整的理论体系，发展出了一套完整的学科话语。叙述学的研究不仅在理论上不断突破创新，而且作为文学研究中最重要的方法论之一，可以有效地应用于文学文本的形式分析。传统的叙述学研究主要关注小说，本教材建设将叙述学研究应用到广义

的叙述文本分析中，力图实现叙述学与符号学的跨学科结合。在关注理论创新的同时，将理论与各类文本的实践有机结合。以理论推动实践，又以实践来检验理论的有效性，并进一步推进理论的发展。目前广义的叙述学研究重理论而轻文本实践，本教材建设正是通过对其核心概念的探讨与应用，来提高研究生的文本细读能力及理论创新能力。这种理论与文本实践相结合的教材模式非常适合应用于课堂教学实践，其主要布局将融合核心概念阐述及文本实践，包括四个章节，第一章为整体架构，接下来三章主要包含记录类叙述、演示类叙述和意动类叙述，每个章节分别探讨相关的核心概念，并编写相应的文本实践论文，具体如下。

第一章：主要对叙述学的发展进行整体勾勒，并探讨经典叙述学、后经典叙述学及符号叙述学等相关理论中的核心概念。在整体讨论原有核心概念的同时，也试图架构本教材的体系。

第二章：主要关注记录类叙述，以小说为主的虚构性叙述和以历史、新闻等为主的纪实性叙述为主要研究对象。核心概念涉及聚焦、叙述分层、区隔、框架－人格二项性、历史叙述等。在讨论核心概念的基础上，拟编写具体的文学文本实践和历史叙述研究的相关论文。

第三章：主要探讨演示类叙述，探讨电影、戏剧、游戏和梦。戏剧作为演示类叙述，电影作为记录演示类，游戏作为演示互动型以及梦作为心像演示类叙述，它们各有其特点。在探讨不同叙述特点的同时，也用相应的文本实践来进行有效说明和论证。

第四章：主要论述意动类叙述，以广告作为研究对象。在阐述意动类叙述特点的基础上，通过大量文本分析来检验和扩容叙述学理论。

广义的叙述学理论为贯穿全书的核心方法论，以不同叙述类型的叙述文本为研究对象，理论结合实践，目的是建设一本适用面较广、教学效果显著的研究生教材，使研究生能够将理论和文本分析实践结合起来，一方面能够更好地掌握学科基础理论知识和发展的前沿动态，另一方面又能够灵活应用所学的理论知识来进行文本实践，从而激发研究生的创新意识及科研意识。

三、研究生课程“文学专题研究”教材建设的特色创新

语言与生俱来的特点之一就是传输文化。任何语言体系中的具体信息都需要通过教和学来传输。因此，教材在培养学生的跨文化素养方面应加强语言文化的导入，增强文化意识，目的是培养学生对目标文化信息的接受、理解和思考，同时也能促使其对比、反思母语文化。文化内涵需要通过实践性的教学活动实现，它能培养学生的文化意识和社会责任感，使学生成为具有文化身份特征的社会人和合格的公民。同时，批判性思维的训练在传统教材中是一个缺陷。在教材编写中，不能仅从一个视角来提供抽象说教式的素材，而应从不同视角出发，提供不同的观点和理念，为学生创造一个比较和分析的空间。学生也可以借助课本素材或参考书目中与单元主题相关的素材，加入与单元相关主题的讨论，在教师的指导下，发挥个人自主学习和探究的潜能。从操作层面上讲，学生不仅是信息的接受者，同时也是信息的提供者以及信息的综合、比较和评判者。这有助于培养学生的辩证和批判性的思维能力。

本教材以叙述学的文化内涵为核心，关照文化课程的建设，对现当代文学文化叙事理论进行梳理和翻译，以培养学生读书、思考和写作的综合能力。本教材着力建设高水平体系，提升专业建设水平，建设面向未来、适应需求、引领发展、理念先进、保障有力的一流专业；推进课程内容更新，将学科研究新进展、实践发展新经验、社会需求新变化及时纳入教材；推动课堂革命，把沉默单向的课堂变成碰撞思想、启迪智慧的互动场所；建立学

生中心，产出导向，持续改进的自省、自律、自查、自纠的质量文化，将质量要求内化为师生的共同价值和自觉行为（成都宣言，2018）。

“文学专题研究”教材具有三个特色。第一，本教材依据国家新订培养标准，建设特色精品教材，在教材内部结构上做到知识体系和能力指标相结合，并将其体现在语言和文化的社会体验活动中；第二，以特色专业课程为依托，并重教学实践和科研，建设慕课，推动研究生专业的教学改革及发展。围绕叙述学理论课程的建设，循序渐进将教材建设、科研师资培养、学生的文化体验、思辨能力的培养等统筹安排，合理建构，打造个性化、自主式的实践性教学活动，着力培养学生阅读、写作、思考、批判、创造等能力。教材以内容为导向，可以广泛应用英语专业的各类课程，全面提高英语专业学生的人文学科专业素质，并兼顾语言能力的培养。同时，也希望类似的方式和可能取得的经验能够推广到研究生其他课程的教学中，惠及英语各类专业学习的学生。第三，在教材使用时，以读书会的形式，着重培养研究生的科研能力，丰富学生文化素质课程的课外参考资料，鼓励学生带着毕业论文研究，进行社会实践。20 世纪 80 年代以来，人文社会科学中出现了显著的叙事转向，它从史学开始，延伸到文学、社会学、心理学、政治学、法学、医学、数字技术等方面。语言作为叙事的基本符号，对于认识世界、社会经验、获得和发展自身知识和思维能力都具有不可或缺的意义。

四、优化人才培养模式，完善课程体系建设

学生作为课程体系基本节点，教师作为连接节点，而教材建设、课程设置和精品课建设作为组织结构，个人知识由网络组成，同时进入组织和机构中，反过来，组织和机构又将信息反馈并进入网络，继续为个人学习提供帮助。学生和教师可以借助这

种知识发展的循环，有效实现知识、素质以及能力的整合，最大限度地遵循学生的认知规律，丰富教学内容，将教材知识传授置于语言知识赖以生存的社会交互和历史文化叙事的语境中，从而培养学生的跨文化交际能力和批判思维能力。以教材改编为基础，夯实人文素质教育；以精品课程建设为导向，加强教学的规范性和示范性；以提高教研能力和打磨学生思辨能力为目的，提高学生的自主学习能力和核心技能。需要挖掘、培育和建设高质量的专业特色。“对于已有优势的专业，要争取特色创新，在更高层次发挥引领作用。无论是特色培育、特色创优，还是特色创新，都要在特色目标的设定上充分考虑校内外因素，从而找到适合自己专业发展的路径和方法。”（彭青龙，2016）从理论上讲，本教材对叙述学理论进行了跨学科的新探讨，同时也讨论了中西方最新的叙述学理论，从而让学生能够跟进和掌握本学科的理论动向和发展。从实践上讲，本教材应用到研究生的教学中，可以有效提高研究生的文本分析能力。本教材系统讨论叙述学研究中的核心概念，并针对每个概念编入相应的叙述文本，学生能够理论联系实际，真正掌握这套行之有效的研究方法。从教材应用上来讲，由于该教材涉及跨学科的研究和文本实践，因此应用范围并不局限于文学，而是可以拓展到艺术学、体育学、广告学、游戏学等学科。

立德树人、提升内涵，奋力推进建设世界一流大学新的伟大事业，需要我们自身强化教师教学主体的责任，加强课堂教学管理，狠抓教学质量和师德风范，根据自身基础和优势，确定适合自身发展的学科建设目标和路径（彭青龙，2016）。这既有助于拓展英语专业研究生的学科视野，增强其科学素养和学术功底，也有利于打破现有资源相对封闭的学术壁垒，在跨学科、交叉性和融合性学术研究中，探索出符合综合性大学定位的教学合作模式。

参考文献：

[1] 成都宣言（150所高校联合发出的宣言），2018－6－21.

[2] 戴炜栋. 我国外语专业教育60年：回顾与展望［J］. 中国外语，2009（5）：12－13.

[3] 胡壮麟. 中国外语教育六十年有感［J］. 中国外语，2009，（5）：5－8.

[4] 彭青龙. 论《英语类专业本科教学质量国家标准》的特点及其与学校标准的关系［J］. 外语教学与研究，2016（1）：115－116.

[5] 彭青龙. 论学科评估新趋势和外语学科内涵建设新路径［J］. 外语界，2016（3）：41.

“双一流”视角下研究生课程质量评价方案初探*

黄 瑶 刘 立 黄 云 江虎维

（四川大学研究生院　四川成都　610065）

摘　要：为了掌握我校研究生课程体系改革的效果，需要制定科学的评价标准，定期实施研究生课程质量评价，为研究生培养质量的提高奠定基础。经过对国内外各高校课程质量评价相关经验的总结与学习，目前我校已建立以多层次协同督导为主、研究生评教为辅的研究生课程教学评价监督机制。多层次协同督导主要体现在建立严格的课程审查机制和实施研究生课程领导干部分级听课制度两个方面，研究生评教主要通过“研究生课程教学评教与教学评估”网上评价平台进行。

关键词：研究生课程；质量评价；课程审查；领导听课；网上评价

一、研究生课程质量评价的研究意义

十九大报告中指出，要加快一流大学和一流学科建设，实现高等教育内涵式发展。内涵式发展这一概念是我国借鉴美英等发达国家的世界著名大学的成功经验而提出的，即坚持把培养优质的、世界创新型的人才作为学校的核心追求。高等教育的内涵式

---

* 本文获四川大学研究生课程建设项目（2018KCJS047）资助。

发展应以科学发展观为指导，从当前国情和自身校情出发，遵循高等教育教学规律，实事求是，量力而行，形成适合自身发展的管理、师资、学风、校风等方面的特色。当前我国正逐步扩大研究生培养规模，据相关部门统计，到 2020 年，预计在校全日制研究生数量将达到 230 万。如此庞大的研究生规模，给传统的研究生培养教育带来了巨大的挑战。2015 年，结合四川大学研究生教育现状及其固有特点，借鉴国际、国内著名高校的先进改革经验，我校对学术学位研究生培养方案的课程体系进行了大幅度建设。本次建设的基本原则为遵循研究生教育规律，创新人才培养模式，改革研究生培养机制，按照“高水平、前瞻性、国际化”的总体要求，建立学术学位和专业学位研究生分类培养体系和质量保障体系。我校分别从强化制度建设、优化课程结构、淘汰“僵尸”课程、丰富课程类型、建立完整的课程信息库、设立严格的课程审查机制等方面进行了改革。

在大胆进行研究生课程建设改革的同时，有效的管理与监督也是必不可少的。我们需要制定科学的评价标准，定期实施课程评价，建立以多层次协同督导为主、研究生评教为辅的研究生课程教学评价监督机制。这项工作需要大量借助国内外研究生质量调查工具，比如相关性分析方法、分类分析算法、聚类分析算法、异常检测算法等（片锦香等，2016），并在此基础上提出一套具有较高信效度的评价体系，对研究生教学活动全过程和教学效果等方面进行评价，可以从不同侧面反映出研究生课程教学中教与学两方面存在的问题，通过师生对课程体系的构成、教学内容的优化、各类课程设置的合理性、课程安排、课程之间的关系和衔接、考核的形式和要求、教材的选用、教学模式、教学环境等内容进行评价，可以进一步优化和规范研究生课程设置和教学内容，促进课程教学改革，同时可以激发学生的学习兴趣，调动教师的积极性，提高课程教学的质量和管理水平。

一直以来，学校内部对研究生培养质量的监督主要是从课程学习、开题管理、学位论文、科研实践等方面进行宏观的、全方位的分析和控制。这种传统的粗粒度教育质量标准体系因为难以具体衡量研究生在课程学习、科研、创新实践等方面的能力，已无法满足当前研究生教育内涵式发展的需求。在当前的社会形势下，我们迫切需要借助大数据分析工具进行细粒度的研究生数据收集和分析。对此，不少高校进行了积极的探索与实践。

二、国内外高校研究生课程质量评价经验

厦门大学将研究生课程评估与培养方案的阶段性检查紧密结合在一起，每三年对培养方案中已开设的课程进行一轮评估。课程评估采用学院自评和学校评估相结合的方式。课程评估重点包括：（1）课程大纲设计是否符合培养方案规定的培养目标要求；（2）课程教学内容是否体现学科发展前沿和研究深度，是否满足学生获取系统扎实专业知识、提升科研创新能力等方面要求；（3）课程的组织形式、教学方法和考核方式是否恰当有效；（4）课程教学成效是否达到预期的教学目标；（5）学院的课程管理是否规范，是否建立起教学质量的持续改进机制；（6）教学条件是否支撑课程教学要求等。同济大学于 2009 年推出了研究生教育质量保障体系，将研究生培养过程的管理分为教学过程管理、教育质量目标和管理职责、教育资源管理、教育质量监控、分析和改进四个方面，同时又将这四个方面细分为 22 个一级项目、52 个二级项目，139 个质量要求和 43 个监督项目，并且对每个一级项目和二级项目都明确了执行责任人和监督负责人，旨在对研究生培养的全过程实施有效的监控，确保研究生的培养质量。浙江大学设计了“研究生课程教学质量”网上评价环节，评价主体为研究生和同行及管理人员，两者的权重比例为 80%：20%。研究生主要对教师的教学态度、教学内容、教学方法和教学效果

进行评价，同行及管理人员对教师的声誉和规范性进行评价。研究生完成所选课程的教学质量评价后，才可查看课程已有成绩，以确保每门课程都能获得全面的评价。大连理工大学改变了传统的研究生课程监督评价方式，从2009年开始，建立了一套“研究生课程教学质量抽查、课程教学秩序全覆盖检查、教学质量评价与教学秩序网上双向反馈、汇总分析数据自动生成”的研究生课程教学质量和教学秩序监督评价工作模式（张巍等，2012）。

对于国外高校，在研究生教育质量评估方面，美国由各州与各级地方政府对各自辖区的高等教育状况负责，从而形成了自己鲜明的特点，并且美国开展研究生教育评估的机构具有多样化特点，多为非官方性质的组织和团体，具有一定的权威性。澳大利亚也为研究生课程建立了完善的外部质量评估制度，澳大利亚高等教育质量与标准署（TEQSA）是高校研究生教育及课程监督与评价的外部机构（崔军等，2015）。课程认证标准包含6个方面的内容：（1）课程设计的合理性，是否达到课程资格标准包含研究生能力发展空间、课程内容丰富性与交叉性、教学大纲设计的合理性、授课教师的学术水平以及学生参与教师学术团队活动的概率；（2）充足的课程资源和信息，包含课程的资源能否满足在校学生人数并达到预期的学习效果、电子或实体图书馆在藏的图书是否能保证学生获取相关课程的信息和辅助学生学习等；（3）合适的录取标准，包含学校的基础条件和前期知识技能储备；（4）高质量的教与学，包含学校的师资水平和识才机制、教师的教学资质和能力水平等；（5）有效的课程评价，包含是否能为学生提供平台展示学习成果、课程评价人员是否具有相应的资质、评价结果是否及时反馈、学校对学生课程学习情况是否全过程监控并随时改进、学校是否有足够证据证明学生已经掌握课程的精髓；（6）规范的课程监督制度。

三、建立以多层次协同督导为主、研究生评教为辅的研究生课程教学评价监督机制

（一）建立更加严格的课程审查机制，定期审查已开设课程

为了提高研究生课程教学质量，必须从新开设课程申报审批这一源头抓起。我们对研究生课程建立了新开设课程申报、审批机制。2017 年新培养方案施行以后，在新开设课程申报方面，我们科学制定课程开设标准，从开课意义、课程目标、适用对象、教学内容、选用教材及主要参考资料、任课教师水平等方面进行全面审核，严格按标准和各学科专业人才培养的需要审查课程，杜绝因人设课现象。每年 6 月份，研究生院会启动研究生培养方案的维护工作，鼓励学院进一步完善课程体系，同时对已开设课程的选课情况和教学效果进行追踪，对不适应教学和社会需求的课程进行淘汰，对教学质量不达标的课程进行整改或停止开设。自实施课程审查制度以来，已停开课程 45 门，新增课程 60 门。

（二）施行“研究生课程领导干部分级听课制度”

从 2017 年开始，为贯彻落实《四川大学研究生课程建设与教学过程管理办法》（川大研［2017］70 号）文件精神，大力推进全课程社会主义核心价值观建设，强化教学管理，我校开展了“研究生课程领导干部分级听课制度”工作。领导干部听课是学校各级领导干部深入教学第一线了解课堂教学情况、促进教师教学能力提升的重要举措，也是学校教学质量监控体系的重要环节。听课领导干部包括校级党政领导、各培养单位（院、系、所、中心）领导、研究生院、研究生工作部、人事处等有关职能部门负责人，他们分别对教师和学生上课情况进行质性评价，每学期听课次数 2～3 次，填写《领导干部听课评议表》并在每学

期期末上交评议表。从两年来的实践经验看，施行干部分级听课制度后，学院和教师对研究生课程更为重视，授课态度更加认真，学生上课的积极性和参与度更高。

（三）依托研究生管理系统建立“研究生课程教学评教与教学评估”网上评价平台

无论是国内外知名大学还是权威第三方评估机构，对研究生课程教学质量评价而言，学生评教都占有非常重要的地位。通过学生评教，我们可以了解研究生学习课程后的真实感受以及研究生将课程知识应用于科研和工作的实用性反馈。有学者认为，从教学来看，研究生创新素养的培育正在遭遇“无我”的被动阅读、“无思”的课堂学习以及“无问”的研究烦恼等学习之困（李润洲，2019）。结合国内外优秀大学的先进经验，研究生课程教学评价可以从课程教学能否带动研究生主动阅读相关文献、是否启发研究生主动思考课程相关内容并且解决相关问题，以及对研究生科研与工作时间的帮助程度等方面进行质性和量化评价。其中，研究生网上评教是一种比较直观的量化评价方式。

目前，我校正在构建“研究生课程教学评教与教学评估”网上评价平台，初步设定网上评价内容可以从课程设计的科学性、教学大纲的合理性、课程内容的丰富性与交叉性、课程的适用性、课程学习难易程度、教师教学态度、教师教学水平、教师教学方法、课程考试难易程度、课程考试形式的合理性等方面进行设计，并在每个指标下设计 2～4 个二级指标进行详细考核。为了能够得到量化的评价结果，还需要设定每个一级指标的权重（可按百分制来计算）以及每个二级指标的打分范围（学生根据教学效果优良中差评价），确定相关的算法和计算公式，最后将该课程所有调查对象的评价结果汇总，得到该课程的综合评分，同时平台将综合评价结果反馈给任课教师和教师所在学院，以便学院和任课教师及时了解学生的学习情况，及时调整课程体系、授课内容和授课方式。为了能够充分掌握研究生课程的学习效果，研究生需要对课程完成评价方能查询课程成绩。预计到2020年，网上评价平台可以开始使用，今后大量研究生课程评价数据将是学校不断改进课程体系、提高课程教学质量、选拔优秀研究生课程任课教师的重要来源。

四、结语

目前，我校在研究生教育的督导评教、行政评教和学生评教方面已经做了不少工作，但在研究生教师评教方面还有待提升。研究生教师是研究生课程教学的主要参与者与贡献者，学生的教师评教不仅可以为教师提供对授课效果的自我评价，还可以为教师提供对学生学习效果的反馈。研究生对教师的评教对研究生课程教学质量的提高有着重要的作用，可以作为研究生课程教学质量评价的重要参考因素。

参考文献：

[1] 片锦香，孙焕良，张锐，栾方军，刘美佳. 研究生教育质量评价体系趋势研究 [J]. 中国校外教育，2016 (5)：36－37.

[2] 张巍，齐民，赵明砚. 研究生课程质量监督与评价信息系统的设计与实践 [J]. 学位与研究生教育，2012 (3)：30－33.

[3] 崔军，张晓宁，顾露雯. 澳大利亚研究生课程的外部质量评估 [J]. 一流大学与高等教育，2015 (22)：27－32.

[4] 李润洲. 研究生创新素养培育的教学审视——一种教育学的视角 [J]. 研究生教育研究，2019 (1)：39－44.

研究生课程管理现况解析及质量监督机制探索

——以四川大学原子核科学技术研究所为例*

任培培[1]　韩纪锋[1]　韩　茜[2]

（1 辐射物理及技术教育部重点实验室，四川大学原子核科学技术研究所
四川成都　610065；
2 四川大学物理学院　四川成都　610065）

摘要：研究生课程管理是保障研究生培养质量的重要基础。本文剖析了四川大学核专业研究生课程管理现状，提出了以一级学科为支撑点、覆盖课程全过程的课程管理的几点建议。

关键词：研究生；课程管理；监督机制

研究生教育作为国民教育体系的顶端，是培养高层次人才和释放人才红利的主要途径，是国家人才竞争和科技竞争的重要支柱，是实施创新驱动发展战略和建设创新型国家的核心要素，是科技第一生产力、人才第一资源、创新第一动力的重要结合点。没有强大的研究生教育，就没有强大的国家创新体系（教研［2017］1号文）。课程学习是我国学位和研究生教育制度的重要特征，是保障研究生培养质量的必备环节，在研究生成长成才中

* 本文获四川大学研究生院研究生课程建设项目“研究生课程质量监督机制探索”资助，项目编号：2018KCJS040。

具有全面、综合和基础性作用。重视课程学习，加强课程建设，提高课程质量，是当前深化研究生教育改革的重要和紧迫任务（教研［2014］5号文）。因此，如何以培养单位为落脚点、以一级学科为支撑点来建立有针对性的、完善的课程质量监督管理机制就显得尤为迫切。

一、研究生课程管理的特点

研究生课程管理的主体是研究生课程，管理主要体现在学校研究生院及二级单位的研究生教务执行的服务与监督上，而服务及监督对象是研究生及任课教师（严仲连，2010）。研究生的人才培养需要与国家需求相融合。

（一）社会服务性

建设一流大学和一流学科，是党中央、国务院做出的重大战略决策。2017年10月，党的十九大明确提出“加快一流大学和一流学科建设，实现高等教育内涵式发展”，对“双一流”建设提出了新任务、新要求。2018年5月2日，习近平总书记在北京大学师生座谈会上发表重要讲话，就加快“双一流”建设做出了系统阐述。四川大学作为首批“双一流”建设高校，承担着培养社会主义建设者和接班人的任务，承担着服务国家战略需求培养急需紧缺人才的任务。而学科是“双一流”建设的基础，育才是学科建设的根本。研究生课程管理的最终目的是树德育才，为社会主义建设培养建设者和接班人。我校“核科学与核技术”为一级博士学位授权点，“核能与核技术工程”为专业硕士学位授权点，是输出核科技人才最多的高校之一，为国家建设、国防安全做出了重要贡献，2005年中核集团授予四川大学“十五期间为中国核工业培养和输送人才突出贡献奖”。

（二）学科差异性

不同学科的培养及课程侧重不同，按照大类可分为文、理、工、医，按照小类可细分到各个一级学科、二级专业甚至三级研究方向等，虽然相同门类的学科存在一些共通之处和共性问题，但每个学科都有不同的侧重点与各自的特色。所以研究生课程管理既要根据共性遵循一些共同点，更要与学科特色紧密相连，实行针对性特色化管理。完全不考虑学科差异的无差异化管理，以及罔顾不同学科特色的通用管理只会束缚学科发展步伐、制造各种问题和矛盾。比如，“核科学与技术”及“核能与核技术工程”这两门核相关的工科学科的研究生课程，不仅需要学生掌握健全而扎实的理论基础，具备工科专业“实践出真知”的常识，在实践中锻炼动手能力和解决问题的能力，更需要树立坚实的“核安全意识”，才能规避风险，在保证核安全的前提下服务社会、建设国家。这就对课程建设提出了更高的要求，相应地，也对课程管理提出了更高的要求。

（三）人员差异性

研究生课程管理的主体虽然是课程，但服务和监管的对象是研究生与任课教师。研究生与本科生的培养目标有所不同，更注重培养其掌握专业基础理论的系统性，锻炼其从事科学研究工作的能力。同时研究生群体本身也存在一定的差异，本科来自不同高校的研究生对基础知识的掌握程度薄厚不均，在研究生阶段从事的研究方向也不尽相同，而部分跨专业攻读学位的学生更加剧了这一差异，为研究生课程的管理增加了难度。

此外，任课教师的专业背景等也存在一定的差异性。以我校为例，大部分学科拥有更多的一线教师，可开设课程的范围也更广。而对于部分小学科或者侧重科研的专职科研机构来说，任课教师总数较少，且多为科研岗教师兼任，任课教师的选择余地及上课时间均无法保证。

二、研究生课程管理的现状解析

研究生课程管理涉及方方面面，包括学科培养方案、个人培养计划、课程开设、课程教授、课程考核以及课程评价。现以我校核学科为例，解析研究生课程管理的现况。

（一）培养方案

为贯彻落实教育部、国家发展改革委、财政部《关于深化研究生教育改革的意见》及教育部《关于改进和加强研究生课程建设的意见》等文件精神，深化四川大学研究生教育改革，构建体现我校人才培养目标和学科特色、学科合理、系统规范的研究生课程体系，进一步提高研究生培养质量，我校于 2015 年—2016 年对学术学位研究生培养方案进行了全面修订（四川大学《关于修订四川大学学术学位研究生培养方案的通知》，2015）。培养方案的修订对学科名称和代码、学科简介、培养目标、学制及学习年限、研究方向、培养方式、课程设置以及科学研究与学位论文等环节都提出了要求。我校核学科培养方案的设置也满足了培养方案修订的基本要求。

（二）培养计划

培养方案是针对一个学科的规划，培养计划则是针对每一名研究生的规划。科学合理的培养计划需根据研究生的个体差异进行个性化定制。现行的培养计划需要在培养方案主导下，由研究生、导师及教务老师三方共同制定。制定时需考虑的因素包括研究生基础强弱情况、研究方向交叉情况、课程开设情况、社会对研究生的要求等。

现行模式已充分考虑了研究生的个体差异，但仍然存在以下几个方面的问题。一是研究生基础不同造成的“众口难调”。有些本科专业成绩较差的研究生，更适合选修专业基础类课程，而不是研究性教学的专业课程；有些研究生基础扎实，若选修基础类课程则是对时间和精力的浪费，他们更需要研究性、探讨性课程的淬炼。而现有的研究生培养方案，更加注重研究生科学研究能力的培养，这给部分基础薄弱的研究生造成了一定的困扰。二是现阶段鼓励学科交叉融合，越来越多的研究生从事交叉学科的研究，以原子核科学技术研究所为例，虽然主体是核学科，但与化学、材料、医学、物理的交叉融合培养非常明显，我所学生经常需要选修其他学院开设的课程，也常有非核学科的研究生来选修我所开设的课程。而我校在制定培养计划时，允许研究生在专业培养方案外最多选修两门课程，这对于交叉学科的研究生造成了极大的束缚。

（三）课程的开设

课程是培养方案的脊梁，没有课程开设，培养方案做得再完美也如一件没有人穿的华服。我校大多二级院所均能保证足够课程的开设，但如何让开设的课程契合选修的研究生一直是个难题。以笔者所在的原子核科学技术研究所为例，我所是一个以科研为主体的研究所，研究生生源每年仅有 30 余人，涉及的招生专业却涵盖了物理、化学、核科学与技术、核能与核技术工程，研究方向更是不胜枚举。再加上研究生的本科专业存在差异，在研究中的侧重点也不同，需要学习的基础知识和专业技能也不同。极易造成有些课程无人选、有些人无课可选的局面。

（四）课程的教授与考核

课程的教授与考核是课程的主要组成部分。课程在教授过程中，教授时间与质量是最基本的要求与保障。然而，对于以科研为主体的二级单位的任课教师来说，他们同时承担着繁重科研项目的压力，需要参加国内外学术会议，还要进行学术访问等学术交流，这给课程教授的时间保障甚至课程开设造成了很大的障碍。如何保障课程的教授时间也是亟待解决的问题。此外，课程的考核与本科生的差距很大，研究生课程很少有不及格的情况发生。然而，这并不是说我们的研究生基础扎实、个个合格，而是从某种程度上透露出任课教师对课程的不重视，对课程考核的不慎重。加强研究生课程考核落到实处，也是课程管理的重点。

（五）课程评价

课程评价是检验课程效果的一个手段。我校为贯彻落实《四川大学研究生课程建设与教学过程管理办法》文件精神，大力推进全课程社会主义核心价值观建设，强化教学管理，规范对教学过程及教学效果的监督检查，提高研究生培养质量，从 2017 年 9 月开始，落实推进了“研究生课程领导干部分级听课制度”的相关工作。这在很大程度上督促并改善了任课教师的授课质量。

三、研究生课程质量监督管理机制探索

高度重视课程学习在研究生培养中的重要作用，探索建立系统性的研究生课程质量监督管理机制已迫在眉睫。联系实际工作，要保证研究生课程有效顺畅地运行，培养单位可以从两个方面来加强研究生课程质量监督管理。

（一）发挥培养单位课程建设主体作用

培养单位为研究生培养的直接承接单位，在培养研究生过程中，不能只重科研轻学业，重成果轻基础，忽视了最根本、最基础的课程学习。应意识到课程建设及课程落实对人才培养的重要性，加大投入力度，加强监管力度。

（二）建立规范、严格的课程审查机制

严格审查新开设课程。根据我校《四川大学研究生课程建设与教学过程管理办法》（2017），开设课程教师应填写《四川大学新开设研究生课程申报表》，写出该课程的详细教学大纲，在学科专业范围内讨论后，由学科点负责人根据讨论结果写出意见，学院主管领导签字同意，并报研究生院审核备案。第一次承担研究生教学任务的任课教师，必须在开课的前一学期通过教研室或

学科点组织的课程试讲，合格者方可正式开课。我校对新开设课程的监管在一定程度上保障了研究生课程的质量。但由于研究生专业方向多，每个方向的学生人数少，同时大多数教师有教学任务要求，应注意避免因人开课、因任务开课的情况，造成课程冗余、质量不高的情况。

严格监管已开设课程。我校管理办法中也提到对已开设课程的监督管理，要求院校两级合作监管。然而，二级院所仍是课程开设及监管落实的主体，加强二级院所对所开课程的监管力度才是重中之重。不同院所面临的情况也有所不同，以原子核科学技术研究所为例，教师们科研考核压力大，时常有学术交流及访问，可能经常不在学校，因此其所承担的课程就无法保证时间充足，甚至无法保证能够及时开设。在加大课程开设监管力度的同时，也要结合学校人才引进政策，促进我所教学人员发展，鼓励一课（课程）多教（教师）、一教多课的模式，从根本上解决我所任课教师资源短缺的问题。此外还应注意，剔除“僵尸”课程，保证培养方案的实时有效性。

（三）加强研究生选课管理，放宽选课限制

研究生选课管理涉及培养方案、课程开设、研究生、研究方向、导师等多个方面。只有制定合理的培养方案，保证课程的正常开设，根据研究生自身情况，考虑研究方向需求，在导师的指导下，才能制定出适合研究生的培养计划。正因为选课涉及方方面面，就更应该加强研究生的选课管理。然而，考虑到研究生课题方向的个性化、交叉融合性等特点，将课程选定范围限制在某一个专业或学科中的做法非常有局限性。应该进一步放宽选课限制，鼓励研究生结合自身情况，在导师的指导下，跨学科选择适合的课程；或者允许研究生在现有培养方案之外选择更多适合的课程。这也在一定程度上促进了交叉学科的发展，提高了课程利用率，缓解了个别课程无法顺利开设的困境。

（四）创新考核方式，严格课程考核

鼓励课程形式多样化、课程考核多样化一直是我校努力的方向。我校在授课形式上已采用多媒体 3D 教学、课程点到 APP 等手段，在考核方式上采用调研报告、学术汇报等方式，这些无不体现了我校在这方面的工作成效。课程考核方式由点及面的推广工作也在紧锣密鼓地进行中，研究生课程考核如何做到紧随我校改革方向也是需要思考的问题。首先，提高研究生、导师、任课教师对研究生课程的重视程度，做到严格课程考核，不轻视不放水，严格把控合格关。其次，创新授课方式和考核方式，着力培养和提高研究生综合素质，努力通过合理的方式达到质变，为祖国培养优秀的建设者和接班人。

（五）提高教师教学能力和水平

教师是课程的灵魂，课程的教学效果在很大程度上取决于教师的教学能力和水平。在恪守师德师风的基础上，有效提高教师的教学能力和水平至关重要。我校定时开设教师能力培训课程，在很大程度上提高了教师的授课能力，但仍有很多教师从未经过专业培训。因此加大对任课教师的培训，提高任课教师的教学水平，加强对课堂教学质量的监督很有必要。

（六）完善课程教学评价监督体系

课程教学评价监督体系是不可缺少的环节，也是课程质量的根本保障。我校设有“干部听课”制度，鼓励院校领导走进课堂听课，发现并解决课程教学过程中的问题，提高教学质量。同时，还可以完善课程管理系统，加强学生评教管理，直接获得课程受众——研究生的评价与建议。阶段性的举办教学学习研讨会，促进教师之间的交流沟通，达到相互学习、共同进步的目的。对任课教师应进行“中期分流”，对教学效果不理想的教师，给予帮助并督促改进；对优秀教学典型，给予奖励并推广其教学经验，从而在二级单位中营造出奖惩有度的良性教学环境。

四、总结

“双一流”建设对高校提出了更高的人才培养要求，而课程是人才培养的重要环节，课程管理是保证教学质量的重要内容。进一步完善课程建设、加强课程管理是人才培养工作的重中之重，也是“双一流”建设取得成效的重要保证。需要从课程的每个环节、每个涉及人员出发，进行全面改革和监督管理，做到由点及面，全面监管课程的开设规划、过程实施、考核监督和评价反馈等环节，全方位提高学科专家组、研究生、任课教师、导师、管理人员的重视程度，才能有效提高课程管理体系的实施力度。

参考文献：

［1］中华人民共和国国家发展和改革委员会．学位与研究生教育发展“十三五”规划［R］．教研［2017］1号文．

［2］中华人民共和国教育部．教育部关于改进和加强研究生课程建设的意见［R］．教研［2014］5号文．

［3］严仲连．当前硕士研究生课程管理的问题与对策［J］．黑龙江高教研究，2010（11）：10—12．

［4］四川大学关于修订四川大学学术学位研究生培养方案的通知，2015．

［5］四川大学研究生课程建设与教学过程管理办法［R］．川大研［2017］70号文．

以“大学—实践基地”为基础的公共卫生硕士教育模式实践与创新

张晓玲　屈　伟　黎隐豪

（四川大学华西公共卫生学院　四川成都　610064）

摘　要： 我国公共卫生的资源分配、服务内容以及管理方式的转变，对公共卫生人才提出了更高要求。公共卫生硕士是公共卫生人才队伍建设的重要后备力量，高校的教育模式会直接影响其培养质量。本文以四川大学华西公共卫生学院为例，从基地建设、师资建设、教学科研、培养机制四个方面，阐述学院以“大学—实践基地”为基础的公共卫生硕士教育模式的发展状况和实践经验，旨在为部分单位公共卫生硕士人才培养模式的改革、创新提供参考。

关键词： 大学；公共卫生硕士；教育模式；实践；创新

新的时代背景下，我国卫生资源的分配方式、公共卫生服务的模式和内容以及公共卫生管理方式的改变，对我国公共卫生人才队伍建设和人才培养方式都提出了新的要求。公共卫生硕士专业学位（以下简称 MPH）的设置是我国公共卫生人才培养改革的重要举措（陆小新，2004）。与学术型硕士培养强调科研能力有所不同，MPH 旨在培养具有一定研究潜能和较强实践能力的公共卫生领域应用型高素质人才（张徐军，2013）。近年来，我国公共卫生机构依靠政府的财政投入得到了很大发展，其中一些机构所拥有的资源甚至超过了一般大学。重视社会用人机构以及各类公共卫生机构的实际需求，充分发挥这些机构在公共卫生应用型人才培养中的优势和主体作用，打破校园壁垒，构建“大学－机构”联合培养机制并建设以“大学－实践基地”团队为基础的教育模式，是现代公共卫生硕士教育的发展方向。

四川大学华西公共卫生学院以专业实践为契机，充分利用公共卫生机构的优势资源，建立学校与卫生机构之间的合作关系和培养机制，大力实践且不断创新以“大学－实践基地”团队为基础的公共卫生硕士专业实践教学模式，以期提升 MPH 人才培养质量，满足公共卫生机构的人才需求。

一、深度建设规范化实践基地

2015 年教育部发布的《关于加强专业学位研究生案例教学和联合培养基地建设的意见》（教研［2015］1 号）指出，实践基地是培养单位为了加强专业学位研究生实践能力培养，与相关单位共同建立的人才培养平台，是专业学位研究生进行专业实践的主要场所。加强基地建设不仅是学生实践能力培养的基本要求，也是推动培养模式改革和教育理念转变，进而提高人才培养质量的重要保证（葛慧，2013）。

学院自 1950 年设立实践基地以来，现已拥有包括疾病预防控制中心、出入境检验检疫局、食品药品检验研究院等机构在内的 30 多家实践基地，这些实践基地分布在北京、上海、福建、深圳、四川等地。在此基础上，学院根据 MPH 人才培养要求，综合考察实践基地的软硬件设施条件、业务综合实力、师资队伍、带习经验等多方面因素，将其中 20 个基地作为重点建设基地，加大对这些基地的资金投入，并对研究生开展实践活动期间的生活、学习、工作等方面所必需的设施设备进行改善和添置。

近年来，学院致力于基地规范化建设，已经建立了一套系统的实践基地管理体系，并不断完善基地的管理制度和运行机制。

通过制定《四川大学华西公共卫生学院实践基地管理办法》等条例，明确了合作双方的责、权、利；同时，通过签订相关协议妥善解决了实践期间知识产权归属等问题，不断提高基地科学化管理水平。学院每年定期举办实践基地年会，主要围绕实习管理制度建设、师资力量建设、如何加强双方合作等多方面展开研讨，取得了良好效果；除此之外，年会还设有经验分享环节，邀请在实践教学方面有丰富经验的单位代表进行经验分享，为大家提供相互交流学习的机会，为推进“大学—实践基地”团队的建设奠定了坚实基础。历年年会情况如表1所示。

表1　2012—2016年四川大学华西公共卫生学院实践基地年会表

年份	年会地点	会议主题
2012年	成都	加强学院与教学实习基地深度合作，实习基地管理办法探讨
2013年	深圳	公共卫生人才培养模式的研讨
2014年	成都	实习基地教授、导师聘任与管理探讨
2015年	北京	如何在新形势下开展教学实践基地建设，吸纳校外智囊团进校园
2016年	成都	中国公共卫生医师规范化培训探讨

二、公共卫生师资建设卓有成效

公共卫生专业人才的培养依赖于数量充足、水平较高的师资力量配置（张雪，2018）。学院为强化大学与实践基地的深度合作，通过建立校外专家资源库整合实践基地师资资源，充分发挥相关领域专家的专业优势。学院制订了《四川大学华西公共卫生学院兼职教师管理办法》，对兼职教师的基本条件、选聘程序、考核标准以及管理办法等进行了详细规定。至今已完成3期兼职教师聘任，现有兼职教授59人、兼职副教授52人。由兼职教师组成的教学团队除了指导学生的毕业生产实习外，还要承担学院日常教学（开设课程）、创新创业项目等多项工作，对学院人才培养发挥着重要作用。学院根据四川大学导师遴选的相关要求制订了《四川大学华西公共卫生学院兼职导师管理办法》，从第三批兼职教师中按照自愿报名、择优录取的原则确定 60 人为我院兼职导师，充实我院 MPH 导师队伍。

学院计划在五年内，有针对性地提升实践基地教师指导水平，为兼职教师提供培训机会，给予理论方面的指导和强化。2012 年 12 月，深圳市罗湖区疾病预防控制中心兼职教师以及其他相关人员共 16 人来我院进行培训。2014 年 10 月我院在成都市召开了“四川大学华西公共卫生学院教学实践基地实习指导教师培训班”大会。2014 年 12 月，在成都举办了四川大学华西公共卫生学院教学实践基地兼职教师培训会。三期培训分别就师德师风、授课技巧、教学理念等对基地兼职教师进行了培训，均取得了良好效果。每年的年会上，学院会将研究生培养的相关要求、改革动向等向基地教师进行传达并详细讲解。2013 年至今，院领导及学院各系教授每年走访各实践基地，在基地为兼职教师开设了各类讲座，以此促进学院与实践基地的深度交流。迄今为止，基地兼职教师参加培训的人数已经达 135 人。

与此同时，学院还建立了校内外教师定期交流合作机制。在每年暑假期间都会选派 4～5 名青年教师到各地的实践基地进行短期交流学习，不仅能够积累经验，还可以丰富授课素材。同时邀请实践基地导师共同制订 MPH 专业学位研究生培养计划，参与研究生毕业论文及专业实践指导。构建优势互补并且分工明确的“双师型”团队，真正实现公共卫生人才培养与卫生机构人才需求之间的有机衔接（严中平，2016）。

三、开展"教学—科研"多层次合作

课程体系作为大学教育的载体，是实现培养目标的主要手段和重要保证，其构建会直接影响到公共卫生硕士（MPH）的培养质量（任为民，2018）。随着校内外师资团队的深化建设，学院于 2013 年建立了创新实践课程资源库。迄今为止，课程库已开设 25 门实践类课程，并在国际实践周及正常行课期间成功开课 17 门次，累计听课学生人数达1 500 余人。目前在研究生课程中，学院以《突发公共卫生事件的应对及管理》为试点课程，邀请四川省疾病预防控制中心和成都市疾病预防控制中心的专家就不同专题为学生授课，真正将实践能力培养引入课堂。与此同时，学院还与四川省红十字会合作，为一年级新生开展急救技能培训，培训合格的同学可获得由红十字会颁发的急救员合格证书。并将培训作为《研究生综合素质课程》"专业素养"内容纳入学分计算。

学生科研能力的培养也是公共卫生硕士（MPH）教育的重要一环。为了融合学院在科研项目开展方面的理论学术优势以及实践基地丰富的一线经验、数据资源等，促进双方共赢，实现资源共享，学院与实践基地共同成立了"公共卫生教育发展与研究中心"，致力于共同研究、探讨公共卫生教育改革创新，推进学院与实践基地的教学研究及专业科研合作。2014 年，学院组织统计了实践基地与学院双方意愿开展科研项目的情况，双方共提出拟合作课题 73 项，目前已有 17 项课题正在探讨和合作中。

四、构建协同培养的长效机制

建立"协同培养"模式就是要综合考虑公共卫生人才的培养目标和用人单位的实际需求，讲求实效、坚持创新，积极探索建立多形式、多途径的联合培养机制。从 MPH 研究生专业实践现状来看，目前专业实践的目标和要求尚未统一，考核标准也不尽相同（温世浩，2013）。因此，学院充分调动实践基地的积极性和主动性，鼓励其参与专业实践准则的制订、课程与学科的建设、培养过程及培养质量的评价，推动建立产学有机融合的“协同培养”模式。学院以大学发展、基地建设为基础，以合作交流为纽带，充分发挥双方的资源优势和专业优势，逐步建立起人才培养与科学研究、社会服务与文化传播于一体的合作平台与资源共享机制。

通过建立并创新以“大学—实践基地”团队为基础的公共卫生协同教育模式，整合社会优势资源，将理论教学与实践教学相结合，实现教学、科研、实践等多方面的深度融合（刘艳青，2012）。在这个大框架中，在将一线工作人员引入大学课堂的同时，大学教师、学生也走进实践基地。打破高校樊篱，打造具有华西特色的协同育人模式。该模式重在“教”与“学”，强调“教师”与“学生”的多重培养，弥补了传统教学方式存在的一些缺陷，培养提高学生发现、分析、解决实际问题能力，处置突发事件的能力，沟通交流、团队协作能力等（孟黎，2015）。能够切实改善学生的知识结构和人文素养，提高培养质量。

参考文献：

[1] 陆小新，贺祥，张红武. 浅谈公共卫生硕士专业学位的培养 [J]. 中华医学教育探索杂志，2004，3（2）：35—37.

[2] 张徐军，尹立红，王蓓，等. 提高公共卫生硕士培养质量的探索与实践 [J]. 教育教学论坛，2013（40）：229—230.

[3] 中华人民共和国教育部. 关于加强专业学位研究生案例教学和联合培养基地建设的意见. [2015—05—11，2019—03—23]. http：//www.moe.gov.cn/srcsite/A22/moe_826/201505/t20150511_189480.html.

[4] 葛慧，周志俊. 全日制公共卫生硕士专业学位研究生社会实践教学探

索［J］. 中华医学教育探索杂志，2013（7）：660-663.
［5］张雪，余飞，曾诚，等. 我国不同公共卫生院校师资力量现状对比分析［J］. 现代预防医学，2018，45（24）：4468-4472.
［6］严中平，宋少江，张万敏，等. 药学硕士专业学位研究生实践能力培养与评价体系构建——以沈阳药科大学为例［J］. 辽宁医学院学报（社会科学版），2016（3）：33-35.
［7］任为民，朱熙，刘勤勇. 美中公共卫生硕士课程体系比较［J］. 解放军医院管理杂志，2018，25（05）：498-500.
［8］温世浩，任为民，马修强，等. 公共卫生硕士专业学位培养标准制定［J］. 解放军医院管理杂志，2013，20（2）：178-179.
［9］刘艳青，沈洪兵，周建伟，等. 公共卫生硕士（MPH）专业学位研究生培养中的产学研结合研究——以南京医科大学为例［J］. 南京医科大学学报（社会科学版），2012，12（3）：211-214.
［10］孟黎，张晓玲，曾诚. 我国公共卫生硕士（MPH）课程教学改革探讨［J］. 时代教育，2015（11）：223-224.

面向工程、突出合作、规范管理*

——四川大学—四川省电力公司研究生工作站建设的几点做法与体会

杨　婕

（四川大学电气工程学院　四川成都　610065）

摘　要： 校企研究生联合培养是工程硕士职业性培养的有效手段。本文重点介绍了四川大学电气信息学院与四川省电力公司共建研究生工作站在校企合作多赢、培养质量管控、支撑保障措施等方面的做法和经验，以期对工程硕士校企联合培养基地的建设提供一定的参考。

关键词： 工程硕士联合培养；实践基地；校企合作

目前我国工程硕士研究生教育分为两类：学术型和专业型。以电气工程专业为例，学术型对应电气工程工学硕士，着力于培养科学研究型人才，而专业型工程硕士侧重于工程素质培养和工程实践能力训练，着力培养与工程领域任职资格密切对应的，有电气工程技术创新能力的应用型工程技术和工程管理复合型专门人才。二者有着不同的培养目标，职业性是工程硕士的重要特点。高校是学术机构，在学生的基础理论教育和研究能力培养方

* 本文系四川大学研究生培养管理项目“电气工程研究生联合培养基地管理提升”，项目编号：2017KCSJ020。

面有明显优势；企业是有市场化要求的经济实体，要求人才具备熟练的专业技能，满足企业运作发展过程中工程建设、管理方面的实际需求。因此，工程硕士的教育需要紧密联系国民经济、企业、行业的发展需求，围绕工程应用实践能力展开。校企研究生联合培养是工程硕士职业性培养的有效手段。

一、四川大学—四川省电力公司研究生工作站的主要举措

四川大学电气工程学院第一批启动了电气工程专业型硕士授权点建设。2009年，学院开展了与四川省电力公司的专业型硕士研究生联合培养的合作。经过双方多年努力，通过切实落实双导师制度、加强科研资源共享与项目合作、优化合作模式、建设培养平台、完善规章制度和考核体系、健全支撑保障措施、闭环优秀人才就业选拔体系，工作站的专业硕士培养工作取得较为良好的效果，被全国工程专业学位研究生教育指导委员会遴选为首批“全国示范性工程专业学位研究生联合培养基地”。以此为契机，电气工程学院与四川省电力公司深化工程硕士研究生联合培养改革与建设工作，进一步梳理各方关切的问题，标准化联合培养流程，加强以联合培养为桥梁的校企工程合作，进一步打通优秀学生就业选拔等关键环节，取得了良好成效。工作站具体有如下做法。

（一）关注联合培养各参与方诉求，提升联合培养工作满意度

学校、企业、导师、学生是校企联合培养的直接参与方，想要联合培养工作长期向好的方向发展，需要各方诉求均尽可能得到关注、响应、满足。

第一，从学校的角度出发，在专业学位研究生扩招的背景下，校企合作联合培养可以弥补校内应用实践教学资源不足的问题，提高专业学位研究生培养质量，同时也有助于打通校企合作

渠道，建立长期稳定的校企合作关系，增强学校服务地方经济建设的能力，提高学校声誉和影响力（陈小平，2015）。但对学校而言，学生赴外实习的安全问题、成本问题、联合培养期间产生的知识产权归属等问题是校方需特别关注的。

第二，从企业的角度出发，联合培养有助于降低研发成本、获得优秀的人才储备，带动企业的科技人才培养。与校内导师共同培养学生，有利于加强双方的科研合作，有效扩大课题研究领域，使企业引入高校前沿技术，增强企业技术创新的氛围，进一步提升企业技术创新能力水平，有效促进科技创新多出成果、出好成果。但企业同样也面临着实习学生安全风险、知识产权纠纷等潜在不确定因素。

第三，从校内导师的角度出发，联合培养有助于与企业建立稳定的合作关系，有助于校内导师加深对企业的了解，及时掌握行业最新的需求，有助于导师获得企业课题。但同时由于学生在外联合培养，参与校内科研的时间减少，影响导师课题组的成果输出。长此以往，在现有的学科评价体制下，可能会产生一定的消极影响。

第四，从学生的角度出发，他们在工作站参与大量研究和现场生产工作，承担大量辅助性研究工作，可以迅速积累工作经验，提升理论应用水平，可以更早在企业平台获得自我提升，积累就业竞争力，有利于职业发展。但如果学生自身情况与企业需求匹配不当，又容易使联合培养流于形式，难以达到预期效果。

针对校方和企业方关于知识产权和学生安全问题的关切，校企通过完善联合培养协议，详细定义了联合培养期间知识产权归属主要参考联合培养依托项目立项方的原则。对于实习安全问题，校、企、生三方明确了入站前学校安全教育、签署外出实习安全责任书、企业开展入站后安全教育及规程考试、学生签署进站安全责任书、企业购买人生意外保险、配发劳保用品等安全保障措施，保障学生实习安全。

针对导师和学生的关切点，以研究生工作站为桥梁，导师课题组与企业方建立起了稳定的联络机制。工作站每年以项目为引导，发布联合培养学生申请指南，建立起了以企业需求、项目合作为基础的专业学位硕士研究生联合培养模式。在这种模式下，导师和学生根据申请指南了解企业需求，学生在征询校内导师意见的前提下，根据自身能力自由申请，经工作站统一筛选后，入站实习。在这种模式下，校内导师与企业导师之间研究方向一致，甚至还存在合作项目，使得学生可以获得实习内容与专业方向高度匹配的优质的实习机会，从而将课程、论文、实习实践更好地统一（秦红玲，2012）。

（二）校企合作，完善管理流程，实现培养质量全过程管控

1. 严格落实企业导师制

研究生工作站根据企业实际，制定了“科研为主、兼顾实践、全面培养”的培养方针。研究生工作站通过“一对一”配置优秀的企业导师，对进站研究生进行规范、系统、全面的培养。工作站在省电力公司下属各单位聘请专家、技术人才担任企业导师，理论结合实际，对在站研究生开展立体式培养及选拔。同时，企业导师和研究生校内导师协同工作，结合本学科工程硕士培养方案要求，对每一个在站学生制定个性化培养计划，包括研究课题计划及生产见习计划。

2. 在站全周期培养质量管理

为加强培养质量管理，工作站对学生的考核覆盖进站全过程，由周报、月报、中期汇报、出站汇报四项阶段性考核及出站考核构成。阶段性考核目的在于对研究生工作和课题进度实行动态实施把控。企业导师围绕研究生培养计划要求，对研究生每周工作情况进行检查、指导，并提出下一周工作目标。月度汇报、中期汇报会、出站汇报会由工作站主持，邀请站内专家出席并点

评以确保研究生课题进度及培养质量效果。

出站考核由工作站、实习单位、企业导师三方组成的综合评定小组完成，以工作素养、工作态度、工作能力和工作成效为要素，采取多维度考评方式，对进站研究生进行系统、全面评价。出站考核评定优秀的研究生，对其就业推荐，优先录用。

3．完善联合培养支撑保障措施

（1）规章制度建设

工作站高度重视规章制度建设，建立了完善的规章管理制度。先后出台《四川大学四川省电力公司研究生工作站管理办法》《四川大学四川省电力公司研究生工作站企业导师管理办法》《四川大学四川省电力公司研究生工作站安全管理规定》《四川大学四川省电力公司研究生工作站研究生公寓管理办法》等制度办法，为实践基地各项工作的高效、有序开展提供制度保障。研究生工作站高度重视规章制度建设，先后出台《四川省电力公司研究生工作站管理办法》《四川省电力公司研究生工作站企业导师管理办法》《四川省电力公司研究生工作站安全管理规定》《四川省电力公司研究生工作站研究生公寓管理办法》等制度办法，为工作站各项工作的高效、有序开展提供制度保障。

（2）后勤保障建设

研究生工作站提供实习公寓、免费食宿、办公及劳保用品，为学生购买人身意外伤害保险。工作站还委托四川电科院安全生产责任部门、专业技术部门对研究生进行安全培训，并要求学生在通过安全考试后方能开展生产实习活动。

二、取得的成效

（一）培养平台良性扩展，与企业内部多个子公司形成交叉培养体系

工作站通过提升联合培养各方满意度、规范联合培养过程管

理及健全保障措施达到了良好的培养效果，向联合培养单位输送了 23 名优秀博硕士人才，进一步吸引四川省电力公司多个子公司与工作站建立协作培养机制。协作培养机制加深了联合培养跨技术领域之间的交流，目前研究生工作站已形成以电工类专业为主，涵盖通信、计算机信息工程、管理、水文资源等与公司生产、管理、运营相关的多专业融合培养体系。

（二）建立校企稳定持续沟通渠道，促进校企科研合作

在校企合作方面，以研究生联合培养为纽带，2014 年—2018 年，我院与四川省电力公司下属各合作单位的科研合作日益紧密，共计开展科研项目合作近百项，联合申报并获得四川省科技进步奖励，取得了较好的经济和社会效益，双方合作关系进一步加深。

（三）学生实践能力显著提升，就业竞争性明显提升

学生进站后开展的研究与实践均密切结合工程实际及电网需求，在实践过程中，研究生将在校学习的专业知识在实践中进一步应用，提升自己的理论学术水平和科研能力；通过参与实验室和现场工作，研究生可以积累大量工作经验，提高工程实践能力；通过工作站平台，研究生能提前了解并融入企业文化。

在求职环节中，有联合培养经历的学生能更好地理解企业对人才的需求模式和要求，更早储备企业所需的知识和能力，有更充分的时间和更多的机会向企业全方位展示自己，让自己在众多的求职人群中脱颖而出。

在研究生工作站实习过的研究生，不仅得到四川省电力公司等大型国有企业的充分认可，在其他相关单位的就业竞争力也大大加强，在就业时往往可以获得优质用人单位的就业邀约，毕业后进入各级国家电网公司就业。

现有的联合培养合作模式已趋于成熟，未来我们将对经验进行总结复制，并在工程硕士培养方案制定上，进一步加强对专业

实践经历的要求，以鼓励学生、导师与更多的科研单位、优质企业开展合作，更好地提升我院专业型工程硕士研究生的培养质量，满足国家和企业经济发展对专业型人才的需求。

参考文献：

［1］陈小平，孙延明，曹蔚，王应密．全日制硕士专业学位研究生联合培养基地治理机制探析——基于利益相关者的视角［J］．学位与研究生教育，2015（8）：15－20.

［2］秦红玲，方子帆，张屹．以项目为纽带的研究生联合培养模式探讨［J］.人才培养改革，2012（13）：13－14.

［3］黄翠萍，刘庭，万洪英，路卫娜．协同创新环境下研究生联合培养动力机制研究［J］．研究生教育研究，2015（2）：34－38.

艺术学本、硕、博交流平台机制探究*

赵帅 岳阳
（四川大学艺术学院 四川成都 610207）

摘 要：“艺术学”作为学科门类，以其独特的人文意识、审美情操以及兼容并蓄的特性，逐步与各个学科门类展开了持续的互动。在艺术学学科背景下，学术活动和文化交流活动吸引了各个学科背景的学生参与其中，这也奠定了学科交叉与人才培养和创新探索的基础。本文着眼于此，结合艺术学的优势，试图探索本科生与研究生互动的价值与意义，以及两者沟通与交流的平台搭建和策略，从本科生与研究生不同阶段的思维特点、认知模式、学习重心等多个角度，展开研究与论述。

关键词：艺术学；本、硕、博交流；策略研究

本文着眼于艺术学研究生与本科生的互动与交流这一现象，主要围绕学术交流、创新探索、团队建设和人生导航等方面展开研究。自2011年以来，“艺术学”被提升为学科门类后，高校人才培养即更有针对性地在本科培养和硕士培养中，探寻可契合点。在综合性大学越来越关注“双一流建设”和“学科交叉”等议题的背景下，如何构建本、硕、博人才培养体系，发挥硕士、博士研究生“学科引领和人生导航”的价值，激活本科生原创活

* 本文受四川大学中央高校基本科研业务费项目资助，项目名称：学科引导人生导航——研究生与本科生互动体系建设，项目号：XGJPYB201810。

力，激发创新型思维等，都成为学生培养和机制研究的重要方向。

目前，学界围绕“本硕一体化”“本硕贯通”等专题展开研究，探讨学生专业教学、课程建设、必要性及价值意义等，对南昌、重庆、北京等地方高校进行的个案研究亦较多。然而，这些研究和实践，多从本硕培养课程和培养机制等方面进行学理化分析及学科化构想，鲜有从学生综合素质培养、思政教育等角度进行深度分析的案例。由此深入，在综合性高校的学科平台中，如何借由不同学历展开创新培育、项目孵化、素质提升和基础管理等均成为本课题继续研究的方向。突破学科界限，在综合性学科的视野中，进行硕、博引领本科，本科激活硕、博的多种尝试，亦成为可能。

一、本科生与研究生交流的意义与价值

从国家层面讲，研究生与本科生的互动体系是践行《国家中长期教育改革和发展规划纲要（2010—2020 年）》中所提及的“提高人才培养质量、提升科学研究水平、增强社会服务能力、优化结构办出特色”的有力途径。

本科生与研究生的培养目的、培养方式和培养特点有着根本不同，本科生教育着重于学生综合素质能力的提升，在学生思维训练和课堂教学等方面，呈现出开阔学生视野、开拓人生格局、激发创造活力、适应社会发展等特点；研究生教育，则侧重于学生研究视域的养成、学术道路的规划、问题意识的凝练、逻辑框架的训练等能力培养。正因如此，本科教育和研究生教育在教育思路和教学方式中，分别呈现出以“广”与“专”、“动”与“静”、“浅”与“深”为教学特点的现象。应当明晰的是，并不是每一位本科生都会进入研究生阶段的学习，广义上讲，这与学生的成长背景、学习经历、认知理念等有着密切联系，而“学术

化”的培养方式并非适用于每一位本科生。本科生与研究生具有不同的学术背景和思维模式，这为两者的交流和对话提供了多种可能。

本科生与研究生的对话，并不局限于指导与学习、分享与聆听、经验与交流的简单模式，还应从学科特点、问题设置、创新意识的角度，在课题研究、创新实践、创业磨砺等方面有所进益，这就要求两者在对话方式、合作模式等方面进行多维度考量和长期的磨合。本科教学，要求学生从被动学习走向主动探究、从灌输式理解走向主动介入、从单人作战转向团队协作，研究生应以何种身份介入其中，进而发挥其最大价值？研究生培养，要求学生具有创新能力、问题意识、服务社会的视野，本科生以何种角色参与其中，进而产生最大效益？应该看到，本科生与研究生的交流和学习，在提升学生综合素质等方面发挥着积极的作用。

二、本科生与研究生交流的运行策略研究

在本、硕、博交流沟通体系的运行与建设中，应当借鉴与参考党建体系、研究生导师制，在党建工作与导师职责协调联动机制的启发下，搭建“学长计划”等品牌项目、学生导师计划和线上线下媒介平台等多种方式，优化学生管理模式、丰富活动形式。以研究生为骨干和带头人，在硕导与博导的引导下，提升本科生培养质量，拓宽管理思路和眼界。

（一）艺术的介入精神在交流体系中的运用

该形式为邀请研究生深入本科生课堂，在各年级班会、大会平台中，以多种形式开展研究生就业指导、学术引领和人生导航的机制与作用。研究生、本科生双向互动影响，形成以研究生学长计划、导师学术团队为指导的顾问模式，凝聚成研究型团队、策展团队、创新团队和学科交叉特色团队，推行研究生进课堂的

多导模式。

相较传统的学生被动接受知识的形式，“翻转课堂”中，学生主体在主动获取知识、了解专业、激发兴趣等方面，均能达到事半功倍的效果。然而，以学生为主体的思政课堂、年级大会等环境，对课堂主线的把握、知识点的贯穿、专业精神的彰显与学术态度的引领等方面均提出更高的要求。这就需要主讲教师和负责人提纲挈领，把握课堂环节、引导谈话主题、把握谈话重点、注重谈话节奏，提前与学生进行沟通，根据学生的特色，发现其闪光点，激发其倾诉欲望，烘托谈话气氛。

在课程、会议的进展过程中，发挥思政教师的引领作用，有意识地培养和塑造团队成员，从创新型意识、学术专题和创业意识等方面，集合不同学生人才，塑造榜样力量，以课堂为载体，将小组转化为团队。同时升华艺术学学科特色，从“介入社会”和“美化人生”等多个方面，在课堂中有意识地打破本科与研究生的学术界限，激活发散性思维模式，从“艺术理论”的角度介入生活、观察社会，培养学生的担当意识与责任感，以“艺术感性”的眼光切入人生，由“小我”延展至“大我”，从“大家”之眼反观个人人生和规划。从课堂走向课外，继续在“第二课堂”中发挥本、硕、博的不同优势。

（二）艺术的超越品质在社团平台中的探索

以学生社团为平台，提供不同性别、不同学历层次、不同人生经历的学生相互了解、相互认知、相互沟通的可能性。教育部、共青团中央在《共青团中央教育部关于加强和改进大学生社团工作的意见》中明确指出，学生社团可以独立自主地开展理论学习、学术科技、文化娱乐、社会实践、志愿服务、体育竞技等活动；在此过程中，指导教师应当坚持以人为本，全面推进素质教育。高校共青团委指导的学生社团建设，应当提高研究生的参加比例，鼓励研究生导师参与社团指导工作，探索学生协作的多种可能性。

艺术学门类的特殊性，打破了社团建设的学科单一性，为跨学科人才培养体系奠定了多样化的基础。如果说工科门类本、硕、博学生是梯队引领的模式在升华的话，以艺术学为代表的学科门类，则更注重学生协作能力的培养，以美学的眼光打量社会，以设计的角度考量空间，以批评的眼光品评生活，从人工智能、人机互动、数字媒体的学科角度，引领各学科、各学历的学生加入其中，使知识落地，在课堂中反映哲思。

（三）艺术的治愈功能在助学团中的应用

在学生综合素质的培养和创新意识的养成过程中，不仅要注重榜样人物的塑造、榜样力量的宣传，更要照顾大多数学生的共同发展，尤其是困难学生的帮扶工作。因学历背景、成长环境、知识涵养的积淀各有不同，学生形成了多样化的发展模式，这也奠定了多样的社会发展基础。在校学生的发展和所面临的问题有着同一性，尤其是在不同的成长阶段、特殊的学习时期，不同学生都会面临不同问题。较高年龄层次的学生，或多或少经历或了解过相似的问题，能对低年级学生给予指导、提醒和帮扶。相较师生关系，学长关系更易于被学生接纳和认同，基于此，由研究生或高年级学生组成的“助学团”在低年级学生中逐渐发挥出积极作用，其背后映射的则是榜样的力量。

以助学团的形式，展开针对就业困难、学业困难、交流困难学生的帮扶，让学长学姐参与对困难学生的帮扶。助学团不仅可以及时提醒、防范学生出现问题，还可以及时解决小问题、发现大问题；在学生遇到难题时，从引导、分享、交流等多种角度开导学生，而在这个过程中，助学团学生也可以“反观吾身”，提高交流能力，规划自己的发展方向。尤其是在面临压力时，艺术的表现形式更有助于学生释放压力、分解痛苦，因为在艺术的创作过程中，创作者的思想和感情极易融入作品，一件好的艺术作品，是艺术家艺术涵养、艺术经历、艺术积淀、社会背景和灵感顿悟等共同互动的结果，在对学生帮扶的过程中，有意识融入艺术的创作素养和精神态度，更有助于学生走出困境。

（四）艺术突破与文化引领中的新媒体建设

习近平在全国高校思想政治工作会议上指出：要运用新媒体新技术使工作活起来，推动思想政治工作传统优势同信息技术高度融合，增强时代感和吸引力。新媒体在学生综合素质培养、高校“双一流”建设等方面的重要作用，已经得到教师和高校的一致认可。在贯通式人才培养和交叉式学科探索的过程中，新媒体资源也发挥着极大的价值。如何利用新媒体，针对不同知识背景、丰富生活阅历和优秀学术成果的学生，进行学术对话、访谈与经验推广活动，更应当是在本话题中被重视的问题。

首先，应注重工作内容的创新。近年来，大学生“互联网+”比赛、大学生创新创业大赛等各类比赛层出不穷，凸显出对人才的渴求、对学科的关注，而由研究生、本科生互动完成设计的经典案例不胜枚举，借由新媒体平台进行广泛推广，正是新媒体可以完成的探索任务之一。其次，应注重创新教育载体，发挥不同学历层次学生的能动性，在新媒体的推广过程中，各年级、各专业学生有不同的关注点和新思路，这些新观点、新思路、新作品以艺术的形式在新媒体平台中进行互动，更能彰显不同学生的思想特点，进行深度的互动。再次，应创新互动机制，调动高年级与低年级学生、教师与学生、不同专业的学生间互动的积极性，相互碰撞、相互启发。从新媒体平台管理、审核、更新和发布等各个环节，进行机制的创新和探索工作，积极引入典型事件、热点话题、学术热点、理论观念，百家争鸣，在碰撞中进行学生诚信教育与德育熏陶。

三、本科与研究生交流的发展与反思

本科与研究生的互动与交流，在由点及面、由个体向群体逐步推广与尝试的过程中，期望达到全员互动与参与的目标，而在探索的过程中，仍有许多方面应引起反思。

第一，基础管理与帮扶模式亟待优化。作为研究生培养与管理的主要负责人，研究生导师的价值与影响力毋庸置疑。在互动过程中，研究生应与导师紧密合作，邀请其指导多学历交流体系建设，并以课题等多种形式，邀请本科生参与实践，激发团队活力与创新力。研究生导师宏观把握各成员发展方向，指导研究方向、研究思路和研究方法，把握研究课题进度与研究目标选择。主办者应鼓励学生参与社会热点问题，从艺术学理论、美术学、设计学等领域介入，鼓励各学科门类间的研究尝试，逐渐将其转变到学术指导的方向上来。

第二，研究生、本科生的双向影响有待深化。研究生培养机制改革的目的在于强化硕士生、博士生的创新能力，响应强化研究生课程的系统性和前沿性，加强不同培养阶段课程的衔接，提升研究生课程教学质量。本科生的创新意识与对专业的疑惑，往往带来对本质问题的思考，常常使研究生重回原点，反思专业。如何激发讨论、引起反思，应不仅仅尝试研究生带动本科生，更应以本科生激发研究生的活力与热情。互动机制的模式与方法仍需进一步深化。随着信息技术的进步，信息传递模式日新月异，信息获取方式变得多元化与碎片化，这些特点都呈现在不同学历背景的交流和互动过程中。传统的线上与线下宣传、个体与群体交流、学科与学科的交叉、心理与心灵的对话等，均有待进一步发展。

第三，践行艺术熏陶，升华美术教育。审美教育的内涵，借蔡元培先生所提倡的观点，其一是审美形态的教育，启发学生对自然或人造物之美的形态和结构的鉴赏、识别与把握和表现力；其二则是美感教育，在感知、情感、想象等心理方面提高和调和，以达到审美知觉和创造能力；其三是情操教育，重在提高学生的艺术创造或鉴赏能力，美化人生以促进社会的和谐发展。三个层面的培养，逐步递进，以期推己及人，提升社会的鉴赏能力。

本科生与研究生交流平台的搭建，是践行习近平所提出的“发展是第一要务，人才是第一资源，创新是第一动力”的探索途径。在本科生综合素质培养的过程中，研究生发挥着榜样引领和人生导航的作用，而在研究生的学术研究和创新培养方面，本科生又有着思维创新和激发活力的价值。在本科生与研究生交流的策略研究中，学科交叉融合、感性理性交织、灵感迸发激活等，有着重要的意义。

参考文献：

[1] 国家中长期教育改革和发展规划纲要（2010—2020 年）[R]. 北京：人民出版社，2010.

[2] 中青联、共青团中央、教育部关于加强和改进大学生社团工作的意见 [R]. 2005，1，13，5.

[3] 黄宗贤. 身份建构与开放介入——中国美术学学科建构的感言 [J]. 美术观察，2017.9，15.

[4] 曹文泽. 让高校思想政治工作活起来 [N]. 人民日报，2017-2-13.

[5] 赫伯·里德. 通过艺术的教育 [M]. 吕廷和，译. 长沙：湖南美术出版社，1996.

[6] 冯刚. 高校学习型党组织建设研究 [M]. 北京：中国文史出版社，2011.

[7] 岭井明子. 全球化时代的公民教育 [M]. 广州：广东教育出版社，2012.

新工科视域下工科类研究生满意度调查

马　丹

（四川大学水利水电学院　四川成都　610065）

摘　要：“新工科”建设是中国工程教育改革的新路径，研究生培养首当其冲。本文认为，了解工科类研究生对改革后教育质量的满意度，针对调查反映出的问题，能够更好地促进工程教育改革愈加完善，提高研究生教育水平。

关键词：新工科；工科研究生；满意度

研究生教育质量满意度指的是研究生评价所接受的教育是否符合其心理预期及需求。研究生的满意度调查是直观反映和监测研究生教育质量的重要指标。在新工科视域下，研究工科类研究生的满意度，对传统工科的改革和创新提供科学的决策依据，其价值与意义重大。

一、调查方法与调查对象

（一）调查目的及调查方法

本次调查的主要目的有两个：一是了解新工科视域下研究生对水电学院研究生教育总体上的满意度；二是获得研究生对研究生教育各个环节、各个方面的评价，发现学院研究生教育中的薄弱环节，为后续的决策提出依据。

本次调查问卷参考李克特量表，除个别问题外，将研究生的满意度评价分为“非常满意、比较满意、一般、不太满意、非常不满意”五个级别。

（二）调查样本的基本情况

调查采取全覆盖问卷方法，选择四川大学水利水电学院作为样本发放点，根据在校学生人数，发放问卷480份，收回问卷480份，回收率100%，问卷有效率100%，问卷涉及专业学位、学术学位、硕士博士共6个年级的学生。

调查对象按性别分：男生338人，占70.42%；女生142人，占29.58%。从培养层次来看，硕士研究生388人，占87.92%；博士研究生92人，占19.17%；学术学位研究生340人，占70.83%，专业学位研究生134人，27.92%，非全日制学生6人，占1.25%。各年级分布如表1所示。

表1　各年级学术学位、专业学位研究生人数比例

年级	科学学位	比例	专业学位	比例
16级硕	84	17.50%	46	9.58%
17级硕	72	15.00%	47	9.79%
18级硕	92	19.17%	41	8.54%
16级博	9	1.88%		
17级博	32	6.67%		
18级博	51	10.63%		

二、调查主要结论

（一）研究生总体满意度

研究生①的总体满意率达89.58%，其中博士研究生总体满意率高于硕士研究生。博士的总体满意率为96.74%，硕士总体

① 为行文方便，硕士研究生、博士研究生以下分别简称为硕士、博士。

满意率为 87.89%，如表 2 所示：

表 2　工科研究生总体满意度

	非常满意	满意	一般	不太满意	非常不满意	满意率
总体满意度	49.38%	40.20%	9.17%	1.25%	0.00%	89.58%
博士满意度	52.17%	44.57%	3.26%	0.00%	0.00%	96.74%
硕士满意度	48.71%	39.18%	10.57%	1.54%	0.00%	87.89%

1. 比较分析各年级满意度

对比各年级的满意度，高年级硕士和博士的满意度要高于低年级，满意率最高的是 16 级博士，为 100%；满意率最低是 17 级硕士，为 84.03%，见图 1.

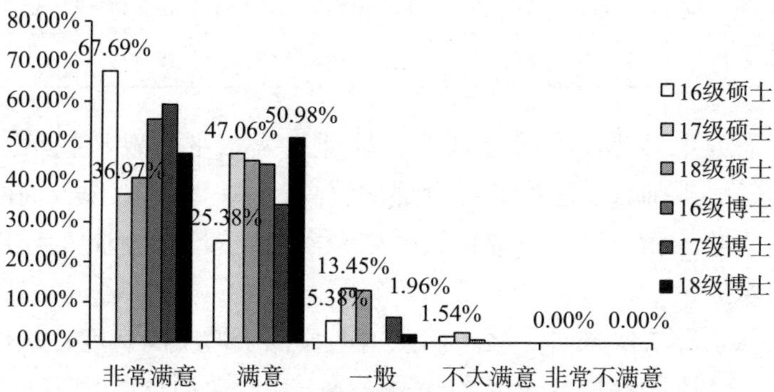

图 1　不同年级研究生总体满意度比较

2. 比较分析不同类别研究生的满意度

比较分析不同性别研究生的满意度，男性研究生满意率较高，为 90.35%；女性研究生满意率略低，为 88.41%，其中 17 级硕士女研究生的满意率最低，为 77.14%。

比较分析学术研究生和专硕研究生的满意度，二者基本持平，满意率均为 90%以上。

（二）课程满意度

水电学院研究生课程教学的总体满意率为86.71%，硕士、博士满意率基本相同，女生满意度略低于男生，如表3所示。

表3　研究生对课程教学满意度

	非常满意	满意	一般	不太满意	非常不满意	满意率
总体满意度	41.77%	44.94%	11.39%	1.69%	0.21%	86.71%
博士满意度	39.13%	47.83%	11.96%	1.08%	0.00%	86.96%
学位硕士满意度	42.41%	44.24%	11.26%	1.83%	0.26%	86.65%
专业硕士满意率	41.79%	43.28%	14.93%	0.00%	0.00%	85.07%
男生满意度	39.77%	46.49%	11.50%	2.01%	0.23%	86.26%
女生满意度	36.23%	48.55%	14.49%	0.73%	0.00%	84.78%

研究生对课程体系合理性、教师教学水平、教师教学过程（方式）、教师教学态度等评价都比较高；课程教学效果方面的评价低于总体满意度，对课程教学在夯实基础知识中所起的作用评价最低。

从培养层次来看，硕士满意度明显低于博士满意度；从性别来看，女生的评价低于男生，学位硕士和专业硕士所学课程差别不大，评价几乎无区别，如表4所示：

表4　研究生对课程教学各项满意度

	整体满意率	博士满意率	学位硕士满意率	专业硕士满意率	男生满意率	女生满意率
课程体系合理性	87.97%	86.96%	88.22%	90.30%	86.84%	88.41%
教师教学水平	91.56%	94.57%	90.84%	91.79%	92.69%	88.41%

续表4

		整体满意率	博士满意率	学位硕士满意率	专业硕士满意率	男生满意率	女生满意率
教师教学过程		87.13%	91.30%	86.13%	90.30%	86.84%	85.51%
教师教学态度		91.77%	95.65%	90.84%	94.03%	90.35%	90.58%
课程教学效果	夯实基础知识	77.85%	82.61%	76.70%	75.37%	80.41%	76.81%
	学习科研方法	79.54%	83.70%	78.53%	79.10%	80.70%	75.36%
	了解学科前沿	80.80%	88.04%	79.06%	81.34%	80.12%	73.19%

（三）科研训练满意度

研究生对科研训练的总体满意率为83.1%，博士对科研训练的满意度高于硕士研究生。在评价参与科研项目的学术含量时，学生评价和总体评价接近，博士满意率最高，为95.65%，如表5所示：

表5　研究生对科研训练满意度

	总体满意率	博士满意率	学位硕士满意率	专业硕士满意率
整体满意度	83.10%	95.15%	83.20%	85.10%
科研项目的学术含量	83.51%	95.65%	83.19%	85.71%

研究生对所获科研补贴的评价不高，总体满意度为71.19%，博士对科研补贴比较满意，为86.96%；专业硕士的满意度最低，为68.42%。

关于科研训练的效果，有86.64%和83.72%的学生认为科研训练对于自身学习素养和实践能力的提升起到作用；对于科研训练在提升自己的创新能力方面，硕士和博士的评价不同，博士认可度较高，为 91.3%；硕士的认可度相对较低，只有 77.42%。研究生有 26.3%的同学认为科研训练对于提升自身就业竞争力作用不大，如图 2 所示：

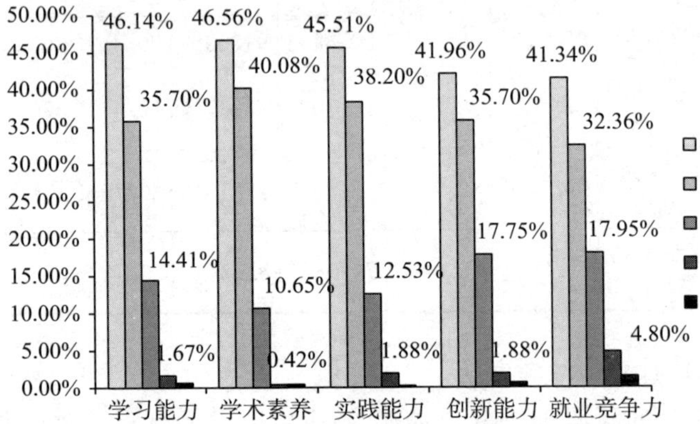

图 2　研究生对科研训练作用的评价

（四）指导教师满意度

表 6　研究生对导师满意度

	非常满意	满意	一般	不太满意	非常不满意	满意率
总体满意度	65.83%	27.67%	5.87%	0.63%	0.00%	93.50%
博士满意度	70.65%	28.26%	1.09%	0.00%	0.00%	98.91%
16 级硕士	71.11%	20.74%	5.93%	2.22%	0.00%	91.85%
17 级硕士	52.61%	35.01%	12.38%	0.00%	0.00%	87.62%
18 级硕士	66.92%	28.57%	4.51%	0.00%	0.00%	95.49%

研究生对导师的满意度比较高，为 93.5%，其中博士对导师的认可度远高于硕士。在硕士对导师的满意度中，新生和毕业班的学生对导师的满意度比较高，而二年级的学生对导师的满意

度最低，见表6。研究生对导师的道德素养、导师的学术水平、指导频率、指导水平满意度分别为：93.1%，92.87%，89.94%和91.61%。

水电学院研究生认为导师对自身的成长影响较大，评价“很大”的比例就已经超过了60%，除了学习兴趣受导师影响稍微小一点，为90.15%以外，其余因素评价影响“很大”和“较大”的比例均超过了90%，其中博士的评价均超过了98%，如图3所示：

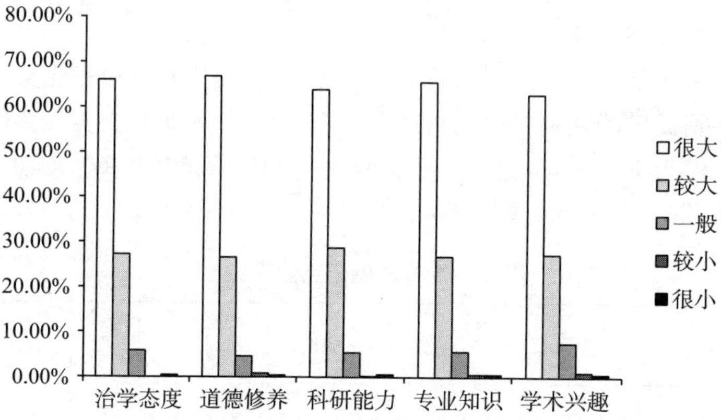

图3　导师对研究生各方面素质的影响

（五）管理与服务满意度

在学院的管理与服务工作中，学生对奖学金相关工作和就业指导工作的满意程度较低，分别为80.68%和82.41%，如表7所示。

表7　研究生对学院管理与服务工作满意度

	非常满意	满意	一般	不太满意	非常不满意	满意率
学生管理	45.06%	42.06%	12.02%	0.86%	0.00%	87.12%

续表7

	非常满意	满意	一般	不太满意	非常不满意	满意率
学术交流	46.14%	42.31%	10.03%	1.52%	0.00%	88.45%
奖学金评选	38.41%	42.27%	14.37%	3.88%	1.07%	80.68%
就业指导工作	40.99%	41.42%	15.18%	2.28%	0.13%	82.41%

（六）专业学位研究生满意度

在学院的培养中，专业学位研究生和学术学位研究生在教学管理上基本一致。

专业学位研究生对校外导师、进入实践基地参加专业实践以及学院提供的实践机会的评价均不高，其中参加专业实践评价最低，仅为 79.84%；高年级学生评价高于低年级学生，如表 8 所示。

表 8　专业学位研究生满意度

	非常满意	满意	一般	不太满意	非常不满意	满意率
对校外导师满意度	36.43%	46.51%	13.95%	1.56%	1.55%	82.94%
进入实践基地参加专业实践	39.53%	40.31%	17.05%	1.56%	1.55%	79.84%
学院提供实践机会	37.21%	44.19%	14.73%	3.09%	0.78%	81.40%

三、结论与分析

对比国内研究生满意度调查研究，在各类培养单位中，一流学科建设高校研究生对研究生教育的总体满意度最高，满意率达到 72.6%（周文辉，2018），可以明显看到四川大学水利水电学院研究生的满意率 89.58%高于这个水平。调查结果有两个特点。

第一，不同学位层次、年级的研究生群体对研究生教育的满意度不同。从学位层次来看，博士的满意率均比硕士高，涉及科研、学术等方面，博士的满意率要高出硕士近 10 个百分点。男女性在科研学习上的满意率差距将近 5 个百分点，在硕士中较为明显，博士中男女的满意率差别不大。

比较硕士学历不同年级学生的满意率，二年级学生的满意率最低，究其原因，与水电学院研究生的培养机制有一定关系。研一学生在第一学期科研、学习强度不大，研二学生是科研主力，承担科研团队的主要工作，时间紧、任务重，精神压力最大，研三学生科研压力降低，关注自身工作和毕业事宜，和导师交流增多，满意率有所提升。

第二，研究生对课程教学、科研训练、管理与服务部分满意度不高。新工科建设开始，针对博士的课程教学、科研训练紧跟新工科建设，有效促进博士生了解科研前沿，博士生对课程教学的满意度较高，达到 86.96%。硕士课程新工科建设变动稍显缓慢，教材未能及时更新，教师针对硕士生所讲知识体系更新较慢，授课方法比较死板，启发式教育互动教学还不够，科研训练结合最新前沿不够，硕士研究生对课程体系、科研训练的评价较低。

在管理与服务方面，学生对奖学金的评选，就业指导工作上存在一些意见，评价不高。在专业学位硕士方面，学生对于实践环节的评价不高。

针对四川大学水电学院研究生教育存在的不足，笔者提出如下建议：一是加强硕士研究生课程教学改革，改革教学方式，加强对硕士学习思路的引导，加强思想碰撞，引导学生主动了解科学前沿，进一步将新工科的理论和水电的专业课程进行有效结合；二是加强硕士研究生的科研训练，注重科研训练的研究性、前沿性和创新性，加强科研过程的指导和培养，促进低年级学生尽快融入科研环境；三是加强专业学位研究生培养，加强专业学位硕士校外导师队伍建设，加强校外导师交流和管理，确保校外导师的指导质量，加强专业学位硕士专业实践机会，学院积极联合校外实践平台，打造校外实习基地，促进专业学位研究生实践能力的提升。

参考文献：

[1] 教育部关于改进和加强研究生课程建设的意见［EB/ OL］. 中华人民共和国教育部政府门户网站，（2014－12－05）［2018－09－25］. http：//www. moe. gov. cn/srcsite/A22/s7065/201412/t20141205_182992. html.

[2] 周文辉. 2018 年我国研究生满意度调查［J］. 学位与研究生教育，2018（8）.

[3] 周文辉. 2017 年我国研究生满意度调查［J］. 学位与研究生教育，2017（9）.

[4] 胡成玉. 研究生教学质量满意度调查研究［J］. 黑龙江高教研究，2018（11）.

法学院硕士学位论文质量保障机制构建*

邓　娟

（四川大学法学院研究生办公室　四川成都　610207）

摘　要： 本文基于法学院硕士学位论文质量现状及存在的问题，通过分析影响学位论文质量的主要因素，提出在硕士研究生培养过程中构建学位论文质量保障机制。通过明确责任主体、过程管理制度化，解决师生投入不足的问题；通过建立高质量的研究生课程体系，解决学位论文写作中存在的基础知识薄弱、创新不足等问题；通过有效可行的研究生论文写作训练，解决文献阅读数量与质量以及论文写作规范性不足等问题；通过构建严格的过程管理制度，完善开题答辩、中期报告、预答辩等制度，内部“自查”与“外部评价”共同促进学位论文质量提升。

关键词： 硕士学位论文；质量保障机制；研究生培养

我国硕士研究生教育经过近四十年发展，已由规模扩张转向质量提升，其中，学位论文质量是衡量硕士研究生培养质量的重要标准之一。首先，学位论文作为硕士研究生教育的总结性成果，是授予硕士学位的重要依据；其次，学位论文作为硕士研究生培养的重要组成部分，其质量反映了研究生本人的学习效果，反映了导师的指导能力，也反映了培养单位的管理水平。2014

---

* 本文系2018年四川大学研究生培养管理项目“法学院硕士研究生学位论文质量保障机制的构建”阶段性研究成果。

年，国家出台《关于加强学位与研究生教育质量保证和监督体系建设的意见》，明确提出要开展博士、硕士学位论文抽检工作，并发布了《博士硕士学位论文抽检办法》（学位〔2014〕5号）。研究生学位论文抽检结果是反映研究生培养质量的重要指标，是学科评估的重要内容。显然，切实加强研究生学位论文质量管理已成为研究生教育管理的重要任务，如何有效提升学位论文质量已成为研究生培养亟待解决的重大课题。本文基于法学院硕士学位论文质量现状及存在的问题，通过分析影响学位论文质量的主要因素，提出在硕士研究生培养过程中构建学位论文质量保障机制，持续、有效地保证和提升学位论文质量。

一、法学院硕士学位论文质量现状及存在的问题

法学（律）硕士学位论文是满足法学或法律硕士学位授予标准的基本条件，是法学院硕士研究生培养的重要环节。但是值得注意的是，近年来从导师对论文写作指导过程的反馈与校内外盲审专家的评阅意见以及学位论文答辩结果来看，不时有导师或评阅专家反映学位论文质量“一届不如一届”。通过分析比较法学院近五年的硕士学位论文盲审结果，发现“合格，同意答辩”的比例逐年降低，而“基本合格，修改后答辩”以及“不合格，不同意答辩”的比例逐年上升（见图1）。

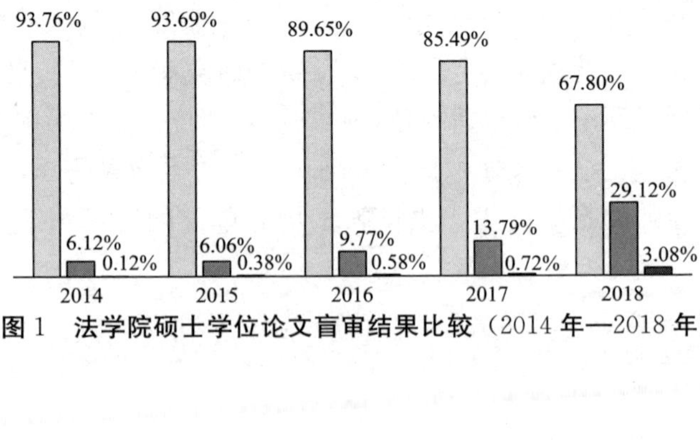

图1　法学院硕士学位论文盲审结果比较（2014年—2018年）

有学者对不合格学术型硕士研究生学位论文的典型特征进行了分析，总结出“作者科研能力不足”“论文规范性欠缺”“论文创新性和价值性不高”“文献综述质量较低”“作者学术态度和行为不端正”“选题意义和严谨性不够”等六大特征（李敏，陈洪捷，2017）。通过进一步分析、比较法学院近年来硕士学位论文评阅意见反馈结果，发现法学院硕士学位论文存在的问题与上述结论有一定共性，但也不尽相同。根据四川大学“硕士学位论文评阅意见表”，论文评阅专家根据论文选题、文献综述、成果与创新、专业理论与专业知识、研究手段或设计能力、写作能力与学风、工作量等7个项目对学位论文进行打分评议，其中“成果与创新”“专业理论与专业知识”两项占有更高权重，每一个评议项目对应相应的评议内容（见表1），从而确定了硕士学位论文质量的评价标准。

表1　四川大学“硕士学位论文评阅意见表”所列的评议项目及内容

评议项目（权重）	评议内容
论文选题（10%）	接触学科前沿，理论或实际意义
文献综述（10%）	阅读量、综合分析能力，了解本学科专业学术动态程度
成果与创新（25%）	论文成果与新见解
专业理论与专业知识（25%）	基础理论的坚实度、专门知识的系统性
研究手段或设计能力（10%）	研究或设计方法是否先进，结论是否正确
写作能力与学风（10%）	条理性、逻辑性、文笔等各方面，书写格式、图表是否规范
工作量（10%）	工作量及难度

通过分析近年来法学院硕士学位论文评阅意见，笔者发现学

位论文质量存在的问题主要集中在四点。

（一）文献阅读量不足，文献综述质量较低

文献综述的撰写直接影响论文的整体质量水平。部分论文缺少文献综述，对选题所涉及的国内外研究现状和研究动态了解不深入，缺乏对研究脉络、研究进展和研究不足等问题的深入分析；有的论文即便有文献综述，但撰写水平低，仅停留在资料的罗列和简单的分析上，与论文的后续研究关联性不强，无法体现当前的研究工作是在前人研究基础上的推进。

（二）基础知识薄弱，论文理论深度不够、结构不严谨

由于论文作者掌握的专业基础知识不扎实、不系统，导致相关概念界定不清晰，甚至出现一些常识性错误，导致研究内容不明确，甚至文不对题，即论述不能很好地切合论题，出现跑题、偏题。理论基础薄弱还表现在论文在论述过程中未建立逻辑严密、论证充分的理论框架，造成论文结构安排不合理，论文章节设定逻辑性不强，拼凑痕迹明显；论证缺乏严密性，内容前后矛盾，漏洞百出。

（三）缺少论文写作技能的训练，语言表达缺乏规范性、学术性

由于研究生在培养过程中缺少应有的学术论文写作训练，部分硕士学位论文学术语言表达不规范，行文类似工作报告，口语化严重，理论分析不足，语言缺乏学术性；文中提出的相关建议针对性较差，与前文的分析结论并无密切关系。

（四）论文的规范性欠缺，主要包括排版格式及引证、参考文献等

学位论文撰写具有规范性，这是论文学术规范的基本要求。首先是格式规范，指论文的摘要、关键词、目录、正文、参考文献等格式的规范。格式不规范集中表现在论文排版中存在文字字体与格式、段落与行间距以及图表格式等诸多问题。其次是引证

不规范，包括在论文中引用文献或引用数据不标注来源、参考文献的罗列不规范等。

二、影响法学院硕士学位论文质量提升的主要因素

影响硕士学位论文质量的因素复杂多样，有学者围绕培养制度、培养单位的基础设施和投入等培养条件、导师和学生的素质、论文质量监控体系以及写作投入时间等方面探讨了影响研究生学位论文质量的外因和内因（姚秀颖等，2008）。有学者则认为与研究生学位论文水平相关的四个主要因素是研究生科研积极性、导师的素质、学术氛围和课题组制度（姜东等，2018）。本文围绕法学院硕士学位论文质量存在的主要问题，即从文献综述、专业知识、写作技能、论文规范等方面将影响法学院硕士学位论文质量提升的主要因素归结为三点。

（一）导师及研究生投入的工作量

足够的工作投入是提升学位论文质量的根本保证。法学院研究生规模较大、类型多样，全日制法学硕士研究生年均规模约150人，法律硕士研究生年均规模约120人，在职或非全日制法律硕士研究生年均规模约100人，政法干警法律硕士研究生年均规模约50人，而法学院硕士生导师规模为45人[①]，平均每个年级指导8~9名研究生，大多数硕士生导师还承担繁重的本科及研究生教学工作、科研任务等。因此，导师往往在学生交论文初稿时才用较多时间和精力介入指导，而对前期的写作训练、论文选题、文献阅读以及研究方法等缺乏更多指导。另一方面，法学院研究生在论文写作期间往往面临司法考试、专业实习、找工作的压力，分配给论文写作的时间十分有限，甚至有学生平时不跟

① 数据统计截止到2018年12月。在职法律硕士于2016年停招，2017年开始招收“非全日制硕士研究生”，政法干警法律硕士研究生于2017年停招。

导师沟通，在最后一个月甚至几周的时间“赶”一篇论文出来，敷衍了事。

（二）研究生的科研水平

学位论文作为法学院研究生培养的总结性成果，是法律知识、法律思维和解决争议的能力的综合体现（孙占利，刘志娟，2016）。学位论文的质量高低反映了法学院硕士研究生所能达到的科研水平，取决于作者是否掌握法学专业基础理论及专门知识，能否熟练运用法学分析方法，是否具备法学研究中辩证思维的能力等。研究生的科研水平决定了学位论文的理论深度、创新能力以及结构是否合理，逻辑是否严密。尤其是法律硕士（非法学）专业的研究生，由于本科专业为非法学，法律基础知识薄弱，法律思维尚未完全形成，在学位论文写作中或缺乏理论分析框架，或缺乏学术规范性，或缺乏严密的逻辑结构而成为评价低甚至评阅不通过或者答辩不通过的“重灾区”。

（三）研究生的论文写作能力

学位论文需要用学术性的规范语言，将研究内容简洁、清晰地表达出来，尤其强调写作的规范性与学术性。由于研究生在培养过程中缺少应有的学术论文写作训练，在行文中对学术语言掌握能力比较薄弱，语言表达不规范、语法错误严重、标点符号使用不规范、错别字或翻译不正确等语言表达上的疏漏，都将直接影响论文观点的准确表达。法学（律）硕士学位论文的写作尤其强调使用专业的“法言法语”，运用法律思维进行相关法律问题的研究。

综上所述，由于缺乏导师的指导，学生没有平时的积累，导师仅在学位论文写作的最后环节强调和把控学位论文的质量，显然不能达到提升学位论文质量的预期效果。科研水平、论文写作能力的培养与提高应贯穿研究生培养过程的始终，是需要长期训练及不断提升的系统工程。由此可见，学位论文质量内生于硕士研究生的整个培养过程。

三、法学院硕士学位论文质量保障机制的构建

学位论文质量是“培养”的结果，应加强导师指导研究生论文写作过程制度化管理，实行全过程质量监控，构建分段考核、严格把关的学位论文质量保障机制。在此基础上构建法学院硕士研究生学位论文质量保障机制，最大限度地消除学位论文的质量隐患，保证和持续提高学位论文质量。

（一）明确责任主体、过程管理制度化

导师是学位论文质量第一责任人，应投入足够的时间与精力对学位论文写作各阶段的进度和完成情况进行检查、指导，深入、细致地指导论文选题、撰写和修改。研究生是学位论文质量的执行人，应以足够的工作量保证学位论文选题、文献收集到完成。只有师生共同投入，通过读书报告会、学术研讨会、论文开题、中期报告等形式加强交流和沟通，才能在论文的选题、研究前沿、专业水平以及写作技能等方面得到更多的提升，从而提高学位论文质量。

导师对学生的指导应以制度加以保障，即从制度上保证导师的指导贯穿研究生的学位论文撰写过程。但是研究生的主观能动性关系到培养的实际效果，因此对研究生论文写作过程也要实施制度化管理，分段进行考核。

（二）设置高质量研究生课程体系，提升研究生科研水平

学位论文写作中存在的选题不当、理论深度及创新性不足、研究方法滞后等问题本质上是硕士研究生专业基础知识薄弱、科研水平较低的表现。而这又恰恰反映了法学院硕士研究生培养方案中存在的问题。根据培养方案，法学硕士研究生获得学位修满34学分，法律硕士（法学）研究生获得学位则需修满40学分，法律硕士（非法学）研究生获得学位则需修满44学分。开设的

课程数量不少，但是缺少学科基础课程、经典文献阅读课程尤其是方法论课程。这使得研究生在学位论文写作中不能很好地跟踪学科前沿，造成选题大量重复，研究内容缺乏创新性，研究方法也较为单一，未经过系统学习和训练，为写论文而写论文的目的明显。

因此，应设置高质量的研究生课程体系，将课程的设置与学科专业知识紧密结合，使研究生能够掌握学科发展前沿，掌握新的研究动态、研究方法；同时，加强研究生教学管理，鼓励更多优秀教师参与研究生教学，分享科研经验，使学生掌握更多、更全面的学科知识和研究技能，有助于科研能力的提高。

（三）加强论文写作训练，提升表达能力

学术论文写作水平的提高须经过长时间的训练。课程小论文、期刊论文的撰写都是对研究生论文撰写水平的训练。研究生应尽早在导师的指导下根据专业研究方向确定选题，应鼓励学生参与导师的科研课题，营造良好的学术氛围，开展学术论文撰写的训练，帮助研究生提高写作能力，提升理论分析能力、创新能力，不断提高科研水平和文字表达能力等。

（四）严格过程管理及考核，消除质量隐患

制定严格的过程管理制度，完善开题答辩、中期报告、预答辩等制度，实行分段考核、层层推进，内部“自查”与外部评价相结合，促进学位论文质量提升。

严格规范开题制度。要求研究生开题阶段须撰写2 500字左右的“文献综述”或“研究报告”，即让研究生在导师的指导下密切跟踪相关领域的国内外前沿研究成果，掌握先进的研究方法，大量并充分阅读参考文献，或开展调研获取一手资料，并据此撰写文献综述或调研报告。导师对研究生提交的文献综述或调研报告进行评价，确定合格后才能进行开题。此环节旨在解决学位论文写作文献阅读质量不高、数量不足等问题，文献综述或研究报告的撰写本身也起到了提升法学院研究生的科研能力和论文写作能力的作用。

实施学位论文预答辩制度。这是对学位论文进行过程管理、实施质量把关的重要环节之一，目的是在论文进行外部评审之前先进行内部“自查”，主观上起到了重视论文质量、减少外送盲审不通过的风险的作用，客观上还起到了督促学生按时完成论文写作的作用，解决了个别师生对学位论文写作不重视、老师“放养式”管理、学生一两周“赶出”论文的问题。

论文评阅意见返回后实行“普改制”。所有学位论文在送审意见反馈后无论通过与否都必须根据评阅专家提出的修改意见进行认真修改，充分重视并利用学位论文的“外部评价”，消除论文质量隐患。

四、结论

综上所述，将硕士学位论文质量保障内生于硕士研究生培养各环节，构建分段考核、层层推进，内部“自查”与“外部评价”共同提升的学位论文质量保障机制，最大限度地消除学位论文的质量隐患，保证和持续提高学位论文质量，有利于法学院研究生管理制度的规范建设，也有利于提升法学院硕士研究生学位论文质量，进而为法学院培养优质硕士研究生、建设一流法学学科提供保障。

参考文献：

[1] 姜东，倪晓宇，熊立奇，吴宏章．提升研究生学位论文水平的对策研究［J］．当代教育理论与实践，2018（7）：113－117．

[2] 李敏，陈洪捷．不合格学术型硕士研究生学位论文的典型特征——基于论文抽检专家评阅意见的分析［J］．学位与研究生教育，2017（6）：50－56．

［3］孙占利，刘志娟．法学学位论文写作中的常见问题与指引——以硕士学位论文为例［J］．法学教育研究，2016（1）：177－193．

［4］杨同毅．对研究生学位论文质量保障有关理论问题的探讨［J］．学位与研究生教育，1999（3）：52－56．

［5］姚秀颖，李秀兵，陆根书，吴宏春．研究生学位论文质量影响因素研究［J］．学位与研究生教育，2008（1）：2－6．

检测与反检索悖论下的学术不端检测之反思

刘郝霞　方佳琳

（四川大学文学与新闻学院　四川成都　610064）

摘　要：学术不端行为的防范和处理是学术界非常重视的问题，也是2019年度教育部重点工作之一。国内学术不端检测软件有一定的弊端和局限性，虽然在算法设计上已在逐步改进，但是对一些反检索手段还没有办法做到防范。本文分析了目前检索依据和检索领域中反检索方法，并指出现阶段完全依靠学术不端检测软件无法杜绝学术失信和学术不端的行为，在技术层面之外，调动社会和科学研究本身的机能，才能更好地解决检测与反检索的悖论。

关键词：学术不端；检测；反检索

教育部2016年第49次部长办公会议修订通过了教育部41号令《普通高等学校学生管理规定》，同时废除原《普通高等学校学生管理规定》。各大高校根据新的《普通高等学校学生管理规定》纷纷制定和出台了学生学籍管理规定或学生学籍管理办法，对研究生最长学习年限做出明确规定，对在籍研究生完成学业的时间进行了重申或明确。在明确要求的基础上，多所高校开始“动真格”，对超过最长学习年限的研究生进行了退学处理。

教育部办公厅于2019年2月26日发布《教育部办公厅关于进一步规范和加强研究生培养管理的通知》，在对研究生培养主体即各招生培养单位的质量保证和监督体系进行肯定的同时，也指出个别研究生培养单位在研究生培养过程、师德师风、学位授予等方面仍有学术不端、论文作假等问题发生，暴露了导师责任还未完全落实，研究生学习和自我管理主动性还不足，管理制度还不细密，政策举措还不到位，制度执行不够严格、监督管理不够透明（教研厅［2019］1号）等问题的存在，所以要求各培养单位进一步规范和加强研究生的培养管理，在《通知》的第五条，特别强调了“健全预防和处置学术不端机制”。

最早对“学术不端”进行关注和干预始于1987年美国匹兹堡大学斯蒂芬·布鲁宁伪造数据发表多篇造假论文行为被发现（见1989年1月11日《法制日报》），1992年，美国公共卫生局正式给出了学术不端行为的定义：在进行或报告研究时发生的捏造、篡改、剽窃行为，或严重背离科学共同体公认规则的其他行为。国内学术不端指高等学校及其教学科研人员、管理人员和学生，在科学研究及相关活动中发生的违反公认学术准则、违背学术诚信的行为（《高等学校预防与处理学术不端行为办法》，2016）。具体来讲，即以抄袭文字、剽窃观点、篡改数据、伪造论据等形式获得学术成果的“科研不端”“学术不诚信”等行为，还包含如一稿多投、代写代投、不正当署名等行为。自近现代科学产生以来，科学界对学术造假、学术不端行为一直呈反对、打击的态势，因为这是弘扬科学精神、保护学术生态、促进科学研究进步的有力保障。打击学术不端，才能促成风清气正的局面，有力保护科学研究者的积极性和创造性。但是，从20世纪90年代开始，学术界特别是高等教育界中学术不端问题的高发却是一个绕不开的话题。刘普曾统计分析了1990年以来国内媒体公开曝光报道的64起学术不端典型案例，总结出这些学术不端案例的四个特点：第一，高频性，从1997年到2017年，几乎每年都有学术不端事件被曝光；第二，普遍性，64起学术不端事件发生在 46 所高校和一所科研院所，其中“985 高校”16 所，“211 高校”12 所，也有一些不知名的普通高校；第三，范围广，涉事人中既有高校校长一级官员，也有学校学术和业务骨干，也有普通教师和学生；第四，影响大，据统计，64 名学术不端行为涉事人中，有教授职称者 38 人，占总数的 59.4%。部分涉事者还有多种耀眼的学术头衔，其中中科院院士 3 人，工程院院士 2 人，长江学者 3 人，“千人计划”入选者 1 人（刘普，2018）。一经曝光，便产生了巨大的社会影响。

惩治学术不端行为目前最有效和最直接的方式是引入学术不端检测系统。拉丁语系，特别是使用英文的国家普遍采用 2000 年开始提供开展防抄袭服务的 Turntin 软件作为反学术不端检测系统，因其比对数据库不仅包含超过博学4 000 万的学生论文，也包括索引超过 120 亿的互联网网页，还收录了大量报纸、杂志、期刊和图书，“Turntin 是唯一有技术能力来侦测是否是购买的论文、伪造或是学生之间互相剽窃的系统”（张旻浩等，2011）。另外，CrossCheck、SeafAssign、爱思唯尔的 PERK 等都是国外主流的学术不端检测系统。国内学术不端检索系统主要基于三大数据集成商——同方知网出版集团、万方数据公司和维普资讯各自独立研发的论文、引文检测系统。其相似之处在于三大数据集成商均设计出自己的检测算法，通过建设比对设计库、规范数据库建设、大规模数据测试系统性能测试等多个环节，完成比对结果。比对结果的差距主要在于比对数据库建设的完善度。郭卫兵等（2019）认为，我国学术不端检测软件最早于 2008 年研制成功并投入使用，包括武汉大学信息管理学院的“ROST 论文反剽窃系统”、同方知网的“学术不端文献检测系统”和北京智齿数汇科技有限公司的 PaperPass 检测系统。同方知网的“学术不端文献检测系统”是国内最为成熟、应用最为广泛的学术不端检测系统，各大高校和编辑平台也多采用该系统进行学术不端检测。

但是，国内学术不端检测系统实际上并不能完全满足惩治学术不端和失信行为的要求。张旻浩等（2011）指出，国内学术不端检测系统相对于国外检测系统而言，最明显的缺陷在于无法检测英文文献，对国际化程度较高的国内高校而言会产生障碍。郭卫兵等指出所有的学术不端检测系统都存在功能局限：一是时间上的功能盲区，论文收集存在滞后性，比对文本受上传时间、是否公开发表或公开范围等的制约；二是技术上的检测盲区，检测算法无法实现对翻译文献、表述方式或语序等发生变化的文献的判定；三是相似度判定盲区，还没有办法实现对自引、合理他引与抄袭之间的判断；四是检测软件检测功能单一，只能判定文本相似度，而缺乏论文写作过程及学术积累等其他功能对学术行为的佐证；五是检测软件只检测结果不检测过程，因此对伪造、篡改、剽窃数据的行为，以及违规实验、不当署名、学术泄密等不诚信学术行为缺乏技术监管手段。

本文认为从技术层面讲，国内现有学术不端检测系统存在的弊病主要表现在两个方面。

第一，比对数据库的建设不完善。首先是存在未收录外文文献的情况。随着中国国际影响力的提升，国内高校的国际化程度也在不断提高，几乎所有的国内高校都与国际高校或组织建立了联系，这些学校的学生对外文文献的阅读和引用量都比较高，无论是直接引用还是翻译引用，国内学术不端检测软件都很难进行检测。

第二，检测算法不够智能。以目前使用最为普遍的知网（CNKI）学术不端检测系统为例，它所采用的检测算法实际是基于义元相似度计算的。但是，有学者已经指出，“目前常用的基于知网的词语语义相似度计算方法由于未深入考虑同一棵树中的两个不同义原的可达路径上所有义原节点的密度对义原距离的影响，或未考虑义原深度与义原密度的主次关系，导致计算结果不够精确，从而使其应用受限”（李蕾，杨丽花，2018）。文献[1]、文献[2]、文献[3]、文献[4]、文献[5]、文献[6]、文献[7]、文献[8]、文献[9]都提出知网基于义元相似度算法这一情况应进一步改进和完善。于是，在知网算法存在问题的情况下，国内学者试图通过改进种种算法对此进行弥补，特别提出在义原距离、义原深度、义原密度的计算设定时的改进办法(分别见刘群，李素建，2002；李峰，李芳，2007；袁晓峰，2011；张振幸，李金厚，2010)，文献[4]则考虑了义原间的反义、对义关系以及文本情感色彩对词语语义相似度的影响，这对文科学术不端行为的检测尤其有效。

这些算法基本上是基于知网本身在算法设计上的不完善和不确切进行的改进。算法改进后的知网学术不端检测系统可以对原有的差错进行纠正，运算速率和正确率得到了一定提升。但是，学术不端行为的隐蔽性和技术性实际上也在不断提高，有一些反检测的措施能利用学术不端系统的局限，特别是一些技术上无法弥合的弊端，达到逃避检测的目的。文献[10]曾讨论了在专利申请的撰写过程中核心要素“创造性”的若干反检测办法，这些办法的核心在于“增加对比文件与专利申请的差异度”（黄熊，2013），这些方法对专利申请本身是可以应用的，但是亦可用在进行学术造假中。

就检索依据的反检索方法而言，专利发明尽量避免在名称、主题、独立权利要求等检索要点中出现“发明点”，而将发明点“放置在从属权利要求之中，或者说明书，甚至说明书的附图之中”（黄熊，2013），因此检测时这些要素往往不容易被发现。现代学术论文撰写常常使用注释、图表进行观点的说明，特别是在社会科学类学术论文研究和撰写过程中，随着新技术手段和交叉学科方向理念的引入，注释、图表等也是重要的内容，但实际上，

“在科技论文中，有大量的实验图表和公式，很多公式使用专有的编辑器生成，或是直接为一张图片，由于图片的压缩和格式的不同，目前也难以有效地对这类数据进行比对判断，极端情况下，一篇由公式和图表组成的论文，AMLC 基本是无能为力的”（陈静，2011）。这就是张旻浩等指出的情况：特别是简单、机械地整个句子抄袭在学术不端文献检测系统推广后会大量减少，可以遇见（按：应为“预见”）在不久的将来，更隐蔽、更有欺骗性的剽窃论文将会大量出现（张旻浩、郭国龙、钱俊龙，2011），将他人的图表转换为描述性的语言文字，或者将其他研究成果中的叙述性语言用统计图表等方式表现出来，是一种很隐蔽甚至极难检测的学术不端行为，也是现在学术不端者常用的手段之一，很多期刊编辑者在实务中大量发现此种问题，如《福建师范大学学报》编辑部陈静在文献［11］、《阴山学刊》编辑部王宇在文献［12］中均提出在编辑实际审稿中有大量此类学术不端行为，检测往往无法测出，必须依靠编辑的学识和工作经验进行甄别。

就检索领域中的反检索方法而言，专利申请文件中因撰写人熟悉检索的流程和方法，检索时一般按照本领域、相近领域直至其他领域的检测顺序依次进行，所以他们会采用“领域模糊化”的形式进行描述，增加检索难度和精确性。学术造假行为往往会巧妙利用非库文献和对文献“解构性改写”的手段使检索范畴突破国内现有学术不端检测系统的对比数据库，详细表现为：第一，跨库检测的困难，现在国内学术不端检测系统的对比数据库实际是由三大数据集成商分别根据自己后台核心数据库提供的，而三种数据库并不兼容，其中知网和万方实际呈竞争态势，正在争相和各期刊编辑部签订独家合作协议，而一旦某期刊和其中一方签署独家合作协议，则该期刊不能再将内容给另一方，这无疑会使某一方的后台核心数据库受损，从而降低检测结果的准确性；而国内学术不端检测系统对比数据库文献来源一般局限于公开出版发行的期刊，对著作、古籍不加收录或收录不全，没有收录外文期刊，甚至很多本身依靠百度等搜索引擎能很快发现的网络发表的内容，却因为没有收入比对数据库而难以被监测到，这些缺陷很容易被学术不端者利用；第二，对外文文献的中文翻译结果检测的困难，正因国内学术不端检测系统对外文书籍、杂志收录的缺失，一些学术不端者用翻译成中文的外文文献进行检测，却常常可以过关。更高明者使用调换语序、更改表述方法、变换句式、偷换概念和词汇等手法，使得被检测的内容与抄袭的中文或外文原文发生改变，也能有效逃避国内学术不端检测系统的检测。

鲁晓峰、谢平（2017）以 CNKI 为统计源，对 2007 年至 2016 年该数据库收录的有关学术不端防范研究的 737 篇文献进行了统计分析，认为我国对学术不端防范的研究总体呈上升趋势，但指出研究者认识到了学术不端检测系统的重要性，也看到目前学术不端检测系统存在的局限性，不少研究运用计算机软件及应用学科相关理论，对学术不端监测系统进行了研究，但技术创新不足，未能提出具体可操作的措施，也未能结合互联网和大数据处理技术，为学术不端行为的有效监测和防御提供理论支撑。这一观点再次说明在大数据时代，数据处理技术的引入对规范学术诚信行为的重要意义，但是运用单纯技术并不能有效遏制学术造假行为的发生。学术不端归根结底是诚信问题，对学术不端的检测在技术层面之外实际是对人性的拷问。高峡（2019）在《国内治理学术不端为何缺乏“内力”》一文中披露：“造成学术不端和揭露学术造假‘内力’缺乏的原因众多：‘利益链’的巨大诱惑、过度‘行政化’弊端、学术评价标准不当、学术监督体系缺位、学术共同体失能、学术道德知识缺乏等等。”这些原因实际都不是在技术层面上所能够解决的问题，需要从制度、道德甚至社会种种方面加以纠正。在检测的实际过程中，则需要更多本领域的专家学者介入本领域学术论文的审查过程，来对比数据库既存在于大数据信息的收集之中，也存在于专家学者的经验判定之中。这种认识在学术期刊编辑层面上已达成共识，他们指出学术不端检测系统“在使用过程中检测系统只能起到辅佐审稿的作用，切不可将其功能扩大化”（崔洁，谭华，2010），这也是所有学术论文审查的基本原则，若所有的基本判定都交给机器完成，虽然在一定层面上减低了人的工作量，但实际上也减弱了社会人对学术不端行为的认知度，实际上反对的声音被掩盖了；量化的检测数据虽然具有说服力和法律效力，但却会助长“唯证据论”的风气；人为判定机制虽然可能会造成“一言堂”的局面，但是随着社会的进步和道德评判尺度的确定，会越来越受到人们的重视。“质疑批判是科学发展进程中依靠自身力量的一种创新机制与纠错机制”（高峡，2019），科学研究自身机制的正常运转才是规范科学研究自觉性最有力的保障。

参考文献：

[1] 刘群，李素建．基于《知网》的词汇语义相似度计算［J］．中文计算语言学，2002，7（2）：59－76．

[2] 李峰，李芳．中文词语语义相似度计算——基于《知网》2000［J］．中文信息学报，2007，21（3）：99－105．

[3] 袁晓峰．《知网》义原相似度计算的研究［J］．辽宁大学学报（自然科学版），2011，38（4）：358－361．

[4] 江敏，肖诗斌，王弘蔚．一种改进的基于知网的词语语义相似度计算［J］．中文信息学报，2008，22（5）：84－89．

[5] 张振幸，李金厚．一种基于义原重合度的词语语义相似度计算［J］．信阳师范学院学报：自然科学报，2010，23（2）：296－299．

[6] 刘青磊，顾晓峰．基于《知网》的词语语义相似度算法研究［J］．中文信息学报，2010，24（6）：31－36．

[7] 葛斌，李芳芳，郭丝路，汤大权．基于知网的词汇语义相似度计算方

法研究 [J]. 计算机应用研究，2010，27 (9)：3329－3333.
[8] 张沪寅，刘道波，温春艳. 基于《知网》的词语语义相似度改进算法研究 [J]. 计算机工程，2015，41 (2)：151－156.
[9] 朱新华，马润聪，孙柳，陈宏朝. 基于知网与词林的词语语义相似度计算 [J]. 中文信息学报，2016，30 (4)：30－36.
[10] 黄熊. 专利申请撰写过程中提高创造性的若干方法 [J]. 电子知识产权，2013，5：95－96.
[11] 陈静. AMLC 在高校自然科学学报的应用研究 [J]. 福建师范大学学报 (自然科学版)，2011，27 (1)：109－113.
[12] 王宇. 升级版的造假——反检测手段浅析 [J]. 湖北第二师范学院学报，2012，29 (11)：127－129.
[13] 教育部办公厅关于进一步规范和加强研究生培养管理的通知 (教研厅 [2019] 1 号) [EB/OL]，http：//www. moe. edu. cn/jyb _ xxgk/moe _ 1777/moe _ 307/201903/t20190301 _ 371886. html.
[14]《高等学校预防与处理学术不端行为办法》(中华人民共和国教育部令第 40 号) [EB/OL]，www. moe. gov. cn/srcsite/A02/s5911/moe _ 621/201607/t20160718 _ 272156. html.
[15] 刘普. 我国学术不端的现状与治理途径——基于媒体报道的 64 起学术不端典型案例的分析 [J]. 中国科学基金，2018，(6)：637－643.
[16] 张旻浩，郭国龙，钱俊龙. 国内外学术不端文献检测系统平台的比较研究 [J]. 中国科技期刊研究，2011，22 (4)：520.
[17] 李蕾，杨丽花. 基于知网的词语语义相似度改进算法 [J]. 计算机技术与发展，2019 (4).
[18] 袁晓峰.《知网》义原相似度计算的研究 [J]. 辽宁大学学报 (自然科学版)，2011，38 (4)：358－361.
[19] 鲁晓峰，谢平. 学术不端防范研究相关文献的综合评析 [J]. 中国科技期刊研究，2017，28 (6)：498－503.
[20] 高峡. 国内治理学术不端为何缺乏“内力” [J]. 中国科学报，2019，3 (18)：8.
[21] 崔洁，谭华. 对“学术不端文献检测系统”的审稿功能探析 [J]. 中国科技期刊研究，2010，21 (3)：338.

浅析文献计量分析对高校科研绩效评价的作用

文宇峰[1,2]　刘　念[2]　胡松鹤[2]

（1 四川大学商学院　四川成都　610064；

2 四川大学“双一流”建设与质量评估办公室　四川成都　610064）

摘　要：本文通过分析文献计量学在我国高等学校科研产出、科研评价、绩效评估等方面的应用，初步探索基于文献计量分析的衡量学科建设和科研产出成果的科学指标，进而为指导高校科研工作方向和学科发展方向提供更为可靠的决策依据。

关键词：文献计量学；科研绩效评价；ESI 数据库

一、引言

计量学是一种进行研究测量、保证测量统一和准确的学科。文献计量学，顾名思义是指综合运用数学和统计学方法，对文献体系和文献计量进行研究，深入分析文献分布结构、数量关系、变化规律和定量管理，进而探讨特定学科的内在结构、特征和规律的一门学科（邱均平，1988）。

20 世纪初出现了采用定量方法研究文献，并对图书和期刊文章进行统计分类的方法，这种方法被 E. W. 休姆（E. W. Hulme）称为“文献统计学”。到 20 世纪 60 年代，文献学家 A. 普里查德（A. Prichard）提出采用“文献计量学”这一术语来代替文献统计学，将研究对象拓展到了所有的书刊资料和数据库。目前，在对不同国家和地区、组织机构在特定学科的科学研究水平和科研绩效的评价方面，文献计量学是一种比较客观的评价方法。

二、常用的文献计量学指标

常见的文献计量学分析指标包括：文献数量、文献被引用次数、期刊的影响因子（IF）、h 指数、g 指数、e 指数等。

文献数量通常指被评价者（包括国家、地区、科研机构、个人等，下同）总文献发文数量，是衡量被评价者的学术产出数量的指标。

文献被引用次数是指被评价者在一定时间之内被他人引用的总次数，这个评价指标充分体现了被评价者在某个领域内发表文献的质量排名。

期刊的影响因子是指某期刊一定时间范围内（一般是前两年）发表的论文在当年的被引用总次数除以该期刊在前两年内发表的论文总数，这是衡量期刊的评价指标，是测度期刊学术水平乃至论文质量的重要指标，还是衡量学术期刊影响力和学术刊物地位的主要因素。

h 指数指高引用次数，被评价者最多有 h 篇文献被引用了至少 h 次，这是衡量被评价者的学术水平的有力指标（王梅英等，2011），它综合了文献产出和文献影响力两方面的因素，排除了文献单纯数量上的累加效应，同时不受单篇高被引文献的影响。

h 指数可以表达为：$h=\max(i)$；$C_i \geqslant i$（C_i 为第 i 篇文献的引用次数）

g 指数是针对 h 指数评价效果的另一种改进指标，指对被评价者的 N 篇文献按照被引频次由高到低排序，g 篇文献获得不少于 g^2 次被引用次数，而 $g+1$ 篇文献获得少于 $(g+1)^2$ 次被引用次数，则被评价者的评价指数为 g（隋桂玲，2013）。g 指数克服了 h 指数对高引用论文和低引用论文不敏感的情况，有利于对文献低产出但高被引次数的被评价者进行公正评价。

g 指数可以表达为：$g = \max(i)$；$\sum_i C_i \geqslant i^2$（C_i 为第 i 篇文献的引用次数）

三、使用文献计量学方法对科研绩效和学科发展水平进行评价

科研绩效评价是指运用科学规范的评价方法，对一定时期内科学研究的投入、产出、效率以及影响进行定量和定性的分析，做出真实、公正、客观的综合性评价（戚勇等，2009）。

文献计量学是科研管理部门对科研产出以及科研绩效进行分析的重要手段，综合运用文献计量学指标和方法，可以有效建立起对科研机构和个人的科研激励和评价机制。

20 世纪 90 年代，国内科研评价较为看重文献数量，特别是 SCI 论文的数量，是衡量科研机构和个人科研产出的一项重要指标，也是一项重要激励机制。也因为国内各个科研单位对文献数量高度重视，进入 21 世纪以来，我国的文献发表数得到了突飞猛进的发展。以四川大学为例，从 2002 年到 2012 年的 11 年中，SCI 和 SSCI 每年的论文发表数增长了将近 6 倍（见图 1）。

在这种情况下，SCI 论文数量作为科研产出评价指标的重要性逐年下降，国内从单纯追求论文数量开始向论文数量和论文质量并重的阶段过渡。在论文数量高速增长的同时，论文被引用数量也得到了极大的提升。以四川大学为例，从 2002 年到 2012 年的 11 年中，文献被引用次数从不到 1 000 次增长到了 30 000 多次，增长了 30 多倍（见图 2）。

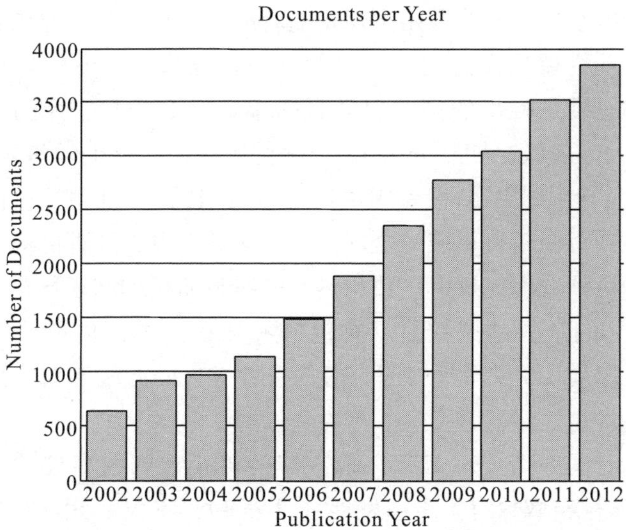

图 1　四川大学 2002 年至 2012 年 SCI/SSCI 论文发表情况

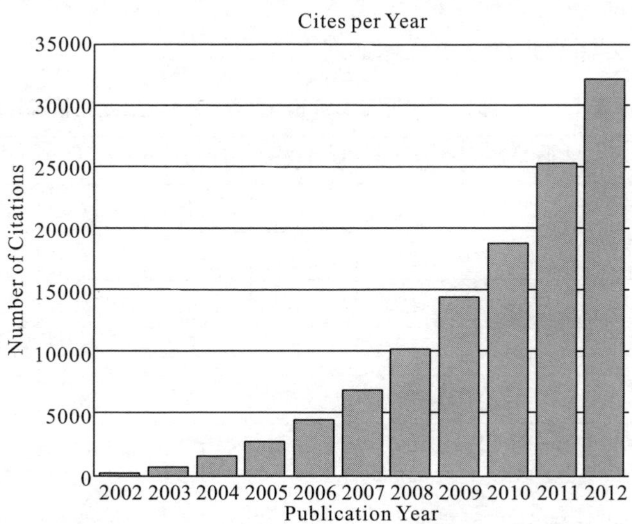

图 2　四川大学 2002 年至 2012 年 SCI/SSCI 论文被引用次数

21 世纪初以来，以文献被引用次数来评价科研机构和个人科研产出水平的方式开始出现，前者的突出代表是由原汤森路透公司（现科瑞唯安公司）推出的 ESI 数据库，后者的典型代表是由爱思维尔推出的高被引学者榜单。以 ESI 数据库为例，它将 SCI/SSCI 收录期刊分为 22 个学科领域，在每个学科领域内，按照近十年内文献的被引用次数，对全球的科研机构进行排序，进而得到每个学科领域的全球前 1％科研机构。科研机构不仅在每个学科领域内比拼引用数排名，同时科研机构间还比拼进入全球前 1％的学科领域数目。对包括大学在内的国内科研单位而言，全球前 1％科研机构的头衔是一种极大的激励和对发展状况的极大肯定。

随着国内高校对 ESI 评价方式的重视，国内高校的全球前 1％的学科领域数有了飞速发展（见表 1），不仅如此，在每个学科领域内，国内高校的排名也进步神速，不仅仅进入了全球机构排名的前 1％，很多高校还进入了前 1‰和 0.1‰，在学科的论文水平方面真正进入了全球前列。

表 1　国内部分高校近年 ESI 前 1％学科领域数变化情况

	北京大学	清华大学	复旦大学	南京大学	浙江大学	四川大学
2014 年 3 月	19	14	15	14	17	10
2015 年 5 月	19	14	15	14	17	11
2016 年 4 月	19	16	17	16	18	12
2017 年 3 月	21	16	17	16	18	14
2018 年 3 月	21	17	17	16	18	15
2019 年 3 月	21	19	19	17	18	17

在此基础上，科瑞唯安公司还提供了篇均被引次数、高被引论文、热点论文等更多衡量指标来对科研机构进行深入的科研水平评价，供科研机构评判自身科研发展态势，从而制定更有效、

更合理的科研激励机制和成功管理机制。

高校的学科发展水平评估也是文献计量分析的一个重要运用方面。科学研究方面的指标一直是评判学科发展状况的重要因素。在教育部学位与研究生教育发展中心的第四轮（2016 年）学科评估当中，科瑞唯安公司的高被引论文就被用作科研方面的重要指标。教育部在遴选世界一流建设学科的过程中，也参考了科瑞唯安公司的学科领域科研机构排名。这些都表明了文献计量学方法对学科发展水平的重要评价作用。

四、结论

将文献计量学运用于科研绩效评价，特别是高校科研绩效评价，具有简单、明了和清楚的优势。它以文献发表的数量、被引用次数、期刊影响因子等客观指标作为基本依据，以定量和定性相结合的方式对科研机构，特别是高校的科研产出进行分析，是具有统计学意义的重要依据。对于建立兼顾质量和数量、具有精准化特点的科研管理服务体系，文献计量学方法具有非常积极的作用。

但是，科研绩效和学科发展水平的评价也是十分复杂的，简单地以文献数量、文献被引用次数作为科研和学科的评判依据并非完全科学。以科瑞唯安的全球前 1%科研机构为例。首先，它以期刊分类作为学科领域的划分标准，其中生命科学类和医学类期刊占了大多数，导致生命科学类相关的学科领域在 22 个学科领域中占了相当大的比例，从而导致有相关专业的学校在比较时有较大优势。这种学科划分标准与我国的一级学科目录也相去甚远，基本上完全无法对应。其次，按照这种学科领域分类方法，专科类高校同综合研究类高校相比，在前 1%科研机构数方面就会大大吃亏。再次，人文社科类学科完全无法纳入评价体系，无法体现我国的特色，难以使用 ESI 进行考核。

因此，在利用文献计量学方法进行科研绩效评价体系构建时，应充分考虑学校学科的自身特色，综合运用多种方法进行交叉评估，提高评价的准确度和公正性。

参考文献：

［1］邱均平．文献计量学［M］．北京：科学技术文献出版社，1988.

［2］王梅英，刘雪立．h－指数及其扩展指标的研究进展［J］．中国科技期刊研究，2011，22（2）：184－189.

［3］隋桂玲．指数与指数、e 指数的关系及其文献计量意义［J］．图书情报工作，2013，12：90－94.

［4］戚勇，李千目．科学研究绩效评价的理论与方法［M］．北京：科学出版社，2009.